权威·前沿·原创

皮书系列为
"十二五""十三五"国家重点图书出版规划项目

青海蓝皮书
BLUE BOOK OF
QINGHAI

2017年
青海人才发展报告

THE DEVELOPMENT REPORT ON TALENT IN QINGHAI
(2017)

主　　编／王宇燕
执行主编／王志明　陈　玮
副 主 编／熊义志　孙发平　马起雄

社会科学文献出版社
SOCIAL SCIENCES ACADEMIC PRESS（CHINA）

图书在版编目（CIP）数据

2017年青海人才发展报告／王宇燕主编. -- 北京：
社会科学文献出版社，2017.9
（青海蓝皮书）
ISBN 978 - 7 - 5201 - 1101 - 0

Ⅰ.①2… Ⅱ.①王… Ⅲ.①人才 - 发展战略 - 研究
报告 - 青海 - 2017 Ⅳ.①C964.2

中国版本图书馆 CIP 数据核字（2017）第 168862 号

青海蓝皮书
2017 年青海人才发展报告

主　　编／王宇燕
执行主编／王志明　陈　玮
副 主 编／熊义志　孙发平　马起雄

出 版 人／谢寿光
项目统筹／邓泳红　陈　颖
责任编辑／陈　颖　周爱民

出　　版／社会科学文献出版社·皮书出版分社（010）59367127
　　　　　　地址：北京市北三环中路甲 29 号院华龙大厦　邮编：100029
　　　　　　网址：www. ssap. com. cn
发　　行／市场营销中心（010）59367081　59367018
印　　装／北京季蜂印刷有限公司

规　　格／开　本：787mm×1092mm　1/16
　　　　　　印　张：18.5　字　数：212 千字
版　　次／2017 年 9 月第 1 版　2017 年 9 月第 1 次印刷
书　　号／ISBN 978 - 7 - 5201 - 1101 - 0
定　　价／89.00 元

皮书序列号／PSN B - 2017 - 650 - 2/2

主要编撰者简介

陈　玮　藏族，1959 年 12 月出生，青海省大通县人。青海省社会科学院党组书记、院长，教授，法学博士，享受国务院政府特殊津贴专家。

1982 年毕业于青海民族学院少语系，1982～1984 年在青海省教育厅教材处工作，1984～1987 年在青海民族学院少语系读研究生。2011 年取得兰州大学民族学研究院藏学专业法学博士学位。先后担任中共青海省委党校教研室副主任，玉树州委党校副校长（挂职），省委党校、省行政学院、省社会主义学院巡视员、副校（院）长。现为中国世界民族学会常务理事、中国社会科学院西藏智库常务理事、青海省藏研会常务理事、青海省继续教育协会副会长、青海统战理论研究会副会长、青海省享受政府津贴专家评定委员会委员、青海省决策咨询专家委员会委员。曾荣获第七届中国十大杰出青年提名奖。

长期从事马克思主义民族宗教观与党的民族宗教政策的教学和科研工作。著有《青海藏族游牧部落社会研究》等。先后在省内外学术期刊用藏、汉两种文字发表论文近百篇，获国家级、省部级科研成果奖十余项，其中《青海藏族部落社会习惯法的调查》一文被《中国社会科学》杂志英文版全文翻译转载，并获第二届中国藏学研究"珠峰奖"二等奖。《抵御境内外敌对势力分裂渗透活动方面的形势、任务、思路和对策》调研报告获2011年全国统战理论研究优秀成果一等奖,《青海省社会组织管理合力问题探析》获第七届全国党校系统优秀科研成果一等奖,《青海省藏传佛教事务管理问题研究》获第三届全国行政学院系统优秀科研成果一等奖。主持国家社科基金项目1项、省部级项目10余项。

孙发平 青海省社会科学院副院长、研究员,享受国务院政府特殊津贴专家。兼任中国城市经济学会常务理事、青海省委党校和青海省委讲师团特邀教授等。研究方向为市场经济和区域经济学。主著及主编图书10余部,发表论文90余篇,主持课题30多项。主要成果有:《中国三江源区生态价值与补偿机制研究》《"四个发展":青海省科学发展模式创新》《青海转变经济发展方式研究》《循环经济理论与实践——以柴达木循环经济试验区为例》《中央支持青海等省藏区经济社会发展政策机遇下青海实现又好又快发展研究》《青海建设国家循环经济发展先行区研究》等。获青海省哲学社会科学优秀成果一等奖4项,二等奖2项,三等奖5项;获青海省优秀调研报告一等奖3项,二等奖4项,三等奖2项。

马起雄 土族,1964年12月出生,法学学士学位,青海省委党校区域经济专业在职研究生。先后在青海省海西州大柴旦镇司法科、海西州民政局工作。1996年4月调入青海省政府研究室(发展研究中心),担任社会调研处副处长、处长、研究室副主任等职。现为青海省社会科学院副院长。曾编撰《海西州民政志》。参与完成的"青海省贫困地区脱贫问题研究""青海省三大扶贫工程研究"课题获中国发展研究奖三等奖，组织完成的"青海民生创先指标体系研究""青海基本公共服务均等化走在西部前列"两项全省重点调研课题获全省优秀调研报告一等奖。

摘　要

《2017年青海人才发展报告》立足于人才服务经济社会发展，客观地总结展示近年来青海人才发展的理论成果和实践经验，深入研究人才发展与区域经济的关系，力求深入探索青海人才研究的前沿课题，为青海人才建设事业与人事改革提供更好的参谋决策服务。

全书由总报告、人才政策篇、人才队伍建设篇、专题篇和附录五部分组成。

总报告全面阐述和分析了2016年青海人才发展的基本情况，全面回顾了青海实施人才强省战略的实践探索，深入总结了青海实施人才强省战略的主要经验，客观分析了实施人才强省战略面临的主要困难及亟待解决的问题，有针对性地提出今后持续推进人才强省战略的对策措施。

人才政策篇从人才引进和培养的视角，重点研究了"十二五"时期青海人才财政政策和企事业单位人才引进政策的演进，同时围绕青海区域经济发展，有针对性地提出了完善区域人才引进和培养的对策建议。

人才队伍建设篇重点围绕青海的科技人才、企业经营管理人才、农牧区实用人才、高技能人才、社会工作人才、专业技术人才和宣传思想文化人才等重点行业的人才队伍建设问题进行了分类研究，对青海在人才培养、本土化服务模式、体制机制建设等方面取得的成效和积累的经验进行了总结梳理，并在此基础上提出了要从进一步完善政策和体制机制、优化人才培养工程、加大高层次人才引进和开发力度、优化创新环境和完善创新人才服务模式等方面持续推进人才队伍建设。

专题篇分别从人才智力对口支援"清青模式"的创新探索与成功经验、青海藏区人才队伍和生态文明人才队伍建设等三个方面进行了专题研究。从人才总量、结构、专业等角度，分析了人才队伍的发展现状，梳理概括了"清青模式"的基本内涵和主要特点，阐述了"清青模式"取得的主要成效和经验启示，并从优化结构、加强培养、创新机制、强化保障等方面提出了有效加强人才队伍建设的对策措施。

附录部分收录了近两年来青海省关于人才发展的重要政策文件，从而为关注青海人才发展的读者提供一些参考资料。

Abstract

The Development Report on Talent in Qinghai (*2017*), which is based on that talent is to serve the economic and social development, objectively summarizes and demonstrates theoretical achievements and practical experiences on Qinghai's talent development in recent years, conducts a in-depth study of the relationship between talent development and regional economy, and strives to explore the forefront project of Qinghai's talent research to provide better decision-making services for the cause of talent construction and personnel reform in Qinghai.

The book consists offive parts, namely, the General Report, the Talent Policy, the Talent Team Construction, the Special Topics and Appendix.

The General Report Part comprehensively expounds and analyzes the basic situation of Qinghai talent development in 2016, and reviews the practical exploration of implementing of Strengthen Province on Talent Strategy in Qinghai. It summaries the main experience and objectively analyzes the main difficulties the strategy faced with and problems to be solved urgently, and then puts forward policy suggestions to continue to promote Strengthen Province on Talent Strategy in the future.

The Talent Policy Part, from the perspective of introduction and cultivation of talent, focuses on the evolution of Qinghai financial policies on talent and the talent-introduction policies of enterprises and institutions during the "12th Five – Year Plan", and finally puts forward policy responses to improve the regional talent introduction and cultivation concentrating on the regional economic development in Qinghai.

The Talent Team Construction Part conducts a classification study concentrating on talent team construction of significant industries of Qinghai, such as science and technology, enterprise operation and management, pastoral areas, social work, professional technique and culture propaganda etc. It summarizes the achievements and accumulated experience on talent cultivation, the localization of service, system and mechanism construction etc. Finally, it proposes to advance the construction of talent team from the aspect, namely, further improvement of policies, system and mechanism, optimization of talent training project, enhancement of introduction and development of high-level talent, optimization of innovation environment and improvement of innovative talent's service pattern etc.

The Special Topics Part carries on the research respectively from three aspects, namely, the innovation exploration and successful experience of "Qinghai – Qinghua Model", the construction of talent team in Qinghai Tibetan Area and that on ecological civilization. It analyzes the development status of talent team from the aspects of total quantity, structure, major, etc. Then this part combs and outlines the basic connotation and main characteristics of "Qinghai – Qinghua Model", expounds its major achievements and enlightenment, and finally puts forward effective policy suggestions for strengthening the construction of talent team from the aspects of structure optimization, enhancement of cultivation, mechanism innovation and enhancement of security etc.

The Appendix Part contains significant policy documents on talent development in Qinghai during the past two years, and consequently, it provides some references for readers who focus on the development of talent in Qinghai.

目　录

Ⅲ 人才队伍建设篇

Ⅳ 专题篇

V 附录

皮书数据库阅读**使用指南**

CONTENTS

I General Report

II Talent Policy

Ⅲ　Talent Team Construction

Ⅳ　Special Topics

V   Appendix

总 报 告

General Report

B.1
青海省实施人才强省战略研究

陈 玮 张生寅*

摘 要: 2016 年，青海省委、省政府认真贯彻落实中央关于人才工作的一系列重要方针政策和决策部署，坚持党管人才原则，大力实施人才强省战略，全省人才工作取得了明显成效，谱写了人才强省建设的新篇章。当前和今后一个时期，青海处于奋力打造"三区"、加快实现"四个转变"、同步全面建成小康社会的关键时期，需要进一步深刻认识实施人才强省战略的重要意义，全面回顾

---

* 陈玮，男，青海省社会科学院院长，教授，博士，研究方向：藏学、民族宗教学；张生寅，男，青海省社会科学院文史研究所研究员，研究方向：青海区域史。

实施人才强省战略的实践探索，深入总结实施人才强省战略的主要经验，客观分析实施人才强省战略面临的主要困难及亟待解决的问题，有针对性地提出今后持续推进人才强省战略的对策措施，坚定不移地走一条富有青海特色的人才强省之路。

关键词： 青海　人才强省战略　青海特色

国以才立、政以才治、业以才兴。人才在支撑区域经济发展、推动转型升级中起着重要作用。实施人才强省战略，就是把人才放在优先发展的战略位置，通过人才资源的合理开发和科学配置来推动青海经济社会发展，提升青海核心竞争力和综合实力。2016 年，青海省委、省政府认真贯彻落实中央关于人才工作的一系列重要方针政策和决策部署，坚持党管人才原则，大力实施人才强省战略，积极创新人才发展体制机制，持续完善人才政策体系，强力推进重大人才工程，统筹推进人才资源整体开发和各类人才队伍建设，不断加大人才财政投入，有效优化人才发展环境。经过各地各部门共同努力，全省人才工作取得了明显成效，人才政策体系日益完善，人才队伍规模不断壮大，整体素质持续提升，人才使用效能大幅提高，人才对经济社会发展的支撑作用进一步增强，谱写了人才强省建设的新篇章。至 2016 年初，全省人才总量达 37.39 万人，其中党政人才 5.59 万人，专业技术人才 14.14 万人，企业经营管理人才 3.12 万人，高技能人才 8.165 万人，农牧区实用人才 5.84 万人，社会工作人才 0.535 万人①。

当前和今后一个时期，青海处于奋力打造"三区"、加快实现"四个转变"、同步全面建成小康社会的关键时期，我们需要进一步深刻认识实施人才强省战略的重要意义，全面回顾实施人才强省战略的实践探索，深入总结实施人才强省战略的主要经验，客观分析实施人才强省战略面临的主要困难及亟待解决的问题，有针对性地提出今后持续推进人才强省战略的对策措施，坚定不移地走一条富有青海特色的人才强省之路。

一　实施人才强省战略是建设富裕文明和谐美丽新青海的必然选择

（一）全面推进"四个转变"的重要抓手

青海省委十二届十三次全会提出，要"努力实现从经济小省向生态大省、生态强省的转变，从人口小省向民族团结进步大省的转变，从研究地方发展战略向融入国家战略的转变，从农牧民单一的种植、养殖、生态看护向生态生产生活良性循环的转变"。"四个转变"是对青海省情的新认识，是推动习近平总书记"四个扎扎实实"重大要求落地生根的行动引领，是治青理政的新思路。全面贯彻落实"四个转变"新思路，各级领导干部是关键，高素

---

① 青海省人才工作领导小组办公室编《青海省中长期人才发展规划纲要（2010～2020 年）实施情况中期评估报告》，2017 年 3 月，第 4 页。

质人才是主要支撑，加强人才队伍建设是重要抓手。大力实施人才强省战略，可以进一步激发人才这个第一要素的主观能动性，引导广大干部群众转变思想观念，开阔眼界思路，站在更高更广的层面深入认识"四个转变"的内涵和外延，全面焕发自觉实践"四个转变"的内生动力，加快推进富裕文明和谐美丽新青海建设。可以进一步深化人才培养引进的结构性改革，扩大人才有效供给，加大聚才用才力度，激发和增强人才活力，全面提高劳动者素质，为青海经济社会发展提供强有力的人才智力支撑，为实现"四个转变"打下坚实基础。

（二）大力加快"三区"建设的现实需要

"十二五"以来，青海省委、省政府不断深化省情认识，紧紧围绕青海在生态、稳定和资源方面的重要战略地位，明确提出了建设国家循环经济发展先行区、生态文明先行区和民族团结进步先进区的战略目标。目前，经过前期打基础的阶段后，青海的"三区"建设已经取得了明显成效，但要顺利实现2020年建成"三区"的既定战略目标，仍面临许多深层次的困难和问题，特别是人才支撑薄弱的"软短板"日益显现，人才不足尤其是高层次创新人才的匮乏，已成为制约"三区"建设的重要瓶颈。加快"三区"建设进程，提升"三区"建设层次，必须按照生态文明理念加强三江源地区工程管理和专业技术人才的培养培训工作，紧扣青海优势资源和特色产业会聚一大批循环经济发展急需的高端创新人才，围绕民族团结进步主题培养发展巩固民族团结进步的各类专业人才，为构建绿色生态屏障和绿色低碳循环产业体系、推进三江源生态保护和建设工作、维护平等团结互助和谐的社会主义民族关系提供强有力的人才智力支撑。

（三）决胜全面建成小康社会的有力支撑

小康大业，人才为本。习近平总书记指出："人才是衡量一个国家综合国力的重要指标。没有一支宏大的高素质人才队伍，全面建成小康社会的奋斗目标和中华民族伟大复兴的中国梦就难以顺利实现。"① 只有全面实施人才强省战略，切实增强创新驱动发展新动力，加快形成经济发展新路径，才能实现全面建成小康社会的奋斗目标。青海作为西部欠发达省区，经济底子薄，发展任务重，实现同步全面建成小康社会目标的人才基础十分薄弱，经济社会发展亟须的专业人才总量不足、质量偏低、结构不合理，仅"十二五"期间，全省专业人才缺口就达 1.3 万人左右。青海能不能和全国同步全面建成小康社会，制约在人才，潜力在人才，希望也在人才。只有全省上下树立强烈的人才优先发展意识，增强做好人才工作的责任感，下大气力培养人才，最大限度用好人才，千方百计引进人才，才能在激烈的人才竞争中赢得主动、赢得优势、迎头赶上，为决胜与全国同步全面建成小康社会提供有力的人才支撑。

（四）有效实现创新驱动发展的重要基础

党的十八大明确提出，"科技创新是提高社会生产力和综合国

---

① 中央人才工作协调小组编《习近平关于人才工作论述摘编》，2016 年 12 月，第 7 页。

力的战略支撑，必须摆在国家发展全局的核心位置。"① 习近平总书记也强调指出，"人才是创新的根基，是创新的核心要素。创新驱动实际上是人才驱动。"② 实施创新驱动发展战略，必须把人才开发作为战略基点，让人才这个核心要素在创新活动中发挥关键性作用，进而实现人才持续驱动，创新发展驰而不息。当前，在经济新常态下推动青海经济发展从粗放转向集约、从低端转向高端、从规模转向效益、从结构不合理转向结构优化、由要素驱动转向创新驱动，根本在创新，关键在人才。大力实施人才强省和人才优先发展战略，可以推动各地各部门在创新实践中培育人才、激励人才、凝聚人才，培养造就一支总量足、素质高、结构优的创新型人才队伍，有效解决青海人才总量不足、高层次创新型人才短缺、科技创新后劲不足等深层次问题，充分发挥人才在创新发展中的引领作用，推动全省"人力红利"转变为"人才红利"，以"人才红利"促进管理创新、技术创新和劳动生产率提高，不断提升科技实力和自主创新能力，加快结构调整和发展动能转换，增强创新发展的内生动力，厚植创新发展的后发优势，实现创新驱动发展。

二 实施人才强省战略的实践探索

（一）积极创新人才发展体制机制

2016 年，青海省积极贯彻落实中央《关于深化人才发展体制

---

① 胡锦涛：《坚定不移沿着中国特色社会主义道路前进 为全面建成小康社会而奋斗——在中国共产党第十八次全国代表大会上的报告》（2012 年 11 月 8 日），人民出版社，2012 年 11 月，第 21 页。
② 中央人才工作协调小组编《习近平关于人才工作论述摘编》（2016 年 12 月），第 7 页。

机制改革的意见》，以"第一个吃螃蟹"的精神全面推进人才发展体制机制改革。省委印发《青海省关于深化人才发展体制机制改革的实施意见》，从加快建立人才与"三区"建设战略融合发展机制、构建更加系统完善的人才培养支持机制、完善更加开放灵活的引才引智机制、构建符合青海省情的创新创业激励机制、完善人才评价和流动机制、构建科学高效的人才管理体制、完善党管人才工作运行保障机制等层面提出了 26 个方面的改革措施，最大限度地打破束缚人才创新、创业活力的体制机制障碍，为加快人才优先发展营造了一片"沃土"。省人才工作领导小组印发《青海省人才工作目标责任制考核办法（试行）》，在各市州、省直各单位实施人才工作目标责任考核制，充分调动各地各部门做好人才工作的积极性、主动性和创造性。省人力资源和社会保障厅等五部门制定出台《青海省企业单位首席技师选拔管理办法》，并及时启动首席技师评选工作，被人社部转发全国各省市借鉴。省人力资源和社会保障厅结合 2016 年度全省职称评审工作，进一步提高事业单位职称申报比例和岗位结构比例控制标准，下放高校职称评审权限，完善基层专业技术人员职称评审优惠政策，进一步扩大职称评审服务管理范围，推动人才发展体制机制改革向纵深推进。省教育管理部门全面启动中小学教师职称制度改革工作，探索建立符合教师职业特点的中小学教师职称（职务）制度，充分调动了基层教师的工作积极性。此外，西宁市还出台了《人才工作目标责任制考核办法（试行）》，围绕考核谁、考核什么、怎么考核、怎么激励等关键问题，制定十条办法，努力形成齐抓共管、整体联动的人才工作机制，强化了"一把手"的责任担当。上述一系列改革措施的实施，开始全方位构建起了科学规范、开放包容、运行高效的青海版人才发展体系。

（二）持续完善人才政策体系

各级组织人事部门坚持以政策创新带动体制机制改革，及时汇总梳理原有人才政策，强化人才政策的有效供给力度。以《青海省关于深化人才发展体制机制改革的实施意见》为人才工作统领，以《青海省"高端创新人才千人计划"实施方案》《青海省"中端和初级人才培养计划"实施方案》为人才建设载体，以《青海省柔性引才引智实施办法》《青海省人才工作目标责任制考核办法（试行）》《青海省人才工作"伯乐奖"评选奖励办法》为人才发展保障，以相关部门和地区制定的 30 余项政策为配套措施，初步构建起了"1+2+3+X"升级版青海人才政策框架体系①，为建设西部人才高地奠定了坚实的制度基础。制定出台了《青海省推进领导干部能上能下实施细则（试行）》，对解决干部"下"的问题做出详细规定，对于完善从严管理干部队伍制度体系，推动形成能者上、庸者下、劣者汰的用人导向和从政环境，建设高素质干部队伍具有重要意义。通过实施下放招聘组织权限、扩充基层公务员报考面、公务员调剂补录、公安院校公安专业应届毕业生定向考录、科学调整笔试科目类型、增加自主招聘和考核招聘比例等措施，进一步落实了基层用人单位招聘自主权，使全省人事考录招聘的公信力进一步提升②。

---

① 参见青组《实施重大工程　改善总体环境——我省持续推进人才工作创新发展》，《青海日报》2017 年 2 月 21 日。
② 张弘靓：《青海强力推进人才强省战略》，《西宁晚报》2017 年 3 月 8 日。

（三）强力实施重大人才工程

各级组织人事部门坚持把实施重大人才工程作为推进人才强省战略的有效载体和重要抓手，强力实施一系列重大人才工程。青海省"高端创新人才千人计划"是在"十三五"开局之年首次实施的规模最大、涵盖范围最广、支持力度最大的一项人才工程，首批人选名单确定培养、引进高端创新人才235名，其中支持培养本土人才135名，创新团队7个，支持人数是2015年的5.75倍，人均支持强度是2015年的5.4倍[①]。及时实施中端和初级人才培养计划，先后培养科技创新、产业发展、企业管理等领域的中端和初级人才共2000名。实施党政人才能力素质提升工程，进行省州县乡公务员和事业单位人员"三基"建设通用基本能力全员培训，培训率达到100%，约6万名干部参加基本能力测试[②]。继续推进人才"小高地"工程，在高校、企事业用人单位扶持50个人才"小高地"建设。加大力度选派"西部之光"访问学者30名，比上年增加50%，并划拨45万元经费用于支持"西部之光"访问学者培养工作。实施"昆仑英才"计划，面向全省中青年人才遴选20名左右领军人才，加快培养造就一批业务理论精、专业能力强、综合素质高、能够扎根高原和赤诚奉献的领军人才队伍。实施专业技术人才知识更新工程，完成了6万人次左右专业技术人员继续教育培训。积极推动国家"三区人才支持计划"落地实施，先后为基层

---

① 青组：《实施重大工程　改善总体环境——我省持续推进人才工作创新发展》，《青海日报》2017年2月21日。

② 张弘靓：《青海强力推进人才强省战略》，《西宁晚报》2017年3月8日。

一线用人单位输送和培养专业人才2857人①。实施社会工作人才培养计划、边远贫困地区和民族地区社工人才专项计划，培养专业社会工作者4000名，高级督导人才100名，选派50名社会工作优秀专业人才到国定和省定贫困县开展社会工作服务，并由民政部为贫困县区培养30名社会工作专业人才。按照企业"首席技师"选拔管理的有关办法，首次在全省各类所有制企业中开展"首席技师"选拔工作。制定《2016年青海省现代青年农场主培训方案》，从全省13个县遴选200名现代青年农场主，分四期开展种植业和养殖业两个专业培训。上述众多重大人才工程的实施，有力引领和带动了青海各类人才队伍建设，为打造西部人才高地奠定了坚实基础。

（四）不断创新引才引智举措

为创新人才智力引进机制，省人才工作领导小组出台《青海省柔性引才引智实施办法》，从引进标准和方式、管理和服务、政策待遇等方面，打出了柔性引才的"组合拳"。《青海省"高端创新人才千人计划"实施方案》专门聚焦高端人才引进，明确了引进人才中杰出人才、领军人才、拔尖人才的标准，丰富了直接和柔性引进的形式、途径及渠道，加大了对引进人才的政策支持力度。引进人才除可享受最高一次性150万元的特殊支持外，还可享受落户、住房、社会保险、医疗保障、子女教育等优惠政策。《青海省

---

① 青组：《实施重大工程　改善总体环境——青海省持续推进人才工作创新发展》，《青海日报》2017年2月21日。

关于深化人才发展体制机制改革的实施意见》的制定，进一步加大了对人才智力引进的政策支持力度，明确规定引进人才不受编制总量和结构比例限制，大幅提高引进高端创新人才一次性特殊支持标准，所缴纳的个人所得税地方留成部分按 100% 予以补贴，引进高端创新人才在青服务期间享受"保健医生"或就医"绿色通道"健康服务。同时，进一步完善更加开放灵活的引才引智机制，探索建立事业单位特设岗位管理制度，探索建立"不看时间看业绩"的柔性引进人才考核管理和评价办法，鼓励各市州和重点用人单位建立人才公寓。海西州还出台《省外柴达木人才智力储用库及汇集中心建设实施方案》，通过各种方式积极动员吸引国内外海西籍优秀人才回乡创业投资。在引才引智政策机制不断完善的同时，全省引才引智成效也日益显著。2016 年，青海"高端创新人才千人计划"共引进高端创新人才 100 名，创新团队 3 个，引进人数比 2015 年增长了 11.5 倍①。通过"后补助"支持机制，先后实施引智项目 76 个，引进高端智力 418 人次②。海西州按照"人才引领产业、产业集聚人才"的引才思路，在盐湖化工等领域引进中国科学院院士 1 名，中国工程院院士 3 名，"国家百千万人才工程"人选 4 名，博士研究生 38 名，并与国内 32 所高等院校、26 家科研机构开展了产学研战略合作，与 179 名专家院士签订了引才引智协议，初步实现了人才集聚与产业培育联动发展、互促共赢③。不断

---

① 青组：《实施重大工程 改善总体环境——青海省持续推进人才工作创新发展》，《青海日报》2017 年 2 月 21 日。

② 青组：《实施重大工程 改善总体环境——青海省持续推进人才工作创新发展》，《青海日报》2017 年 2 月 21 日。

③ 马隆：《柴达木人才引进和产业发展互促共赢》，《柴达木日报》2016 年 12 月 14 日。

完善的引才引智政策和日益显著的引才引智成效，正有效突破制约青海发展的人才瓶颈，对青海经济社会发展形成有力支撑。

（五）积极拓展人才援青渠道

各级组织人事部门高度重视人才援青工作，加大统筹衔接，改进服务管理，积极拓展人才援青渠道。2016 年 7 月，第二批援青干部圆满完成工作任务同时，选派第三批援青干部 251 名，比第二批的 182 名增加 69 名[1]。第 16 批博士服务团成员充分发挥技术专长开展团队式服务，打响了医学博士服务品牌。接收第 17 批博士服务团成员 29 名，人数比上年增长 17%，并争取到 16 名医学博士来青服务，占全国总数的 32%[2]。切实把援青干部人才管理服务工作摆上重要议事日程，通过建立援青干部人才信息库、慰问关怀机制、回访机制和定期探访机制等，在思想、学习、工作、生活、健康五个方面为援青干部人才做好管理服务工作，为援青干部人才发挥作用、干事创业、成长进步提供重要保障。积极开展京青专家服务活动，先后选派 40 余名省内外专家赴基层一线开展短期智力服务，使京青跨区域协同机制不断优化完善。坚持完善选调生制度，从省内外高校选调 200 名优秀应届大学毕业生充实乡镇机关，清华、北大的一批优秀学子扎根青海。继续开展中央三部委干部挂职锻炼工作，使之成为青海干部锻炼提升的重要平台。认真落实水利部与青海省合作框架协议，对玉树州水利局及各市县水利局业务骨

---

[1] 何敏、青组：《第三批 251 名援青干部抵达西宁》，《青海日报》2016 年 7 月 28 日。
[2] 青组：《实施重大工程　改善总体环境——青海省持续推进人才工作创新发展》，《青海日报》2017 年 2 月 21 日。

干进行专项培训，积极争取水利部对培训班次、培训人数的倾斜支持，形成持续稳定的智力支持。青海大学与清华大学、西北农林科技大学、华东理工大学、中国地质大学（北京）签订对口支援协议，继续实施"昆仑学者"、"三江源学者"计划、"教学名师培育"工程，在学科建设、人才培养等方面继续得到支援高校优势资源的大力支持。西宁市组织开展"高端人才西宁行"等人才供需对接活动，建立省外"青海籍"人才台账，开展外流人才"返乡"活动，拓展省外高端人才援宁渠道。形式灵活、内容多样的人才智力援青活动，正在有效会聚起建设"三区"的强大人才智力资源。

（六）有效优化人才发展环境

各级组织人事部门不断培育创新人才生态体系，全力优化人才服务的社会环境，厚植人才健康发展的沃土。选择 5 家高端创新人才较为集中的企事业用人单位为全省首批"人才之家"建设单位，支持其全力加强人才服务硬件建设。积极推动人才公寓建设，在全省各地先后建成人才公寓 1580 套，是 2015 年的 2.36 倍。特别是海东科技园为杰出人才提供团队工作生活别墅 9 套，为青年人才提供周转公寓 250 套，为创新人才提供交流活动会馆 1 座[1]，全力打造高标准人才社区。由省领导带队慰问专家代表 20 人，组织 40 名专家参加国情省情研修，10 名专家携家属休假疗养[2]，积极落实人

---

① 青组：《实施重大工程 改善总体环境——青海省持续推进人才工作创新发展》，《青海日报》2017 年 2 月 21 日。

② 青组：《实施重大工程 改善总体环境——青海省持续推进人才工作创新发展》，《青海日报》2017 年 2 月 21 日。

才关爱关怀机制。创建"青海学者"品牌，组织开展"青海省人才工作伯乐奖"评选表彰工作，努力营造尊重人才、见贤思齐的社会环境。利用新媒体推介宣传人才发展工作，"高端创新人才千人计划"H5宣传页面累计浏览量突破75万人次，得到社会各界的关注与肯定。积极推动省、市（州）两级财政增加人才专项经费，全省人才专项经费投入达到1亿元，是"十二五"年均投入的5.5倍，各市州共投入人才专项经费4428万元，是2015年的2.69倍①。

三 实施人才强省战略的主要经验

（一）解放思想更新观念是思想基础

近年来，青海在实施人才强省战略的过程中，积极以人才理念的转变推动人才工作的变革，不断强化人才是第一资源的观念，加快推进人才发展体制机制的改革，创新人才智力引进政策，走出了一条具有青海特色的人才工作之路。青海持续创新人才工作理念的实践昭示我们，解放思想更新观念，始终是深入实施人才强省战略、做好青海人才工作的思想基础和先决条件。没有人才思想的大解放，就没有人才事业的大发展，更不会有经济社会发展的大突破。思想解放的力度决定人才解放的程度，人才解放的程度决定经济社会发展的高度。当前，随着区域人才竞争的不断加剧和富裕文

① 青组：《实施重大工程 改善总体环境——青海省持续推进人才工作创新发展》，《青海日报》2017年2月21日。

明和谐美丽新青海建设对人才的结构性需求增强，青海省必须进一步解放思想更新观念，大力实施人才强省战略，以人才创新理念指引人才工作跨越发展，从根本上突破束缚人才成长、阻碍人才流动、妨碍人才活力迸发的体制机制障碍，充分发挥人才在经济社会发展中的支撑、引领作用。

（二）围绕中心服务大局是核心要求

进入新世纪以来，青海在实施人才强省战略的过程中始终围绕奋力打造"三区"、加快实现"四个转变"、全面建成小康社会的战略任务，坚持人才发展与实施重大战略同步谋划、同步推进，创建人才工作与"三区"建设战略融合发展新格局。围绕"131"总体目标，制定完善"三区"建设、创新驱动发展战略、融入"一带一路"建设、"中国制造2025"青海行动、供给侧结构性改革、三江源国家公园体制试点等人才支持保障措施，全面深化人才发展体制机制改革创新，形成人才引领发展、发展集聚人才的良性循环。主动衔接经济社会发展总体目标与总体规划，坐实、做好"十三五"人才发展规划，统筹抓好各类人才队伍的建设，努力把各类优秀人才聚集到全面建成小康社会的事业中。人才发展始终围绕中心服务大局的实践昭示我们，青海实施人才强省战略必须坚持围绕中心、服务大局理念，让人才工作与"改革发展稳定"主题主线相融合，唯有如此，才能为人才发展指引方向，为人才队伍成长开辟空间，为各类人才施展才干提供广阔舞台，为同步全面建成小康社会提供坚强的人才保证和广泛的智力支撑。

（三）体制改革与制度创新是重要突破口

人才工作的活力取决于体制和机制，只有体制机制灵活开放，人才工作才能满盘皆活。基于这种认识，青海在实施人才强省战略的过程中十分注重人才发展体制机制改革与制度政策创新，持续创新人才培养引进机制、人才评价发现机制和人才激励保障机制，不断完善党管人才的工作机制。特别是新印发的《青海省关于深化人才发展体制机制改革的实施意见》，紧扣"131"总体要求，遵循市场经济规律和人才成长规律，着力破除人才培养、引进、使用、评价、激励等重点环节的体制机制障碍，使青海人才发展体制机制改革创新有了新突破。青海持续深化人才发展体制机制改革的实践启示我们，不断推进人才发展体制改革和制度创新，是深入实施人才强省战略、有效提升人才工作效率的重要突破口。全面深化人才强省重大战略部署和人才优先发展原则，首先必须着力推进人才发展体制机制的改革创新，聚焦关键环节，构建科学规范、开放包容、运行高效的青海人才发展治理体系，形成适应青海省情、具有区域竞争力的人才体制机制，把青海打造成西部地区具有影响力的人才集聚地。

（四）争取国家与援青省市支持是重要条件

新中国成立以来，党和国家向青海输送了大批优秀人才，他们以开发建设青海为己任，扎根高原，艰苦创业，为青海经济社会发展做出了巨大贡献。西部大开发以来，在国家和对口援青省市的大力支持下，各种形式的人才智力援青活动为青海实施人才强省战略注入了强大动力，特别是党中央对口支援青海等四省藏区的重大决策部署，激励一批批援青干部奔赴高原，倾智汇力，有力推动了青海藏区经济发展、社会进步和民族团结。清华大学等一如既往倾力支持青海大学发展，成效十分显著。国家及援青省区助力青海人才发展的生动实践说明，国家与援青省市的无私支持，是青海实施人才强省战略的重要条件。青海的人才发展要克服自然条件恶劣、经济发展滞后、地方财力有限、人才待遇较差的硬约束，破除体制机制不活和人才政策不到位、不"解渴"的软制约，突破人才价值实现度不高和人才"引不进、留不住"的现实困境，实现人才总量持续增加、素质不断提高、结构日趋合理的硬任务，必须积极争取国家与对口援青省市的大力支持，利用好国家西部大开发和支援藏区建设的倾斜政策，将自我有效突破与外部大力支持很好地结合起来，努力开创青海人才工作的新局面。

（五）实施重大人才工程是有效载体

国内外的人才发展实践表明，实施重大人才工程，对人才发展重点任务实行项目化管理，有助于提高人才开发的效率，是开展人才工作的有效载体和主要抓手，也是许多国家和地区打造人才优势、参与人才竞争的成功经验。青海实施人才强省战略以来，坚持以重大人才工程引领和带动人才队伍建设，特别是 2016 年启动实施的"高端创新人才千人计划"，整合衔接"昆仑英才"计划、"昆仑学者"、人才"小高地"等政策资源，重点在科技创新、产业发展、企业管理等领域会聚 1000 名左右高端创新人才，成为青海历史上力度最大的高端人才培养引进工程，使人才强省战略进一步加力升级。青海实施重大人才工程的实践启示我们，实施人才工程是做好人才工作的重要抓手，是深化人才强省战略的有效载体。在积极承接国家人才工程项目、大力推进省级人才工程的同时，我们要支持和鼓励省内各地各部门实施一批结合本地实际的人才工程项目，形成点面结合、上下贯通、整体推进的人才开发格局，助力人才强省战略全面升级换挡，服务青海经济社会发展大局。

四　实施人才强省战略面临的主要困难 及亟待解决的问题

（一）人才发展理念亟待革新

由于青海经济社会发展对资源开发的高度依赖性，各级党委政府重自然资源开发、轻人才资源开发的惯性思维仍然根深蒂固，"见物不见人"的情况比较普遍，人才资源是"第一资源"的观念还未深入人心，人才优先发展的各项政策措施还没有落到实处，对人才及人才工作重要性的认识还没有完全到位。在发现和使用人才上，有的领导干部还缺少伯乐之心、伯乐之才和伯乐之怀，对人才的关心关爱不够，对现有人才看不上、不放心，难以做到人尽其才、才尽其用、用当其时、用当其位。部分人才安于现状，不思进取，知识更新不及时，"等""靠""要"的依赖思想严重，面对新情况、新问题往往束手无策。

（二）体制机制改革任重道远

目前，人才发展体制机制不活、改革创新滞后的问题依然存在，简政放权、行政审批改革还不能适应人才发展的需要。现行人事管理制度的行政化、"官本位"色彩仍比较浓厚，学历、身份、职称、编制、户籍等制度性障碍短期内难以完全破除，不同体制间人才的身份转换和合理流动难以实现，人才使用中论资排辈、求全责备的现象仍然存在。企事业单位用人自主权落实不到位，人才队伍活力不足，特别是高校和科研单位用人自主权、职称评审权、人员配置权落实不到位，很大程度上制约了高端人才的培养引进。职称评审改革滞后于人才发展形势，企业人员职称评审渠道不畅。产、学、研脱节，科研成果转化率较低，企业投身技术开发与创新的动力严重不足。

（三）人才发展投入仍然不足

近年来，尽管省级财政投入人才工作的专项资金逐年增加，但与同期西部其他省区的专项资金投入相比，还有较大差距。市县两级财政对人才工作的投入十分有限，经费使用捉襟见肘。受编制限制，基层和省直单位对人才工作力量的投入不足。目前人才发展工作很大程度上以政府推动为主，作为人才引进和使用主体的用人单位，特别是企事业用人单位对人才资本投入不够。各地的人才智力引进工作偏重和依赖于行政主导，广大用人主体及专业人才服务中介机构的作用发挥不够。

（四）人才队伍总量不足、结构不优、分布失衡

从人才队伍总量看，全省人才总量为 37.39 万人，列全国倒数第二位；全省从业人才密度为 8.59%，每万人口拥有的人才

为 635.42 人，在全国处于较低水平；与经济发展直接相关的公有制领域企业经营管理人才总量为 8900 多人，列全国倒数第二位；全省医药卫生、冶金矿山、教育师范、金融财会、建筑工程等行业的人才缺口达到 13100 多人。从人才队伍结构看，全省高、中、初级专业技术职称人才比例为 1∶3.3∶3.8，与国际公认的理想比值 1∶6∶14 相去甚远，中级人才和初级人才明显短缺，人才积累和接续力量严重不足。从人才分布看，全省三次产业的人才比例为 9.5∶10.5∶80，与国际 5∶31∶64 的平均水平有较大差距，机关单位的人才聚集度较高，企业的人才聚集度明显偏低；西宁和海东聚集了全省人才总数的 73%，而藏区六州人才总量不足且不断流失。

（五）人才发展环境有待优化

人才评价政策"行政色彩"过浓，存在评价标准不科学、评价体系不健全、评价导向不明确、评价管理不完善等问题，存在"领导评价代替一切评价"，"评人的不用人，用人的不参评"等现象，束缚了人才成长和作用发挥。人才评价标准针对性不强，专业化不足，"一把尺子量到底"，重学历职称、轻实绩贡献的倾向仍比较普遍，没有形成分层、分类的立体化人才评价体系。现行科研经费、成果转化、离岗创业等科研管理制度不适应科研创新活动的规律和特点，科研经费支出困难、科研工作和智力劳动不能获得相应补偿，难以充分激发科技人员创新创业的活力。事业单位受工资总额和绩效工资总额限制，科技人员收入总体水平不高，分配出现"天花板"效应。知识产权保护不力，维权成本高，侵权赔偿低，惩处执行难。此外，人才激励政策落实慢、落实难的问题也比较突出，影响了高层次人才的引进和作用发挥。

五 深入实施人才强省战略的对策措施

（一）全面树立"人才资源是第一资源"的观念

深入实施人才强省战略，充分发挥人才在青海经济社会发展中的关键性作用，必须进一步解放思想更新观念，牢固树立"人才资源是第一资源"的观念，充分认识发展这个"第一要务"要靠人才这个"第一资源"来支撑，高度重视和抓好人才工作。树立以用为本的人才理念，大胆信任人才，有效支持人才，放手使用人才，科学激励人才，对人才多理解、少埋怨，多鼓励、少责备，多给他们一些成长空间，充分调动他们的积极性、主动性和创造性。进一步强化人才优先发展理念，在各项事业发展中尽力做到人才资源优先开发、人才制度优先创新，人才投资优先保证、人才保障优先考虑。要通过宣传教育引导、产业转型倒逼、责任制考核监督等方式，让各级领导干部真正认识"第一资源"的关键作用，真正确立"抓人才与抓发展同等重要""抓好科学发展是政绩，做好人才工作也是政绩"的工作导向与评价导向，聚精会神抓人才工作，把更多优秀人才智力吸引凝聚到富裕文明和谐美丽新青海的建设事业中来。

（二）持续推进人才发展体制机制改革

人才竞争的实质，说到底是人才发展体制机制的竞争。青海要深化人才强省战略，推动人才优先发展，必须以"第一个吃螃蟹"的精神，打破一切束缚人才发展的体制机制藩篱，建立更具竞争力的人才发展体制机制。

一是加快构建系统完善的人才培养支持机制。全面抓实抓好基础教育、职业教育和高等教育，鼓励高校以国家战略、市场变化、区域发展和产业转型升级的需求调整优化人才培养结构，逐步探索形成以社会需求和创业就业为导向的高校专业结构与培养类型调整机制。改进创新型科技人才的培养支持方式，研究制定重大科技专项管理办法、重点研发与转化计划管理办法等制度，完善"项目＋人才＋平台"协同支持模式。倡导工匠精神，大规模培养技师、高级技师等高技能人才，构建工学结合、产教融合、协同育人机制，推动校企共建人才培育平台。借助六省市对口援青平台，依托"京青专家服务活动"等，积极打造与援青省市区域联动、多向拓展、资源共享的人才培养引进新路径。

二是完善更加开放灵活的引才引智机制。树立精准引才理念，紧贴地方经济社会发展和产业需求，围绕地方重点发展的产业和重大科技攻关项目，精准引进经济社会发展最紧缺、对产业发展带动力最强的高端人才，推动引才引智与产业转型深度契合。加快推进各级重点实验室、工程技术中心、科技园区等重点创新平台建设，充分发挥科技产业园区、重点实验室引才聚才主阵地作用。对掌握产业核心技术的顶尖人才开辟绿色通道，实行一事一议、特事特办，以此带动同领域人才团组式落户，形成一批顶尖人才领衔的"雁阵型产业人才集群"。继续完善"不看时间看业绩"的柔性引进人才考核管理和评价激励办法，形成更加灵活精准的引智模式。

三是积极创新人才评价考核机制。分类推进人才评价机制改革，坚持德才兼备原则，注重以能力、实绩和贡献评价人才，克服唯资历、唯学历、唯职称、唯论文等不良倾向，"让用人单位评价人才，让人才评价人才，让专家评价人才"，提高人才评价的科学性、专业性，逐步建立起以用为本的人才综合评价体系。积极破解基层人才评价改革的难点问题，建立符合中小学教师、全科医生等岗位特点的人才评价机制。

（三）大力实施务实有效的人才培养引进工程

进一步围绕青海经济社会发展大局，组织实施好一批重大人才工程，着力培养引进一大批能够引领和推动青海经济社会发展的高端创新型人才，带动引领全省人才队伍建设取得明显成效。继续强力实施"高端创新人才千人计划"，紧扣经济社会发展需求，坚持存量盘活与增量扩大并举，重点在科技创新、产业发展、企业管理等领域打造一支能够突破关键技术、带动新兴产业、建设新兴学科的高端创新人才队伍，培育青海人才队伍品牌。持续推进中端和初级人才培养，着眼盘活存量、提升质量，重点抓好环保、农牧、卫生等领域专业技术人才和高技能人才的培养培训。全面实施新型职业农牧民教育工程，构建"三位一体、三类协同、三级贯通"的新型职业农牧民教育体系。

（四）鼓励引导人才向基层一线和青南地区流动

进一步明确和强化人才在一线干事创业、在一线成长成才的政策导向，完善人才基层锻炼、服务、兼职、轮岗等制度，加大项目资金向基层一线倾斜力度，落实和完善艰苦边远地区津贴、乡镇岗位工作补助、高海拔折算工龄补贴制度，进一步提高艰苦边远地区和基层一线人才保障水平，鼓励和引导人才向青南地区和基层一线流动。探索建立"定向评价、定向使用"的基层专业技术职称评定制度，优化基层专业技术人才结构。在各级人才表彰和优秀人才选拔工作中，适当提高青南地区和基层一线比例。

（五）不断优化人才公共服务体系

积极推动各级人才管理部门简政放权，建立政府人才管理服务权力和责任清单，明确政府职能部门的人才管理职责、权限以及办事规范和流程，消除对用人主体的过度干预，推动政府部门由人才管理者向公共政策服务者转变。放宽人才服务业的准入限制，大力培育、扶持各类专业社会组织和人才中介服务机构，鼓励发展高端人才猎头等专业化服务机构，有序承接人才培养、评价、流动、激励等政府转移职能。探索与高端创新人才猎头等专业化服务机构开展引才合作，实施重大引才活动服务外包。加快构建基于云计算和大数据技术的人才信息系统，畅通不同部门之间的信息数据，探索建立线上线下相融合的人才服务平台，进一步提升人才工作的信息化水平。

（六）全面加强党对人才工作的组织领导

全面加强党对人才工作的统一领导，努力形成党委统一领导，组织部门牵头抓总，有关部门各司其职、密切配合，社会力量广泛参与的人才工作新格局。参照省外和西宁市实施人才工作目标责任考核制的做法和经验，加快在全省推行各级党政领导班子和领导干部人才工作目标责任制，增加人才工作在各级党政班子和领导干部考核中的权重，将考核结果作为领导班子评优、干部评价的重要依据，切实落实"一把手"抓"第一资源"的硬要求。进一步加大人才财政投入，要求省、市（州）的人才专项投入占当年本级公共财政收入比例逐步达到2%。全面落实有利于人才优先发展的税收支持政策，继续完善国家和省内有关鼓励和吸引高层次人才的税收优惠政策。鼓励和支持各市州开展人才发展改革探索，建议在西宁市和海西州建立人才发展改革试验区，在人才管理和人才政策上先行先试，为全省人才发展改革探索经验。

参考文献

胡锦涛：《坚定不移沿着中国特色社会主义道路前进 为全面建成小康社会而奋斗——在中国共产党第十八次全国代表大会上的报告》（2012年11月8日），人民出版社，2012年11月，第21页。

中央人才工作协调小组编《习近平关于人才工作论述摘编》，2016年12月。

胡昌升：《青海人才工作需着力解决"五大问题"》，《中国人才》2016年第8期。

胡昌升：《以"柔性"优化人才供给》，《人民日报》2016年6月28日。

胡昌升：《人才也需供给侧改革》，《光明日报》2016年7月5日。

王志明：《用"有形的手"推动创新人才资源开发》，《光明日报》2016年11月4日。

王志明：《正确把握政府作用规律 有效推动青海人才发展》，《青海日报》2016年11月21日。

马隆：《柴达木人才引进和产业发展互促共赢》，《柴达木日报》2016年12月14日。

青组：《实施重大工程　改善总体环境——青海省持续推进人才工作创新发展》，《青海日报》2017年2月21日。

张弘靓：《青海强力推进人才强省战略》，《西宁晚报》2017年3月8日。

青海省人才工作领导小组办公室编《青海省中长期人才发展规划纲要（2010～2020年）中期评估报告》，2017年3月。

《青海省中长期人才发展规划纲要（2010～2020年）》，《青海日报》2011年2月17日。

人才政策篇

Talent Policy

B.2

青海省人才财政政策分析
与对策建议

杜青华　魏　珍*

摘　要：　人才对经济社会发展的作用举足轻重，人才财政政策
对人才资本的积累和发展有着重要的引导和保障作
用。"十二五"时期，青海省围绕"人才强省"战略，
制定了一系列培养和促进人才发展的人才政策和相应
的配套财政政策，取得了显著的成效。但由于受经济
发展水平、人口总量、产业集聚度以及自然生态环境

---

* 杜青华，青海省社会科学院经济研究所所长、副研究员，研究方向：区域经济；魏珍，青海
省社会科学院经济研究所研究实习员，研究方向：区域经济。

等多重因素制约，目前仍面临人才投入总量相对偏低、人才软环境建设投入力度相对不足等现实困难。就未来的发展而言，"十三五"时期青海省应通过建立健全多元人才投入机制，加强人才软环境建设，营造良好的人文环境等一系列人才财政政策，推动人才事业持续良好发展。

关键词： 青海省　人才发展　财政政策

在当今知识创新不断加速发展的时代背景下，国家和地区间的核心竞争已从过去对自然资源的竞争变为对人力资源的竞争，人力资源已成为支撑国家和地区经济社会发展最为重要的战略资源。由于人力资源自身具有公共品的属性特征，所以国家和地区促进人才发展各项制度的实施均离不开公共财政体系直接和间接的投入与支持。党的十八大以来，青海通过大力实施人才强省战略，扩大人才政策开放力度，强化人才财政投入力度，人才事业发展成效显著。但随着近年来我国区域间人才竞争格局的不断加剧，人才和人才政策包括财政政策的有效供给不足对青海经济社会发展的瓶颈性制约日益凸显。因此，通过纵向回顾"十二五"时期青海人才财政政策的主要成效，横向比较当前面临的新困难和新挑战，有针对性地提出相应的政策建议，对于深化人才强省战略，加速提升青海人才竞争力，充分发挥人才对全省经济社会发展的智力支撑具有重要的现实意义。

一 "十二五"时期青海省人才财政政策的主要成就

（一）人才财政投入快速增长，推动了全省人才体系建设的不断完善

"十二五"时期，青海的人才财政投入①从 2011 年的 181.31 亿元增加到 2016 年的 285.46 亿元，年均增速达到 9.5%，明显高于同期全省地区生产总值 9.02% 的年均增速。2016 年财政对科学技术和教育方面的投入力度明显加大，占地区生产总值的比重分别达到 0.42% 和 6.67%。通过将青海省 2011～2016 年财政收入增长率与人才财政投入总量进行比较（见图 1）可以看出，2011 年以来青海的人才财政投入没有受财政收入增速逐年下降的不利情况影响，总体保持了快速增长的态势。"十二五"时期，青海先后实施了人才"小高地"建设、高技能人才培养、"三江源"人才培训使用等 14 项重大人才工程和青年科技人才培养计划、企业经营管理人才推进计划等一系列人才培养计划，全省人力资本投资占地区生产总值的比重达到 16.22%，远高于"十一五"时期。"十三五"期间，青海还将增加财政投入 5 亿元，为不断完善青海人才体系建设提供有力的资金保障。

---

① 由于人才财政投入相关数据不全，所以本文中的人才财政资金主要包括教育、科学技术、医疗卫生方面的财政投入。

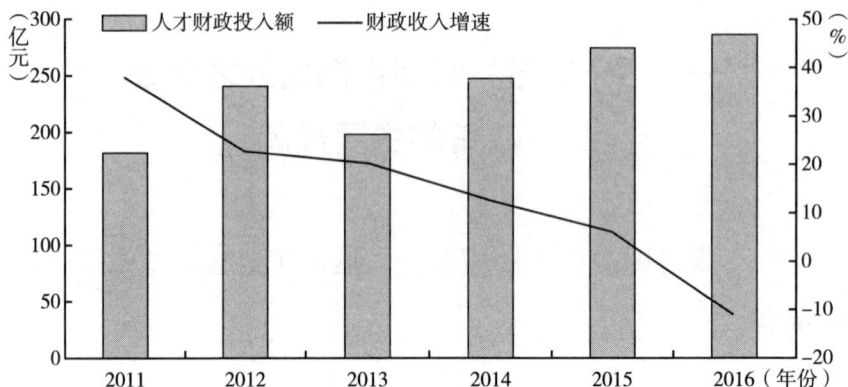

图 1   2011～2016 年青海省财政收入增速与人才财政投入额

资料来源：根据 2012～2016 年《青海统计年鉴》和 2017 年《青海统计公报》数据整理计算。

（二）教育支出不断增加，为青海可持续发展奠定了人才基础

教育是人才培养与发展的基础，要提高人力资本的质量，形成与社会各行业发展相适应的人才结构，必须持续增加教育的投入，发挥财政支持的重要作用。随着人才强省战略的深入实施，青海财政对于教育的支出保持了较快增长，财政教育经费支出从 2011 年的 130.11 亿元增加到 2016 年的 171.36 亿元，年均增速达到 5.6%的较高水平。通过简单对比，"十二五"时期，青海财政教育支出的绝对额要明显高于经济发展水平、人口总量相近的宁夏（见图2）。另外，教育部、国家统计局和财政部《关于 2015 年全国教育经费执行情况统计公告》显示，"十二五"时期青海的生均公共财政预算教育事业费与生均公共财政预算公用经费增长率均高于同期陕西、宁夏等西部省区。

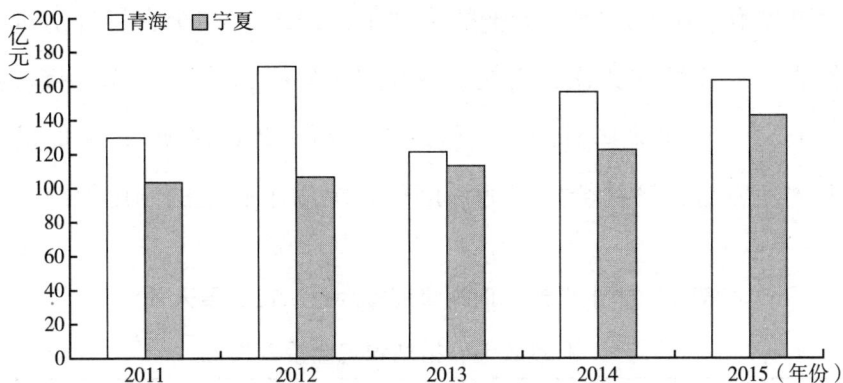

图2　"十二五"时期青海和宁夏两省区财政教育支出比较

资料来源：根据 2012～2016 年《青海统计年鉴》《宁夏统计年鉴》数据整理。

（三）创新多元人才投入机制，促进了人才发展与经济社会发展的深度融合

"十二五"时期，青海省先后出台了一系列专项人才政策并及时配套完善了相应的人才财政政策，在打破制度壁垒、创新多元人才投入机制、建立健全多元人才政策体系方面进行了大胆探索和创新，并积累了宝贵的实践经验。一方面在实施重大建设工程和项目时，注重发挥人才发展专项资金、中小企业发展基金、产业投资基金等财政投入的引导和撬动作用；另一方面，在实施"高端创新人才千人计划""柔性引才引智实施办法"的同时，通过创新机制，探索实施了顾问指导、兼职服务、"候鸟式"聘任、"订单式"培养以及"户口不迁、关系不转、双向选择、自由流动"等新的人才引进和培养机制，制定了对引进的高层次人才一次性提供 30 万元的生活补助和 10 万元的住房补贴并配套落实了自主落户、子女入学教育等 15

项优惠政策。在上述政策措施的推动下，2016 年初全省累计引进各
类紧缺人才 4700 多人次，直接引进高层次科研团队 30 余个，接收挂
职博士 64 名，带来国外技术、管理人才项目 280 多项①，为促进全
省人才发展与经济社会发展的深度整合提供了必要的制度保障。

表 1　"十二五"时期青海省六州二市主要人才
财政政策、措施和资金投入情况

地区	财政政策和具体措施	资金投入
西宁市	支持建设创业孵化基地，搭建人才服务平台	投入资金 1.7 亿元
	招聘建筑、规划、财经等专业的高、中、初级政府雇员 134 名	投入资金 800 余万元
	培训未就业劳动力 15.08 万人	拨付补贴 12196 万元
	支持培训校长教师 12 万人次	投入经费 3968.3 万元
	实施先进集体和优秀人才奖励政策	投入奖励资金 200 万元
	实施企业和创业者落实补贴资金政策	1100 余万元
	支持建立 20 个名师工作室	投资 400 万元
	为 126 名高校毕业生发放创业担保贷款	1148 万元
海东市	建成海东创业大厦	投资 4.6 亿元
	建成专家和高端青年人才公寓楼 11 栋	投资 3 亿元
	引进人才除享受正常工资福利待遇外，并发放补贴	每年发放 2 万~5 万元不等的生活补贴
	对农村基层和艰苦地区工作的人才，在工资等方面实行财政倾斜	—
海西州	引进人才在生活服务保障方面给予特殊支持方式，杰出人才和团队重大项目实行"一事一议"	最高给予 1000 万元项目资助
	德令哈市浙江工业园孵化基地及市创业孵化基地建设完成项目	投资 4800 万元
	对全州 11 名优秀人才和 22 名先进典型人才表彰奖励	按不同情况给予 3000~10000 元奖励

---

① 张进林、庞书纬：《青海不求所有但求所用柔性引才破解人才短板》，新华通讯社《国内动态清样》第 549 期，2016 年 2 月 10 日。

地区	财政政策和具体措施	资金投入
海南州	为科技乡（镇）长落实工作经费	投入 100 多万元
	资助科技特派员和"三区"科技人才项目 22 个	投入 110 万元
海北州	修订完善了《海北州州级人才发展和干部教育培训专项资金使用管理办法》，加强了专项资金管理	—
	落实人才发展和干部教育培训专项资金	投入 300 万元/年
	山东对口支援海北人才交流培训	投入 200 万元/年
	分行业、分地域争取到山东省的人才引进培育专项经费	投入 920 万元
玉树州	从对口支援资金中投入资金开展党政人才和专业技术人才培训工作	投入 1200 万元
	在州县党校增设"三基"干部学院投入培训资金	投入 1000 余万元
果洛州	通过上海市对口支援帮扶培训	投入经费 2203.52 万元
	奖励全州"突出贡献人才""优秀人才""老有所为贡献人才"	分别给予 5 万元、3 万元、1 万元奖励
	对人才工作资金投入使用进行全程监督管理，与下一年度人才工作经费支持力度和申报各级人才奖项挂钩	—
黄南州	2012 年起州县两级财政建立人才发展基金	投入 150 万元/年
	对 1702 名城镇就业创业人员发放贷款	投入 8226 万元
	建成"黄南州创业孵化基地"	自筹资金 400 万元
	对基层乡镇党政干部和专业技术人员发放津贴	按不同海拔发放 300 ~ 400 元/人
	充分利用天津援建资金支持	—

资料来源：《青海省中长期人才发展规划纲要（2010～2020 年）中期评估报告》，各州市《中长期人才发展规划纲要（2010～2020 年）中期评估报告》。

（四）财政支持人才评价、激励机制改革取得新突破，人才自主创新的事业平台全面拓展

近年来，为了持续提高人才竞争力，青海省先后开展了一系列

财政支持人才评价、激励机制等方面的改革创新和探索，取得了显著成效。在支持人才评价制度改革方面，颁布了《青海省深化中小学教师职称制度改革工作实施方案》，在青海大学、青海师范大学和青海民族大学等三所高校早于全国其他省区开展了职称评审权限下放试点工作并及时配套了相关财政政策。在支持人才激励制度改革方面，先后颁布了《青海省促进科技成果转化条例》《青海省科学技术进步条例》《青海省基础研究计划管理办法》《青海省专利补助资金管理办法》《青海省专利促进与保护条例》等一系列人才激励政策，探索创新了人才股权期权等激励措施，对获得财政资金支持形成的科技成果的使用、处置、收益权加快下放，提高科研人员成果转化收益的分享比例，规定用于奖励科研负责人、骨干技术人员等主要贡献人员和团队的收益比例不低于70%。同时，对项目承担单位下放了科研项目直接经费中多数科目预算调整及项目结余资金使用等权限，人才对经费管理有了更大的支配权。充分调动了人才的积极性，为推动人才队伍建设、适应人才发展需求提供了必要的资金保障。

表2 中央和青海省主要人才政策一览

政策	政策内容	发布时间和文号
《国家中长期人才发展规划纲要（2010～2020年）》	为实现到2020年人才发展的总体目标，实行人才投资优先，提高人才资源建设能力，战略性调整人才结构，吸引高端人才和急缺人才，建设高质量人才队伍，改革人才发展体制机制，持续加快人才工作法制建设，加强和改进党的领导	中发〔2010〕6号
《关于深化人才发展体制机制改革的意见》	加强对人才工作的组织领导，建立健全人才管理机制，加大人才工作投入，完善人才评价、使用和激励体制，建立人才优先发展保障机制，实现人才顺畅流通	中发〔2016〕9号

政策	政策内容	发布时间和文号
《中央人才工作协调小组 2016 年工作要点》	大力引进培养创新驱动发展急需紧缺人才,整体推进农村实用、社会工作、宣传思想文化、教育、卫生等人才队伍建设,营造人才优先发展良好环境,为国家重大战略实施提供人才支持	中组发〔2016〕5 号
《青海省关于深化人才发展体制机制改革的实施意见》	注重引育用并举,深度培养本地人才,精准引进急需紧缺人才,聚焦人才队伍建设中的重要环节,创新体制机制,为人才集聚提供更具竞争力的激励制度,完善人才评价制度,使人才管理更加科学规范、切实高效,人才发展机制更加完善	青发〔2016〕20 号
《青海省高端创新人才千人计划》实施方案	到 2020 年,引进培养 1000 名左右高端创新人才,建设一支能够突破关键技术、带动新兴产业、建设新型学科的高端创新人才队伍	青办字〔2016〕32 号
《青海省柔性引才引智实施办法》	用人单位在不改变省(国)外人才的人事档案、户籍、社保等关系的前提下,通过顾问指导、短期兼职等一系列灵活方式吸引省(国)外人才(团队),为青海省经济社会发展提供智力服务	青人才字〔2016〕4 号
《青海省人才工作领导小组 2016 年工作要点》	坚持人才优先发展,积极构建人才发展治理体系;围绕"131"总体要求,创新载体全力实施重点人才工程;盘活用好人才资源,促进各类人才迸发创新活力;加强联系服务工作,团结优秀专家人才,凝聚向心力;坚持党管人才原则,努力营造人才发展良好环境;致力夯实工作基础,全面提升人才工作科学化水平	青人才字〔2016〕3 号
《青海省"中端和初级人才培养计划"实施方案》	从 2016 年起,每年培养 2000 名左右中端和初级人才,到 2020 年,培养 1 万名左右中端和初级人才,力争在不同行业领域各自形成一支能够掌握、运用关键技术,支撑新兴产业发展和新兴学科建设的中间骨干人才队伍	青人才字〔2016〕10 号

资料来源:《青海省人才政策汇编(2016 年)》。

二 现阶段青海省人才财政政策亟待
解决的难点问题

（一）人才财政投入相对偏低

虽然在纵向比较中，"十二五"时期青海人才财政投入资金总额保持了快速增长的趋势，但受经济发展水平、人口总量、产业集聚度以及自然生态环境等多重因素制约，青海人才财政投入与同期全国平均水平和西部五省区进行横向比较时，还存在较大差距。通过将青海省人才财政在教育、科学技术和医疗卫生三项支出占财政预算支出的比重与全国平均水平及西北五省区进行比较（见图3）可以看出，无论是人才财政项目的投入占财政支出的比重，还是三项投入的单独占比，青海省与全国平均水平及西北五省区相比均不容乐观。与此同时，受自有财力不足的制约，基层州县两级人才投入供需缺口仍然较大，加之部门间人才投入条块分割的现象仍然存在，财政资金很难实现集中发力，有限的财政资金难以充分发挥出更好的效益。

（二）人才软环境建设的投入力度相对不足

陈劲等人在《重庆市人才发展环境评价研究（2012年)》中对重庆市党政、企业经营管理、专业技术、高技能、农村实用和社会工作等6大类共2700名人才做的抽样调查显示，"工资收入水平"和"经济发展水平"是当前人才自身发展最重视的要素条件。

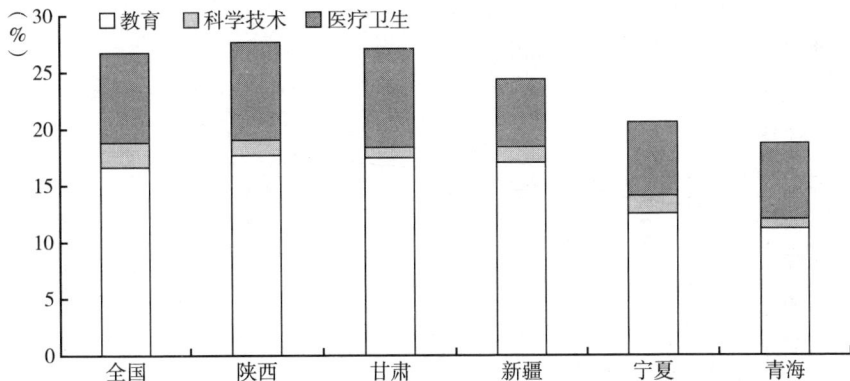

图3　西北五省区人才财政三项主要支出占财政预算总支出的比重

资料来源：根据 2016 年《中国统计年鉴》及西北五省区《统计年鉴》计算整理。

对"十二五"时期青海的教育行业，卫生和社会工作行业、文化和体育行业、公共管理和社会组织 4 个行业的就业人员平均工资与全国平均水平进行比较（见图 4），4 个行业中的教育行业、公共管理和社会组织两类行业就业人员的工资水平基本与全国平均水平保持一致，卫生和社会工作行业、文化和体育两类行业就业人员的工资水平与全国平均水平差距较大，2011 年以后这种差距还在呈现继续扩大的趋势。另外，一些鼓励和支持科研硬件环境建设的政策措施虽然能够在短期内促进科技进步，但从长远看，这类政策对人才资本存量的持续积累作用十分有限。加之青海经济发展整体水平较低，自然环境恶劣、工作条件艰苦等多种现实制约因素很难在短期内彻底改变，所以在收入分配、培养、激励、使用、评价等人才软环境得不到整体显著改善或者说长期低于全国平均水平的前提下，人才"引进难、留住难"的"两难困境"很难从根本上得到扭转。

教育行业

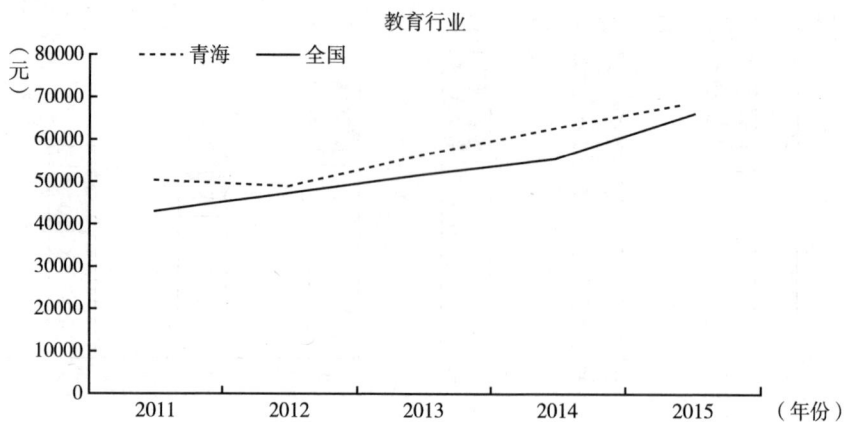

卫生和社会工作行业

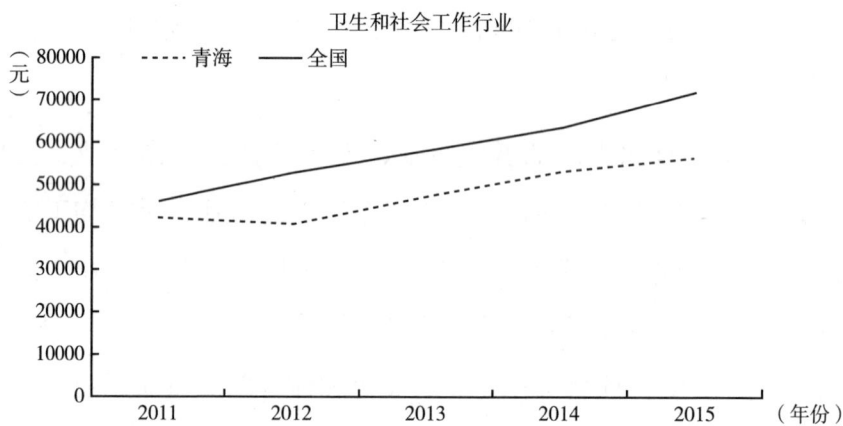

文化和体育行业

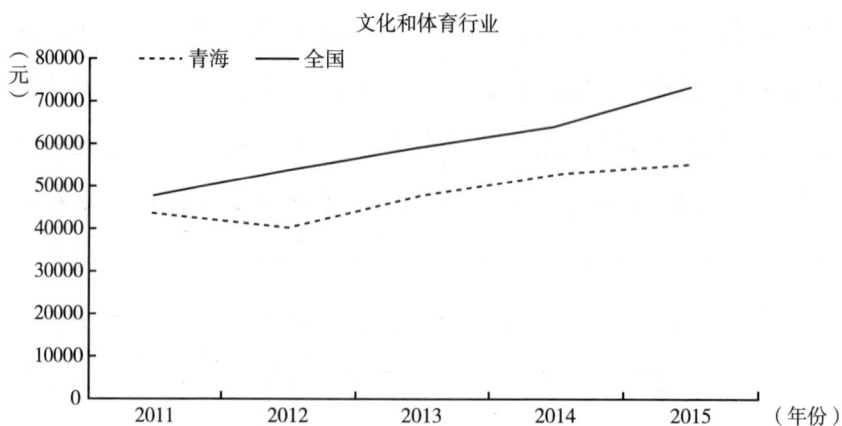

公共管理和社会组织行业

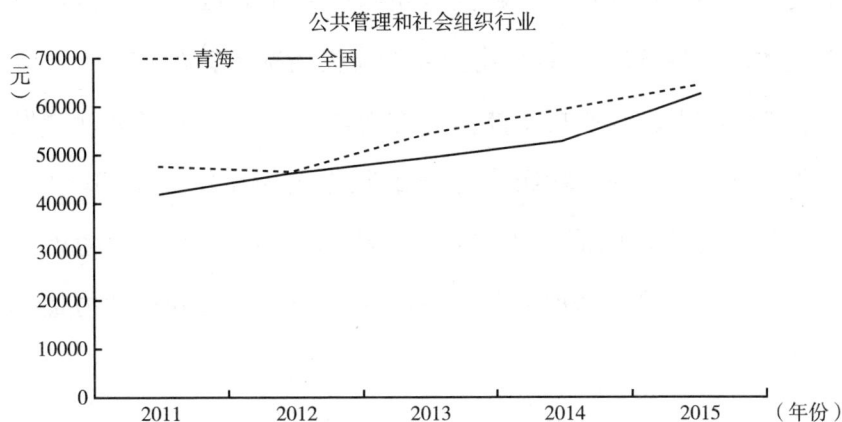

图4 "十二五"时期青海与全国四个行业
就业人员平均工资比较

资料来源：根据2012～2016年《中国统计年鉴》和《青海统计年鉴》整理。

（三）对基层中端以及初级人才的培养和激励政策仍有待完善

近年来，青海各级政府部门通过出台一系列人才政策引进了一批符合青海发展需求的高端人才，这些高端人才在青海创新发展和人才队伍建设中发挥了重要的引领作用。但在对本土人才，特别是州县基层科教文卫等各类中端和初级人才的培养和激励方面还存在质量和结构层面的缺位现象，在落实用人单位自主权，减少人才合理流动和使用等环节中的行政审批事项以及运用市场方法和经济手段引才、用才、留才方面切实有效的政策供给仍有待优化完善，促进人才发展的体制机制仍有待进一步改革创新。行业统计数据显示，青海的人才结构分布失衡，省会西宁及海东市两地的人才总量占全省人才总量的 73%①，藏区六州基层人才数量极少，占比不足全省人才总量的 30%，且现有人才的流失情况十分严重。人才学历层次、创新能力、专业技术能力等方面均达不到当前经济社会发展的需要。全省高、中、初级专业技术职称人才比例为 1∶3.3∶3.8，与国际公认的理想比值 1∶6∶14 相差甚远②。从长远角度考虑，这将在很大程度上影响未来青海人才存量的长期积累和接续力量的持续提升。

（四）人才投入政策缺乏系统性

人才工作涉及青海各行各业，分属不同行业的人才发展工作，一般根据政府各职能部门不同的职能分工而采取对口管理或各自牵头管理的办法推进。由于政府各职能部门的工作职能或交叉，或分散，所以各部门出台的人才政策由于缺乏系统性和政策标准的不统一，很难站在统筹发展全省人才资源的战略高度进行资源配置。加之当前人才财政政策的实施主要是依据各部门的人才政策而定的配套财政政策，也就是说只有有了具体的人才项目才会配套财政支持。在这种制度安排下，人才财政政策在实施过程中也同样缺乏系统性。在实施过程中难免出现对于一些重点行业和领域人才财政投入较为充足的同时，对于另一些不易引起重视的行业和领域的人才投入存在投入不足或投入盲点的现象。

---

① 胡昌升：《青海人才工作需着力解决"五大问题"》，《中国人才》2016 年第 8 期。
② 胡昌升：《青海人才工作需着力解决"五大问题"》，《中国人才》2016 年第 8 期。

三 "十三五"时期完善青海省人才财政政策的相关建议

（一）建立健全多元人才投入机制，构建系统化、制度化的人才财政政策体系

一方面，通过明晰各级政府在人才投入中的财政责任，把人才投入列为年度财政预算的保障重点，体现出法定增长的政策导向。建立规范高效、权责清晰的工作机制，并与之配套跟踪机制和评价机制，使人才业务主管部门、用人单位与人才投入部门可对人才进行合理评估，以确保人才财政投入资金效益最大化。加强人才投入部门之间的协调沟通，从而改善职能交叉、人才财政支出结构不合理等问题，保证全省人才政策体系的系统化。另一方面，通过设立人才培养、引进、激励专项资金，确保教育、科技、文化、卫生等行业的人才财政投入增长幅度高于财政收入的增长幅度，进而稳步加大人才财政投入和人力资本投资的力度，从根本上改善全省经济社会发展的要素投入结构。同时，在充分发挥政府在人才资金投入上的主体作用的基础上，应通过一系列财税优惠政策引导，鼓励吸引社会力量及个人积极参与人才投入，逐步构建以政府投入为导向、用人单位和个人投入为主体、社会资助为补充的人才投入机制，使人才的投入、培养、吸引、选拔、使用、奖惩机制相互协调配合，对资源进行合理有效的统筹配置，确保各类资源流向符合经济社会发展需要和人才发展规划部署的领域，为

人才资源全面协调可持续发展，提供强有力的政策支撑，实现互利共赢的良好局面。

（二）加强人才软环境建设，营造良好的人文环境

一是积极推进人才管理体制改革，进一步理顺政府与企业、事业及其他各类社会组织的关系，着力构建能够有序促进各类人才流动且与当前社会主义市场经济相适应的人才管理新体制。二是创造良好的人才政策环境，在鼓励竞争的同时，也要包容失败，用具有吸引力、竞争力的人才政策激发各类人才无限的创造潜能。三是统筹高端人才与基层人才的培养，着力解决各类人才尤其是基层人才工资待遇不高、培训机会少、工作环境差的问题。同时也要注重在全社会营造公开、公平、公正的人文环境。

（三）人才资金分配兼顾公平和效率，为人才发展创造良好的政策环境

需要政府相关部门认真考虑青海各州市人才资源的分布特点和基层政府的财力状况，合理设置资金分配指标，制定相应的人才财政政策，既要体现公平，也要注重提高人才资金的分配效率。如，可及早建立人才向青南牧区和艰苦边远的基层一线流动的导向机制，提高项目资金向基层一线倾斜的力度和基层人才保障激励力度，使艰苦边远地区的基层工作人员在政治上受重视、社会上受尊重、经济上得到更多实惠。同时结合民族地区特点因地制宜，进一步提高艰苦边远地区津贴、乡镇基层工作岗位的补助，完善高海拔折算工龄的补贴制度，动态调整艰苦边远地区津贴标准，大力支持

少数民族人才发展。通过财政资金的导向作用，使全省各地人才资源的配置逐渐趋于合理。

（四）强化人才投入绩效评估与监管，提高财政资金使用效益

一是推进财政支出预算绩效管理，为切实发挥人才投入资金最大的使用效益，针对人才资金投入的具体内容制订配套的管理办法和考评指标，综合考虑社会效益、经济效益，对人才投入资金的预算执行、拨付和使用进行跟踪和监督检查。二是建立绩效问责制度，落实人才财政资金使用的主体责任，形成"谁干事谁花钱、谁花钱谁担责"的机制，杜绝效益低下、"撒胡椒面"式的资金投入。三是通过地方立法，明确用人单位人才使用责任，通过引入第三方专业机构规范用人单位教育培训经费的提取、管理和使用等环节，确保人才培养经费的合规使用。四是根据目前财政预算编审工作要求，将人才项目的预算编制更加细化，规范人才投入专项资金的管理，整合一些部门预算中交叉、散乱、零碎的人才项目，严格把关对项目的申报和立项审核，使人才项目预算更加清晰化、透明化。在资金支出方面，既要加快进度，对推动人才发展的各项重点工程及时足额拨付，又要对资金的投向严格把关，注重发挥人才财政资金的支出效益，使每一项人才财政支出都符合法律法规。

（五）完善人才财政投入统计体系，为人才发展财政投入政策提供数据支撑平台

目前，人才方面的公共财政资金，主要投入在人力资源、教育和科技等部门相关的专项预算资金中，其中教育属于较高级次

的类级科目，而人力资源部门的支出则是"基本公共管理与服务"类级科目之下的款级科目，在预算科目级次上并不对等。这使得人才投入资金多部门交叉管理，统计上存在一定的困难，不利于人才投入资金使用效率的有效提升。目前，江苏、云南等省区每年都在定期通过《人才统计公报》《州市人才发展排行榜》等政府平台，对当地人才发展的各项数据进行专项统计和信息发布，为当地政府相关人才政策的制定和调整提供了必要的数据支撑。而青海省现有的人才财政投入和产出的统计资料存在着一定的时效滞后性和指标不完整等问题，需要借鉴上述省份的相关工作经验，进一步完善人才财政相关统计指标体系，并建立定期发布的数据平台，从而为下一阶段提升青海人才发展各项政策，特别是财政政策的决策力和精准度提供必要的数据支撑。

参考文献

马蔡琛：《公共财政人才投入资金的预算管理问题研究》，《财政研究》2009 年第 9 期。

青海省人才办：《青海省中长期人才发展规划纲要（2010~2020 年）中期评估报告》，2017。

谢颖：《云南省地方政府人才投入问题和对策研究》，云南大学硕士论文，2014。

冯振等：《中国人才财政投入政策的回顾与展望》，《人才蓝皮书》，2012。

〔美〕西奥多·舒尔茨：《论人力资本投资》，北京经济学院出版社，1990。

郭庆旺等：《科教兴国的财政政策选择》，《财政研究》2009 年第 9 期。

青海企事业单位人才引进政策分析

鲁顺元 *

摘　要：　青海企事业单位人才引进政策的制定出台始于20世纪末，近年来经历逐步规范、完善的过程。目前，人才引进政策包括省级主要面向企事业单位的、企事业单位本身的和地（市）的三个层面，包括物质补贴、配套政策和激励政策等方面。总体而言，这些政策还存在结构不均衡、内容标准不统一等突出问题。未来几年，青海人才引进政策将发生方向、策略等方面的变化和转向。面对日益剧烈的人才竞争局面，青海应用好用活党和国家治边稳藏新政策新举措，扬长避短，进一步发挥地域、环境等方面的优势，制定更具优势的人才引进政策，为青海经济社会发展提供更加坚实的人才保证。

关键词：　青海　企事业单位　人才引进政策

在当前经济社会发展中，人才是首要的创新资源和重要的战略

---

* 鲁顺元，青海省社会科学院研究员、博士，研究方向：民族社会学、环境社会学。

资源。青海要推动习近平总书记提出的"四个扎扎实实"重大要求落地生根，践行省委"四个转变"新思路，关键在人，关键在人才。但是，作为西部欠发达省份，青海人才特别是专业人才总量不足、质量偏低、结构不合理的问题突出，很多行业提升自我发展能力长期受制于人才发展瓶颈。解决人才短板问题，除了立足本地培养好、使用好现有人才外，还要积极"筑巢引凤"，使引进人才成为青海发展的有效供给。为此，近年来，青海积极挖掘潜力，扬长避短，出台了一系列企事业单位人才引进政策，并在实践中对这些政策做出及时的调整，为青海改革发展大局提供了有力的人才支持。本报告采用文献与政策文件梳理、个别访谈等方法，对青海科研院所、党校、高等院校、医院、国有大中型企业以及农牧区基层事业单位等在党的十八大以来特别是目前运行中的人才引进政策现状和发展趋势做出分析，并对制定更加科学合理的引才引智政策提出建议。

一 企事业单位人才引进政策现状

本报告所考察的企事业单位主要包括省国资委管理的省属出资企业、省属科研院所、党校、高等院校、医院等，其人才引进主要是从海外、省外引进省内；此外，还包括基层行政及企事业单位从省内外引进专业技术人才和行政、经济管理人才。青海制定实施比较规范的人才引进政策始于 20 世纪末，近年来青海人才引进政策得到不断规范、完善，形成引才与引智兼顾、直接引进与柔性引进并重的人才引进政策框架。

（一）总体格局

青海企业单位人才引进政策包括以下三个方面：一是省级层面即省人才办、省人力资源和社会保障厅等机构面向全省制定的一系列人才引进政策。这是主要面向青海企事业单位的政策，是人才引进政策的主体。近年来，先后出台了《青海省引进海外高层次人才暂行办法》《青海省引进高层次科技创新创业人才暂行办法》《青海"昆仑英才"计划实施办法》《青海省引进人才智力实施办法》等政策。在此基础上，于 2016 年研究制定了青海省《"高端创新人才千人计划"实施方案》，并围绕中央有关文件精神，制定出台了《关于深化人才发展体制机制改革的意见》。

二是各企事业单位就省级人才引进政策的落实政策和举措。青海大学、青海师范大学、青海民族大学以及青海省委党校等单位，围绕省级层面出台的人才引进政策，结合自身实际，制定了相应的落实政策。比如青海省委党校制定发布《面向社会公开招聘高层次紧缺人才公告》；青海师范大学实施高端人才引育工程，提出每年引进培养博士不少于 30 人的目标。

三是各地方就省级人才引进政策的落实政策和举措。西宁市、海东市、黄南州结合各自发展实际，围绕市情州情，相继出台了各具特色的引才引智政策措施。比如《西宁市加强人才培养和引进工作若干意见（试行）》《西宁市引进人才智力实施办法》《海东市人才引进办法》《海西州"十三五"期间高端创新人才百人计划实施方案》《海西州柔性人才引智实施办法》《玉树州"高端创新人才引进培养计划"实施方案》《黄南州引进人才与智力工作暂行办法》《黄南州引进急需紧缺人才暂行办法》等，个别县（比如黄南州泽库县）也根据省级引才引智政策，采用举办培训班的办法，借力外来人才，为地方经济社会发展提供科技支撑。

（二）补贴政策

目前从全国各地对人才特别是高端人才的争夺格局看，有关政策中物质条件的给定是对引才引智成败起决定性作用的因素。青海省级层面出台的人才引进政策所提出的物质待遇，虽然无法与经济发达省份动辄上百万甚至几百万元的力度相提并论，但纵向比仍有了巨大的跃进。

1. 省级层面补贴政策

（1）高层次科技创新创业人才项目。《青海省引进高层次科技创新创业人才暂行办法》提出每年引进 10 名左右急需紧缺的高层次科技创新创业人才，规定"30 + 20"即引进人才 30 万元、"两院"院士另加 20 万元的一次性补助，此外还有每年 5 万元青海高原生活补贴、10 万元一次性购房补贴，同时提出用人单位应根据实际情况给予补贴。这样算来，引进高层次科技创新创业人才第一年享有 55 万至 75 万元补助待遇。这是引进人才需求条件较高、时间较早的政策，补助力度较 2009 年出台的《青海省引进海外高层次人才暂行办法》3 至 5 年内 20 万元有大幅度提高。

（2）"昆仑英才"工程。《青海省"昆仑英才"计划实施办法》又称为"青海人才工作四十条"，是集引才引智和聚才育才为一体的省级重大人才创新工程。同时，为规范"昆仑英才"计划工作的组织实施程序，制定出台《青海省"昆仑英才"计划科技创新创业领军人才项目实施细则》《青海省"昆仑英才"计划专业技术领军人才项目实施细则》和《青海省"昆仑英才"计划哲学社会科学领军人才项目实施细则》。"昆仑英才"计划分为引才、引智、培养项目三类,其中,引才项目是引进海内外高层次优秀人才到青海全职服务的项目,引智项目是以引进海内外高层次优秀人才到青海短期智力服务为主要内容的项目(又称为"柔性引才")。《青海省引进人才智力实施办法》也是深入贯彻落实《青海省"昆仑英才"计划实施办法》的文件,将引进人才重点集中在与"高层次科技创新创业人才"相当的"高层次人才和急需紧缺人才"。其政策待遇是,引才项目由省级财政给予30万元的一次性生活补助,"两院"院士还可享受20万元的一次性院士补助;引智项目省级财政给予10万元的一次性生活补助,"两院"院士还可享受10万元的一次性院士补助;经考核合格,引才、引智项目人才可分别享受每年5万元和3万元的青海高原生活补贴。

(3)"千人计划"项目。《青海省"高端创新人才千人计划"实施方案》是"十三五"开局之年首次实施的规模最大、涵盖范围最广、支持力度最大的人才工程,是整合衔接了"昆仑英才"计划、"昆仑学者"、人才"小高地"等政策资源的青海人才政策的升级版。该"千人计划"分为引进人才项目、培养项目和引进团队三类,规定引进人才项目的杰出、领军和拔尖人才入选者可分别获得150万元、100万元和40万元经费支持;引进团队可获得20万元经费支持。"千人计划"引进人才支持幅度比以往增加5倍。同时,制定出台《青海省"高端创新人才千人计划"实施细则》,对前述"方案"涉及的具体、详细的问题做出更加细致的规定。

与临近的甘肃等省比较，就省级财政层面看，青海各个项目资助支持力度明显较大。比如《甘肃省特聘首席专家管理暂行办法》《甘肃省引进高层次人才暂行办法》等规定，对特聘专家每月另发岗位补贴4000元，对引进的博士生导师每月发放津贴1200元、对引进高层次人才担任党政机关的正副处级领导职务或企事业单位相应管理职务的一次性发放安家补助费2万元（柔性引进人才1万元）。

2. 企事业单位和州（市）层面补贴政策

青海企事业单位和州（市）在积极申报省级人才引进项目的同时，基于单位和地方财力实际，制定本行业、本单位、本地区的人才引进制度或措施，对引进人才给予经济补助。比如，西宁市要求每年市、县（区）财政预算安排专项人才工作经费，对引进人才给予为期5年每人每年2万~4万元工作补贴，对引进的外国专家予以该市上一年度非私营企业员工月平均工资两倍的生活补贴；在西宁购房的给予10万元一次性住房补贴，在西宁租房的可享受为期3年的租房补助。再如，海东市、县（区）在每年的财政预算中安排1400万元人才工作经费，给予引进人才每人每年2万~5万元的工作补贴；在海东居住的优先提供保障性住房、在外地居住的给予为期5年的住房补助。还有，每年黄南州及其各县财政预算均安排专项人才工作经费，对引进人才予以每人每年2万~5万元工作补贴，对在黄南州居住的优先提供保障性住房。2017年初，青海民族大学发布《高层次人才招聘简章》，规定对引进的全职杰出人才、领军人才、拔尖人才和博士学位获得者分别补助300万、200万、40万和20万~30万元。

（三）配套政策

上述省级、企事业单位、州（市）除了在经济上为引进人才（团队）予以补助以外，还在薪酬待遇、落户、社会保险、医疗保障、子女教育、配偶安置、职称评审、人员编制等方面制定了特殊支持政策，主要体现在《青海省引进高层次科技创新创业人才暂行办法》《青海省"高端创新人才千人计划"实施方案》等政策文件中。

在薪酬待遇方面，规定用人单位可参照引进人才来青前的收入水平和在青工作绩效情况，经人力资源和社会保障部门、财政部门同意后，协商确定其合理薪酬，也可以课题、项目为核算单位，实行项目工资。

在户籍管理、子女教育、配偶就业方面，规定全面放宽引进人才落户限制，凡依法与用人单位签订劳动合同的引进人才，可在单位集体户或人才交流中心集体户落户；具有合法稳定住所（含租赁）的，允许本人及其共同居住生活的配偶、未婚子女、父母等在当地申请登记常住户口。已落户的，夫妻双方可向户籍所在地区县（市、区）级计生部门申请生育指标，子女可按照本人意愿选择省内公办学校就读；引进人才及其子女户籍迁入青海省且家长在青在职，其子女当年可在青海省参加高考。对引进人才的配偶一同来青并愿意在青就业的，由用人单位按照相关政策妥善解决其工作；暂时未能就业的，用人单位可参照当地平均工资水平，以适当方式为其发放生活补贴。

在税收、社会保障方面，规定在青海取得省级财政的一次性补助、高原工作补贴和购房补贴所缴纳的个人所得税地方留成部分按100%予以补贴;按规定参加青海省基本养老、基本医疗、失业、工伤、生育保险,用人单位也可在此基础上再为其购买商业保险。"两院"院士以及经"千人计划""外专千人计划""青年千人计划"平台引进的人才享受副省级干部医疗待遇。为引进杰出人才配备相对稳定的保健医生,提供疾病诊疗预防等咨询服务。为领军和拔尖人才建立医疗保健档案,优先安排体检,并根据人才健康情况随时安排特需体检,开通就医绿色通道,不受定点医院限制,提供电话预约挂号、联系病床等便捷服务。

在职称评定、人员编制方面,规定有博士学位但没有高级专业技术职务的,在青工作满1年,经考核合格,可直接认定副高级专业技术职称;具有副高级专业技术职称且满2年的,可直接申报正高级专业技术职称。引进人才到省内事业单位工作的,用人单位和市州应优先在空编总量内落实编制,确无空编的可持引进人才证书向机构编制部门专项申请临时事业编制,实行"专人专编"和动态管理,引进人才如离开岗位,编制由省编办收回。

从以上可以看到,青海总体人才引进政策的配套政策和措施是在大的政策框架内,尽最大可能为人才向青海省内流动创造动力条件。青海州(市)的引才引智政策也充分考虑了政策配套的问题。比如海东市规定,所引进到党政机关或事业单位的博士、硕士研究生和本科生,试用期满后,分别享受副处级或副高职称、副科级或中级职称和科员或初级职称工资待遇;对引进的具有副高级及以上专业技术人才,不受用人单位专业技术职务岗位设置比例限制,且任职资格连续计算。

（四）激励政策

对人才流动而言，补贴、配套政策是增强对优秀人才的吸引力，激励政策则是让引进人才长期在青海工作服务的重要保证。青海人才政策的激励政策在近六七年经历了从单一到比较充分、"含金量"由低到高的逐步完善的过程。

1. 对引进人才的激励政策

对引进人才本人的激励，是激励政策的主要内容。一是物质激励。对做出突出贡献的引进人才可实施期权、股权等中长期激励方式；作为项目主要完成人，依托用人单位完成自主开发（含二次开发）技术创新项目后，在该项目实现的税后利润中，提取一定比例作为回报奖励资金；对在青期间工作积极、连续三年考核优秀，并做出重大贡献、取得重大成果的"昆仑英才"计划人才，每三年进行一次奖励，奖励额度不少于 20 万元，并授予"青海省高层次优秀人才"荣誉称号。二是创新创业激励。创办战略新兴型企业，可享受省内有关技术创新、项目前期费、项目投资等补助资金；创办领办高新技术企业的可享受增值税抵扣、就业培训、企业品牌培育、产业对接、工艺技术改造、发展电子商务、设立研发中心等方面的补助资金和扶持政策；引导鼓励金融机构给予引进人才创新创业信贷支持，加大以企业信用为基础的股权质押、知识产权质押等信贷的投放力度，将其纳入贷款绿色通道，符合条件的给予信贷风险补偿保障。三是成果转化激励。取得重要创新成果的，用人单位应参照其创造的知识产权价值给予适当奖励；成功实现科技成果转化的，可在该成果实现的税后利润中，提取一定比例作为奖励资金。四是提拔重用激励。优先推荐特别优秀的引进人才为党代表、人大代表和政协委员人选，对具备领导干部相应素质和资格条件的，根据领导班子建设需要，优先列入拟提拔领导干部后备人选。五是申报项目、继续深造激励。在申报科研项目、配备科研力量等方面对引进人才提供必要支持，注重发挥其在团队中的核心骨干作用；用人单位和相关部门优先支持引进人才出国研修，到国内重点院校、科研院所深造，参加国内外学术技术交流活动。

2. 对引进地区、部门、单位的激励政策

对引进人才的组织管理，也是引进人才政策应关注的内容。比如，《青海省引进高层次科技创新创业人才暂行办法》规定，对引进人才且已办理来青工作人事、保险等相关手续的，按引进人才每人 5 万元的标准一次性奖励给用人单位组织人事部门。再如，根据《青海省国民经济和社会发展第十三个五年规划纲要》，青海设立"青海人才工作伯乐奖"，制定出台《青海省人才工作"伯乐奖"评选奖励办法》，重奖在人才工作上奋发有为的地区、部门、单位，在全社会营造重视人才工作、促进人才工作优先发展的良好氛围。还有，海东市规定，企业每引进 1 名高级职称人才并签订 5 年以上劳动合同的，财政给企业一次性奖励 1 万~2 万元。

二　企事业单位人才引进政策存在的问题

近年来，青海在人才引进政策的制定和推进上，是着力最大的时期。尤其是根据实际情况，不断地调整政策使其具有更好的效力。目前，以汇聚了已有"人才小高地""昆仑英才"等引才引智工程基础上的"千人计划"为主干的人才引进政策体系已基本形成，统摄、引领着青海引才引智工作，对调整优化青海人才结构、助推经济社会发展发挥着重要作用。从目前实行过程看，政策本身还存在一些问题，主要表现在以下几方面。

（一）人才引进政策纵向不同步

如前文所述，青海省级层面的人才引进政策在逐步规范完善，支持力度和政策开放度在逐年加强，但是存在"剃头挑子一头热"的现象。具体而言，除了西宁市、海东市、海西州等个别地区外，多数地区、单位没有同步制定与省级层面相统一的人才政策落实办法。特别是最需要且较易引进人才的省属国有企业，绝大多数既没有制定有关引进人才的政策措施，在实际工作中受企业效益普遍不佳、思想认识不到位等因素影响，在人才引进培养方面无专门经费，对企业人才引进、培养、开发方面重视程度不高、投入普遍不足。高校、科研院所等事业单位的人才引进政策制定较早，比如青海民族大学、青海省委党校等单位引进较高学历教师的政策实施若干年，尽管力度不大且偏重于培养，对稳定教师队伍、优化人才结构仍起到较好的保障作用。但是，由于制度调整等原因，这些政策被迫中止。截至2016年底，引进人才政策仅依托于省级层面的优惠政策，甚至未涉及省级引进人才政策中提倡的配套要求。

（二）人才引进政策横向不平衡

从省级人才政策的落实情况来看，省直企事业单位之间、地

（市）之间不平衡。一是单位编制特别是空缺编制数量不一，导致引才引智政策难以惠及各单位。比如，高校、党校等闲置编制较多，引进人才不受编制限制；而有的单位，虽同样是财政全额拨款的公益性事业单位，但编制紧缺，而申请编制受到"条条框框"的约束，对引进人才政策只能望梅止渴。二是单位经费特别是专项经费支持不一，导致引才引智政策难以惠及各单位。从青海"昆仑英才""千人计划"等项目引进人才名单看，绝大多数是理工科人才，哲学社会科学、人文科学人才占比不及三成，甚至有的单位引进相关人才数为零，造成这种差异的主要原因是不同单位对人才引进的经费投入能力、财政投入经费使用的灵活性以及能够为引进人才所提供的创业平台各异等。三是地区经济发展水平不同、对引进人才工作的重视程度不同，导致引才引智政策落实程度相异。大致可以分为三种类型，第一种是有政策有落实，比如西宁市、海东市。第二种是有政策落实少，比如黄南州、玉树州、果洛州，虽然也制定了与省级层面人才引进政策相对应的政策，但缺少实际的引才举措和行动。第三种是无政策落实少，比如海南州制定出台有《海南州科技局"十三五"时期高端科技人员引进培育计划》，仅限于"业务部门"的"计划"显然很难具有政策效力；海北州通过摸排、制定计划、借助智力帮扶，开展了一些引智活动，但缺乏州级层面的人才引进政策对其加以统摄。

（三）人才引进政策可操作水平有待提高

就现有的人才引进政策而言，其针对性有待进一步提高。毋庸讳言，省级层面人才引进政策应当具有总揽全局、协调各方的特点和作用，不必照顾全省不同地区、不同单位、不同部门的特殊性，这就要求地方、单位、部门宜根据省级层面人才引进政策，结合实际，制定更加具有针对性、可操作性的政策措施。但是，各地区制定的引才引智政策多数缺乏足够的调查研究，有的仅仅是套用省级政策，对实际问题的解决几乎没有助益，人才供需矛盾依然十分突出。以经济发展水平较高的海西州为例，虽然采取对重点科研攻关方向急需的杰出人才和团队重大项目实行"一事一议"并给予1000万元项目资助，在北京、杭州等地设立引进人才办事处、联络处、工作站等措施，但仍然严重存在结构性问题，比如，熟悉外贸经济、精通国际规则、适应国际市场竞争的开放性人才奇缺，从高校、科研院所引进的人才较多而从国内外大型企业引进的人才偏少。

三 企事业单位人才引进政策变化趋势

人才流动是社会分工的必然结果，是生产关系适应生产力的必然要求。当前国际国内人才流动环境和格局总体没有发生根本改变。以 IT/互联网为代表的高科技产业为例，据分析，从新兴经济体流入发达经济体的比例为其反向流入的两倍。① 在国内，人才特别是高端人才仍然呈向一二线城市、向东南发达地区流动的总体格局。但随着省内政治经济社会文化生态发展需求、人才观念等的变化，青海引进人才政策也必将发生一些转变。

---

① 《全球人才流动趋势数据发布》，《北京晨报》2016 年 9 月 8 日。

（一）人才引进政策由单一向系统化转变

从近几年青海人才引进政策逐步规范化的过程看，人才引进政策不再仅仅侧重于补贴政策，而是向配套政策、激励政策与补贴政策高度整合的方面发展。而且，多元化方式引才的政策将出现专门化趋势。目前，青海已经探索出直接引进、柔性引进、项目引进等方式，有的地区探索出网络招聘引进、组团招聘引进、阶段性引进等具体的人才引进渠道。从精细化管理的角度看，对人才引进政策的制定、绩效评价、项目评估等将有更加专门的政策规制。

（二）柔性引进政策的应用将更受关注

已经出台《青海省柔性引才引智实施办法》，这是引才政策专门化的重要体现。加大柔性引才引智政策实施力度，是客观评价青海引才条件和资源、准确研判国内外人才流动大势所做出的决策。该办法对柔性引进的方式作了梳理，即顾问指导、兼职服务、"候鸟式"聘任、项目招标、联合攻关、成果转化、专题服务、合作交流等。显然，这些方式不仅切合实际还易于操作。在人才引进政策制定实施较早的地（市），这些方式已经部分得到先行先试并取得良好效果，这种"柔性引才"方式容易引起其他地区、单位的效仿。

（三）对初、中端人才培养政策将越来越受重视

在加大高层次人才引进力度的同时，为引进、培养初、中端人才，制定出台了《青海省"中端和初级人才培养计划"实施方案》。其意虽在培养，但对于基层而言，一定程度上，公务员、事

业单位人员考录聘用也是引进人才，甚至州县从省内聘用高层次人才也是引进人才。因此，如果说高层次人才算作人才金字塔的顶部，那么中端、初级人才就是人才金字塔的中底部，从可持续发展的角度说，对初、中端人才的培养（或引进）是高端人才生产、发展的基石。基于此，引进和培养将成为人才工作的两翼，对其政策关注必将并重。

四 改进企事业单位人才引进政策的几点建议

针对目前青海企事业单位人才引进政策存在的突出问题，应把握形势，重点放在落实现行的引进政策，特别是地方和企事业单位配套政策的落实上，以及在引才引智方式方法上进一步予以政策突破。

（一）进一步完善现有引才引智政策

进一步发挥好各级人才管理机构在人才引进上的牵总作用，认清引才引智工作和政策的局限性、找准突破口、抓住重点，争取在人才引进政策的关键领域、重点环节有重大突破。既要看到人才引进政策与经济社会发展水平相适应，不能好高骛远、脱离现实引才引智，也要认识到基于国家支持和区域援助，人才政策可超常规发展。因此，人才政策既要契合青海本土实际和需求，又要体现超前性和预见性。人才政策更加重视与青海本土有千丝万缕关联的省外人才的引进，是青海为引进人才搭建和营造的创业干事平台，具有环境的优越性和政策的吸引力。本着经济发展水平滞后但改革创新不能落后的理念，着力在创新引进人才充分实现人生价值的体制机制改革，特别是在引进人才工作业绩评价等方面制定指导性政策意见。

（二）进一步调动企事业单位制定引才政策的积极性

建立政府引导，企业、事业单位自主引进人才机制，发挥好企事业单位引才引智主体作用，要求其制定切合各单位、各行业特点的引才引智政策。特别要对地区和有经费使用自主权的企事业单位引进人才配套措施做出硬性要求，同时利用公共财政的杠杆作用，对财政投入保障不力却急需引才引智的部门和单位做出必要的政策、经费等的倾斜，实现人才引进工作均衡发展。积极鼓励企事业单位采取"柔性为主、刚柔相济"，"借脑"和引才相结合的多样化人才引进方式。通过分配、划拨人才专项经费，明确引进人才不受单位编制限制的政策，为企事业单位制定人才引进政策扫除障碍。

（三）进一步增强州（市）制定人才引进政策的自觉性

进一步引导地区特别是地（市）一级制定与省级相适应的人才引进政策。发挥组织工作优势，督促地（市）组织部门制定更加具体的引才引智政策，继续用评估、评价的方式，对引进政策落实情况进行监督检查，保证政策落地。

（四）更加突出柔性引才作用，利用好国家人才支持政策

准确认知青海在全国乃至全球人才竞争格局中的优劣势，在引才政策中突出体现青海季节性气候条件、生态要地、藏区特点等可

在人才引进中发挥的作用。继续突出柔性引才政策在人才引进政策中的牵引作用，鼓励企事业单位就柔性引才制定具有可操作性的配套政策。用活中央层面对民族地区特别是对藏区的人才扶持政策，利用好"对口援青""博士服务团""京青专家服务团"等行之有效的援助政策，通过政策配套和引领，继续扩大智力援青、博士服务等的力度。

（五）打好感情牌，着力引进海内外青海籍人才

借鉴海西州《省外柴达木人才智力储备库及汇聚中心建设实施方案》政策实践经验，打好感情牌，要求对口管理部门制定实施《留学归国人员科研项目资助、创业支持办法》《海外赤子回青服务活动实施方案》等，以此为突破口，以最小的成本建造较为稳定的引进人才队伍。

（六）建立科学的引进人才评价系统，规范人才引进的工作程序

进一步规范引进人才报批程序。持续关注引进人才的使用、培养和职业发展问题，进一步完善引进人才后续的跟踪、培养和考核体系，使之系统化、具体化。尽快建立科学、公正、有效、操作性强的引进人才绩效评价系统，以此为标准，充分客观评价人才引进后的工作状态和业绩，减少和避免用人单位在引进人才工作中形成圈子化、放松管理等弊病。在引进人才报批、评价过程中，引进人才用人单位应详细报告引进目的、已有工作基础、经费来源、职称、薪金待遇标准、对本单位发展预计贡献等，供审批、评估时备查。

人才队伍建设篇

Talent Team Construction

B.4

青海省科技人才队伍建设形势
分析及对策建议

解 源 苏海红 瞿文蓉 多杰措*

摘 要： 科技人才是促进经济社会发展的重要力量，是推进科学
技术进步的主力军。青海省大力实施人才强省战略，依
托青海特色资源优势，瞄准前沿和新兴产业，注重靶向
支持，以创新人才激励政策为切入点，不断优化人才发
展政策环境，培养和造就了一批具有科技研创水平和能

* 解源，青海省科学技术厅党组书记、厅长，研究方向为发展战略；苏海红，青海省科学技术
厅副厅长、研究员，西北政法大学博士生，研究方向为区域经济；瞿文蓉，青海省科学技术
厅政策法规和基础研究处处长，研究方向为政策法规；多杰措，青海省科学技术厅政策法规
和基础研究处副主任科员，研究方向为政策法规。

力的人才队伍，为青海发展提供有力的人才支撑。

关键词： 青海省 科技人才 创新人才激励政策

青海省认真贯彻全国人才工作会议精神和省委人才工作的一系列方针政策，大力实施人才强省战略，高度重视科技人才的引进培养，结合科学技术研究工作，扎实落实中长期人才发展规划，把优化人才发展政策环境作为科技工作的战略任务，以创新人才激励政策为切入点，以提高科技创新水平和能力为核心，培养造就了国内先进的学科和技术领域的带头人，带动了全省科技人才队伍建设和发展。为进一步深化科技人才工作发展的体制机制改革，青海省科技厅紧紧围绕引进急需紧缺人才、稳定用好现有人才，推出了一系列政策措施，为加快全省创新驱动发展和"三区"建设提供有力的支撑。

一 青海省科技人才队伍建设现状

（一）科技人员总量

随着青海省"科技强省"战略的深入实施，科技人才培养与引进成为人才发展战略的重要内容之一。经过多年的科技创新活动，青海省科技活动人员达到 20207 人，R&D 科技活动人员 6675人。中国科学院、工程院院士 3 人，国家千人计划专家 3 名，科技部科技创新人才推进计划专家 9 人，国家万人计划专家 6 人。吴天一院士等 5 名研究员荣获青海省科学技术重大贡献奖，95 名学科带头人获得省科技进步奖，科技人才激励机制初步形成，科研机构科技人员数量在稳步增长。

（二）科技人才结构

从科技人才学历看，截至 2015 年，大学本科及以上学历人员 11209 人，占科技活动人员的 55.47%；万人 R&D 活动人员数为 8.40 人。从科技人才结构看，青海省科技活动人员数量 20207 人中，科研机构科技活动人员 1453 人，占总量的 7.19%；高等院校科技活动人员 6043 人，占 29.91%；企业科技活动人员 8508 人，占 42.10%；事业单位科技活动人员 4203 人，占 20.80%。从科技人才区域分布结构看，青海省科技活动人才主要集中在西宁市和海东市，其科技活动人才占青海省科技活动人才总量的 41.13%。

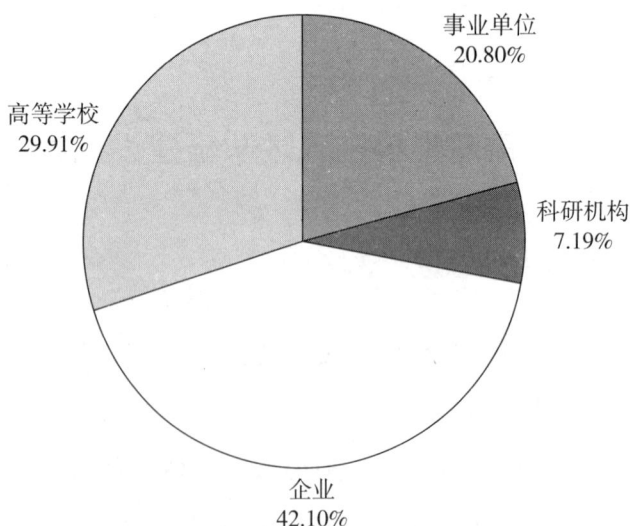

图 1　全省科技活动人才分布

（三）青海省科技人才队伍建设的举措和经验

1. 加强顶层设计，优化科技人才政策环境

一是颁布了《青海省科学技术进步条例》，这是青海省第一部科技进步综合性地方法规条例，也是全省科技发展史上的一个里程碑，对青海省科技事业的发展具有重大的现实意义和深远的影响。《条例》为引进和培养科技人才，激励科技人员服务基层、服务企业、领办创办企业，科技人员来青开展合作研究、学术交流、技术培训以及工作任职、兼职服务提供了法律保障；用法规形式对科技人才引进、成果转化激励、职称评定以及离岗创业等进行规范；在激励创新创业、转化职务科技成果等方面精准发力，靶向支持，提供可操作的政策依据。

二是完善科技创新人才支持政策，出台了《关于深化科技体制改革加快创新型青海建设的若干政策措施》《青海省贯彻〈国家创新驱动发展战略纲要〉实施方案》《青海省关于优化学术环境的实施意见》、《青海省促进科技成果转化行动方案》等一系列创新政策，为青海引进和培养的高层次人才从事科学研究、成果转化、创新创业、合作交流提出了具体激励和鼓励措施。在加大对创新人才激励力度、创新改革人才评价制度、培养和引进高层次创新创业人才以及创新人才流动机制、人才服务体系等方面提出了具体要求。

三是加强科技人才长远规划，编制《青海省中长期科技人才发展规划（2010～2020 年）》，提出 2010～2020 年全省科技人才发展的指导思想、发展原则、战略目标、主要任务以及推动科技人才

发展的若干保障措施，为全省科技人才工作提供了政策指导，科技人才激励机制初步形成，科研机构科技人员数量在稳步增长。

2. 深化体制改革，激发科技人才创新活力

一是完善知识产权、科技奖励制度、职称评审制度等机制，出台了《青海省贯彻落实国家知识产权战略行动计划（2014～2020年）实施意见》《关于加强知识产权工作的实施意见》，制定《青海省专利权质押贷款风险补偿资金管理办法》，充分调动科技人才积极性，加快知识产权、科技成果的转化，积极开展专利质押融资，激发科技人才创新活力，2016年，专利质押融资金额达到8196万元；改革完善科技奖励制度，逐步提高科技奖励额度，并鼓励社会力量设立科技奖。2016年，全省30个获奖项目国内领先水平达到90%，国际先进水平以上的成果占47%，取得授权专利116项，发表论文568篇，其中SCI 167篇；完善职称评审制度，加快科技人才培养，在省自然科学研究系列职称评定中，对在科学研究、科研岗位上工作满1年，经用人单位考核合格，取得博士学位或硕士学位的人才，可以分别予以认定副研究员或助理研究员。对被纳入青海省"高端创新人才千人计划"引进人才范围的人员，经单位考核合格，不受学历、资历、外语、计算机、继续教育等申报条件的限制，根据其工作能力和业绩水平，对照自然科学研究系列职称评审条件，可跨级别申报评审相应专业技术资格，有效地推动了青海省科技人才的培养和人才队伍的建设。

二是创新科技管理机制，制定出台了《青海省重大科技专项管理办法》《青海省基础研究计划管理办法》《青海省重点研发与转化计划管理办法》《青海省创新平台建设专项管理办法》，建立科技计划管理平台，对科技计划实现"全程记录、痕迹管理"。重点支持聚焦科学前沿、解决全省经济社会发展重大科学问题的基础和应用研究，注重交叉学科建设，加强培养优秀科研人才和团队，为全省实施创新驱动发展战略提供创新型人才和基础研究成果。按照创新创业人才成长规律，分阶段实施不同的人才计划。针对青年科技人才培养，实施"自然科学基金青年项目"，5年来，以项目扶持方式为40岁以下青年科技人员提供资助，累计资助120个项目（人），涌现出20名高端科技人才；针对学科发展建设和科技人才队伍梯次培养，实施"自然科学基金面上项目"，5年资助84名学科带头人，其中3人荣获国家创新人才称号。实施"自然基金科技创新团队"项目，重点对入选"人才小高地"进行科技项目配套支持，5年来共资助9个科技创新团队，其中5个创新团队建立了省级重点实验室，2个创新团队成功申报省部共建培育基地和国地联合重点实验室。

三是深化科技成果使用处置收益改革，让科技人才"一朝致富"。围绕科技成果转化难这一突出问题，制定《青海省促进科技成果转移转化行动方案》，着力破解成果转化难的问题，进一步加快下放省内财政资金支持形式的科技成果使用、处置和收益权，扩大高校和科研机构的自主权，提高科研人员成果转化收益分享比例等，为创新创业营造良好环境，激发全社会创新创业活力。2016年，青海省共登记各类科技成果470项，达历史最高水平，其中应用技术成果365项，实际产生经济效益的成果69项，自我转化总收入2672529万元；合作转化收入88462万元，其中技术入股股权折价20653万元；产生技术转让许可收入609万元。

3. 坚持重点突破，推动创新驱动人才支撑

一是搭建科技创新平台，先后修订完善了《青海省重点实验室管理办法》《青海省重点实验室评估办法》《青海省工程技术研究中心管理办法》等政策，搭建各类科技创新平台，增强科技创新能力。2016 年，全省建成国家高新区、可持续发展实验区、农业科技园区、重点实验室、大学科技园、盐湖化工循环经济特色产业集群等 29 个国家级科技创新服务平台；批准建设 4 家省级高新区，认定高新技术企业 130 家、科技型企业 256 家、创新型企业 33 家；省级农业科技园区 38 家、重点实验室 61 个、工程技术研究中心 64 个、科普教育基地 31 个、院士工作站 3 家、科技活动机构 144 家；1014 台（套）10 万元以上仪器（设施）入网共享；成立了青海大学新农村发展研究院、三江源研究院、创新发展研究院、产业发展研究院和青海省光伏产业发展研究中心，西宁市被科技部列入国家创新型试点城市。与此同时，加大省部会商、省院合作、科技援青、院士工作站以及研究生联合培养基地、博士后创新实践基地等工作，在促进合作交流和协同创新的基础上，也聚集培养了一批有潜质的科技人才队伍。

二是用好引导资金，支持大学生创新创业。根据中共中央国务院关于大力推进大众创业、万众创新工作的要求，2015 年就开始设立 5000 万元引导资金，用于支持大学生创新创业，创新方式扶持青海省内在读大三以上的大学生和省内外毕业在青海创新创业的大学生，培育发展相关的科技企业孵化器、众创空间等中介服务机构。为加强对全省大学生投资引导资金的管理，制定《青海省大学生创新创业投资引导资金管理暂行办法》，并组织成立了青海省

大学生创新创业投资引导资金管理委员会。两年来，资金总额已达到1亿元，其中2000万元用于建设青海大学科技园，8000万元用于大学生创新创业扶持引导资金。

三是推进科技特派员和"三区"人才专项工作，出台了《关于深入推行科技特派员制度的实施意见》，引导科技人才深入基层，助力精准扶贫。2016年度选派科技特派员1100名，其中"三区"科技人才995名，资助经费2171万元。为充分发挥和调动科技人员服务基层的积极性，围绕国家农村信息化示范省及科技信息服务体系建设、农业科技园区建设等大力开展"两员双创"工作，累计选派科技特派员2574人，深入全省42个贫困县开展科技服务，共同创（领）办企业及专业合作组织261个，实施科技开发项目47项，引进、推广新技术160项，引进新品种227个，累计培训农牧民3.7万人次，为推进农业科技创新和科技成果转化发挥了积极的科技支撑作用。

四是实施"高端创新人才千人计划"，联合有关部门出台了《青海省"高端创新人才千人计划"实施方案》。经过全省各方协同推进，2016年共引进100名高端创新人才（杰出12名、领军31名、拔尖57名；直接引进30名，柔性引进70名），引进团队3个，引进人数比上年增长了11.5倍。引进高端创新人才精准对接发展需求，如直接引进杰出人才：西部矿业集团有限公司科技负责人罗仙平，有9项研究成果在全国多家矿业企业和单位得到推广应用；青海千水智源生态科技有限公司董事长朱庆平，曾主持30个大中城市的水生态建设技术方案，完成生态建设和保护项目20个。在多年持续发力的基础上，部分领域和单位引才聚才的良性机制已经形成，例如青海大学 2016 年新引进的青年人才中有 85% 以上达到 "985" 高校的水平。

二　青海省科技人才队伍建设面临的形势与挑战

（一）面临的政策机遇

1. 国家层面科技人才发展政策与机遇

创新驱动发展是党的十八大明确提出的一个国家战略。党的十八大明确提出："科技创新是提升社会生产力和综合国力的战略支撑，必须把科技创新摆在国家发展全局的核心位置"。而科技创新的主体就是科技创新人才，习近平总书记多次在会议上强调人才在创新驱动发展战略中的重要作用，增强自主创新能力，人才是创新的根基，要择天下英才而用之，实施更加积极的创新人才引进政策，集聚一批站在行业科技前沿、具有国际视野和能力的领军人才。《中共中央和国务院关于深化体制机制改革加快实施驱动发展战略的若干意见》中，进一步提出要把人才作为创新的第一资源。针对创新驱动发展对人才发展提出的新需求，中共中央和国务院在推进深化科技体制改革和推进创新国家建设中，出台了一系列新的举措。在《国家中长期人才发展规划纲要（2010～2020 年)》中提出要实施重大人才工程。在中央层面，中央人才工作协调小组实施了 "千人计划" 和 "万人计划" 两个重大的国字号人才工程。此外还有一系列部门计划和支持地方重点人才工程，如创新人才推进计划、学科带头人计划、海外人才归国服务计划等。

2. 青海省创新人才体制机制的政策环境

面对青海经济发展新常态和新形势，要推动全省实现科技创新驱动，加快产业转型升级，实现国家循环经济发展先行区、生态文明先行区和民族团结进步示范区的建设目标，迫切需要引进、培养和使用一大批高素质人才，为最大限度激发省内科研机构和科技人员的创新活力，进一步加强创新创业人才引进、培养和使用，充分发挥从事科研活动的各类科技人员在青海科技创新、成果转移转化、产业发展中的支撑引领作用，青海省委、省政府出台了《中共青海省委青海省人民政府关于深化体制机制改革加快创新驱动发展的实施意见》《青海省关于深化人才发展体制机制改革的实施意见》《青海省"高端创新人才千人计划"实施方案》等一系列政策措施。同时，随着中央支持藏区经济社会发展的历史机遇、"一带一路"倡议以及习近平总书记提出的"四个扎扎实实"要求的实施，省委、省政府提出"三区"战略和"四个转变"新思路的重大决策，为做好全省的人才工作提供了明晰的工作方向和全新的政策支撑，有助于把中央和省委制定的各项政策用足、用活、用好，深化对口援青工作，把重点放在改善基础民生、扶贫攻坚，特别是人才、智力和技术支援上，与国际国内市场的贸易投资、产业合作、人文交流将不断深化，把握人才发展面临的新机遇，充分利用省内省外人才资源，为经济社会持续发展提供大量高素质的人才，不断增强大规模开发人才、高效率使用人才的积极性和主动性，尽快解决全省人才总量不足、人才队伍结构不优、能力素质整体水平不高等问题，坚持"以用为本"，着力为促进青海的改革与发展育才、聚才、用才。

（二）面临的挑战

1. 科技人才总量增长不高，人才分布结构不合理

受青海省特殊地理环境和经济社会发展滞后的影响，科技人才队伍建设和发展较为缓慢，总体表现出人才总量不足、层次低、分布不合理等问题。一方面，经济社会发展急需的高端技术人才、高层次人才十分紧缺，特别是缺乏能够组建跨学科团队的领军人物，虽引进了一些院士、"长江学者"等高层次人才，但全省科技领军人才仍处于断层的弥补期和培养期，本土化高层次人才培养明显滞后，加之资源整合能力薄弱，重大项目申报数量少且影响力小，很难形成科技创新和科技产业开发的"团队效应"。另一方面，从专业分布看，目前全省专业技术人才中70%以上集中在教育、卫生、农林牧水等公共服务领域，而分布在企业特别是高新技术产业、先进制造业等行业的人才数量少、层次相对也较低；从区域构成看，现有人才大部分集中在西宁市、海东市等自然环境较好地区，以及高校、科研院所、省管企业中，经济相对落后、自然条件较差的环湖地区、青南地区不仅人才匮乏，而且现有人才还在不断流失。

2. 高层次科技人才严重匮乏，科技人才聚集和引进的原动力不足

全省在吸引人才、留住人才方面的财政支持力度不大，相关政策的吸引力不强、聚合度不够。虽然青海省制定了"昆仑英才"计划实施办法、引进人才智力实施办法，并推出了高层次留学回国人员在青服务实行津贴补贴的制度，但相比其他兄弟省份，政策吸引力依然不强。现行的人才引进优惠政策在落实上还没有建立起完备的"绿色通道"制度，导致省里制定的政策规定在基层难以全面落实。全省在科研开发、技术推广、企业研发方面投入的力度有限，现有科技基础平台在软硬件建设等方面服务能力不足，导致企事业单位等主要用人单位人才数量增长慢，质量不高，人才发挥作用的空间不够、平台不足。另外，企业创新主体不够突出，企业内高层次创新人才缺乏，产学研结合不够紧密。

3. 科技人才培养和引进的方式有所欠缺，激励机制和评价机制尚需完善

从全省实际需要来看，仍然存在巨大缺口，特别是重点发展的行业和当前的优势产业，引进急需紧缺高层次人才力度还不够，且难以做到精细化引进。全职调入的"刚性引进"多，通过订单培养、联合攻关、短期聘用、合作研究、项目＋人才等方式"柔性引才"的方法运用得不多，借助对口援青平台加大人才交流、拓宽引才引智渠道没有形成统一的政策要求，也没有形成一定规模。鼓励科技人员、科技成果参与创新创业的机制还不健全，使得科研链条与产业链条难以实现有效对接，不利于科技成果的及时转化。科研人员待遇普遍不高，尤其是青年科技人才工资水平较低，致使其无法专注于科技创新工作，不能充分调动创新创业积极性。

三 推进青海省科技人才队伍建设的总体思路和对策建议

（一）总体思路

"十三五"时期是青海省全面深化改革、奋力打造"三区"、建成全面小康的关键时期，围绕"四个扎扎实实"要求和"四个转变"新思路推动全省实现科技创新驱动，加快产业转型升级，实现国家循环经济发展先行区、生态文明先行区和民族团结进步示范区的建设目标，迫切需要引进、培养和使用一大批高素质人才。要充分尊重科技人才成长开发规律，以培养、引进和使用为主线，以能力建设为核心，以高层次创新型科技人才、工程技术人才、科技创业人才、优秀青年科技人才、基层实用技术人才培养为重点，深化科技体制改革，优化创新环境，鼓励科技成果转化，促进科技人才与市场相结合，使科技人才实力提升与经济社会发展相适应。

（二）对策建议

坚持人才发展为先，加强人才建设工作。实施更加积极的人才引进政策，创新人才引进机制，完善激励人才创新的分配制度和人才评价制度，着力培养本地人才，积极吸引外来高层次人才来青海开展科技研发和项目合作，让有贡献的科技工作者得到社会认可和尊重，解决重点领域人才短缺问题。

1. 充分认识科技人才的创新地位和作用，牢固树立"人才是第一资源""科学技术是第一生产力"的理念

引导各级领导干部充分认识到加强科技创新和人才队伍建设对于保护自主知识产权、建立自主品牌、提升企业核心竞争力的重要意义；引导企事业单位认识到只有走依靠人才和科技创新创业发展之路，才能加快各项事业建设。各级政府要牢固树立科学的人才观，把人才作为实现经济社会又好又快发展的新动力，充分发挥舆论导向作用，大力宣传党和国家、省委、省政府关于科技创新和人

才工作的方针政策，树立科技创新典型，营造尊重创造、尊重知识、尊重人才的良好氛围。

2. 继续深化科技体制改革，造就一批高层次科技创新人才队伍

改革创新人才集聚机制，重点培养集聚一批发展急需的创造型、复合型、外向型高素质科技人才，紧紧围绕青海新能源开发、盐湖化工、新材料研发以及生物医药等方面，培养专业型、技术生产型的复合科技人才，努力提升专业科技人才资源密度。完善科技人才引进办法，科学合理地引进与青海"三区"建设和"四个转变"新思路相适应的高科技人才，努力建设适应特色产业发展的人才集聚地。

3. 完善科技人才评价制度和人才工作管理与服务体系建设

一是建立以实绩为导向的科学评价体系。将专利创造、标准制定及成果转化等科研实际贡献能力作为自然科研系列职称评审的重要依据，应用研究和技术开发人才突出市场评价，基础研究人才以同行学术评价为主，不断加强创新创业实践的考核评价。合理设置论文、科研条件，对基础研究领域和科技创新人才，更加注重科技创新、科技成果转化的权重和科技成果转化的实际质量与效果。对应用型人才，淡化论文要求，突出实践技能要求和实际工作能力。对基层专业技术人才，提高履行岗位职责的实践能力、工作业绩、工作年限等权重。不作计算机应用能力和职称外语考试的统一要求。二是进一步畅通职称评审渠道。来青工作或挂职的专业技术人员，均可申报评审专业技术资格。行政机关交流到企事业单位人员可以跨级别申报职称。鼓励部队转业专业技术人员申报职称或参加各类、各级专业技术资格（职称）、职业资格、技能等级考试。对专业技术人员在外省、市（自治区）、中央单位、部队取得的专业技术资格、技术等级、职业资格予以认可。三是在科研项目立项、省级重点实验室、工程技术研究中心等创新平台的建设与评估中，将培养、引进优秀科研人员作为一项重要评价指标。同时，建立评价责任和信誉制度，加强科技项目评审专家数据库建设。

4. 督促落实科技成果转移转化和科技经费管理改革相关政策，充分释放科技人才激励机制的政策红利

支持高等院校、科研院所等事业单位专业技术人员，经所在单位及其主管部门同意，到科技企业兼职，获取兼职报酬，实现高新技术成果转化、技术攻关有偿服务；支持专业技术人才携带其科研项目和成果离岗创业，在创业期内保留原人事关系；支持高等院校、科研院所等事业单位为吸引有创新实践经验的企业家和企业科研人才到本单位兼职，根据工作需要设置一定比例的流动岗位。

参考文献

科学技术部科技人才中心：《科技创新管理前沿研究与探索》，科学技术文献出版社，2017。

青海省科学技术厅、青海省统计局：《2015 青海科技统计》，2016。

B.5
青海省企业经营管理人才
队伍建设研究

杨 军 郝春阁*

摘　要：　近年来，青海省通过强化政策支持，加大资金投入，完
善体制机制，全省企业经营管理人才队伍建设水平不断
提高。但总体来看，企业经营管理人才的缺乏仍是制约
青海企业实现转型升级、加快发展步伐的重要瓶颈。因
此，全省要进一步强化人才意识，加强政策支持，加大
投入力度，创新人才培养和引进模式，建设一支高水平
的企业经营管理人才队伍，推进青海人才强省、人才兴
企战略。

关键词：　青海省　企业管理人才　人才培养

改革开放以来，企业在推动青海国民经济发展、科技进步、民
生改善等方面发挥了巨大作用。在经济发展步入新常态和"一带
一路"国家倡议背景下，企业高级经营管理人才缺乏成为青海企

---

* 杨军，青海省社会科学院经济研究所助理研究员，研究方向为青海经济史；郝春阁，青海省
经信委调研员，高级经济师。

业转型升级、加快"走出去"步伐、参与国际分工的重要制约因素。要实现青海省产业优化升级，企业发展壮大，就必须加快培养和引进一批高素质的企业经营管理人才。

一　加强企业经营管理人才队伍建设的重大意义

企业经营管理人才是指"在企业从事经营或经营过程管理的人中能够进行创造性劳动，对企业发展起较大促进作用的人，包括董事人才、高级经理人才、经营或经营管理专业人才"[①]。企业经营管理人才是企业的灵魂。当前，人才短缺成为青海企业发展中最大的要素制约，建设一支素质高，具有国际战略眼光、管理创新能力、市场开拓精神和社会责任感的优秀经营管理人才、优秀企业家队伍，是推进青海省人才兴企战略和人才强省战略的必然要求，对青海企业发展和全省经济社会持续健康发展具有非常重大的现实意义。

（一）加强企业经营管理人才队伍建设是推动创新驱动战略的本质要求

随着我国跨入中等收入国家，劳动力、资本、能源等传统生产要素对推动经济社会发展的贡献率日趋下降，很难继续驱动经济社会持续中高速发展，而科技创新、知识创新对经济社会发展的贡献

---

① 马士斌：《企业经营管理人才的界定、价值与开发》，《南京理工大学学报（社会科学版）》2004年第4期，第62页。

愈发重要，成为转变经济发展方式、驱动发展的主导力量。人才是新知识、新技术、新理念的主要载体，是引领企业创新的灵魂，高素质经营管理人才已成为企业参与全球化经济活动、推动创新战略的引领和主要动力，吸引优秀经营管理人才日益成为各国加速企业科技创新、占领制高点的重要手段。

（二）加强企业经营管理人才队伍建设是推进人才兴企战略的重要抓手

企业的发展离不开人才的集聚。在经济全球化背景下，支撑企业发展的资源、资本、技术等生产要素分配逐渐趋向均等化，但企业经营管理人才的流动受到人的自然属性的限制，难以像资本、技术一样自由流动，因此人才成为区域经济发展的决定因素和企业创新发展的首要资源，是企业发展的核心竞争力。实行人才兴企战略，就必须集聚一批复合型高端人才引领青海企业发展。

（三）加强企业经营管理人才队伍建设是培育新型企业家的主要途径

企业作为市场经济活动的主体，是中国特色社会主义市场经济中不可或缺的重要组成部分，加快企业经营管理人才队伍建设，不断提升企业管理水平和市场开拓能力，发扬企业家精神，大力倡导现代企业理念，着力培养一批现代企业家，有助于加快青海产业结构优化、特色优势产业发展，加快企业"走出去"步伐，推动青海深度融入"一带一路"国家战略。

（四）加强企业经营管理人才队伍建设是构建开放型经济体系的重要支撑

"一带一路"倡议将青海推向改革开放的前沿，为青海外向型经济发展和开放型经济体系建设带来了重大的历史机遇。借此机遇，充分利用好国际、国内两种人才资源，重点引进高级企业经营管理人才和急需紧缺的涉外专业人才，有助于为青海外向型经济发展和开放型经济体系构建提供人才支撑。

二 青海省企业经营管理人才队伍建设基本现状

近年来，青海省通过实施人才强省和人才兴企战略，不断加强企业经营管理人才培训和引进力度，创新培训手段，柔性引进高层次复合型人才，全省企业经营管理人才队伍不断壮大。

（一）青海省企业经营管理人才队伍基本情况

青海省人才总量统计显示，2016 年，青海省共有企业经营管理人才3.12 万人，占青海省人才总量的8.34%[①]。从来源看，公有制经济领域企业经营管理人才9000 余人，占全省企业经营管理人才总数的28.85%；非公有制企业2.2 万余人，占70%。从企业经营管理人才职称结构看，2016 年，全省18 户省属出资企业有经

---

① 青海省人才工作领导小组办公室：《〈青海省中长期人才发展规划纲要（2010~2020）〉实施情况中期评估报告》，2017 年1 月，第6 页。

营管理人才 1426 人，其中高级经营管理人员 124 人，占省属出资企业经营管理人才总数的 8.7%，其他经营管理人员 1302 人，占 91.3%。全省非公有制企业经营管理高端人才约 4000 人，占非公有制企业经营管理人才总数的 13.65%[①]。全省公有制企业经营管理人才中，具有研究生学历的占 3.7%，本科学历者占 29.5%，大专及以下学历者占 66.8%。

（二）青海省企业经营管理人才队伍建设主要做法及成效

近年来，青海省大力推进人才强省战略，通过强化政策支持、加大投入力度、完善人才成长发展体制机制、提升服务水平等切实有效的措施，不断加强人才队伍建设，全省企业经营管理人才队伍建设取得显著成效。

一是强化政策支持。近年来，青海省以提升企业人才竞争力为目标，实施企业经营管理人才推进计划，先后制定了《青海省中长期企业经营管理人才队伍建设规划（2010～2020）》《青海省企业人才发展"十三五"规划纲要》《青海省属出资企业"十三五"经营管理人才队伍建设规划》等规划，强化企业经营管理人才队伍建设的政策支持，加强投入力度，创新工作方法，实施了"高端创新人才千人计划"，通过柔性引进和加强培训等方式，全省企业经营管理人才队伍不断得到壮大和提升。据《〈青海省中长期人才发展规划纲要（2010～2020）〉实施情况中期评估报告》统计，2016 年，青海省企业经营管理人才有 3.12 万人，研究生和本科学

---

① 青海省人才工作领导小组办公室，《青海人才工作文集（2016 年）》，第 131 页。

历人才数量增加，人才结构不断优化，综合素质不断提升。

二是完善体制机制。2016年，以《青海省关于深化人才发展体制机制改革的实施意见》引领青海人才制度建设，制定了《青海省"高端创新人才千人计划"实施方案》《青海省中端和初级人才培养实施方案》《青海省柔性引才引智实施办法》《青海省人才工作目标责任制考核办法（试行）》《青海省人才工作"伯乐奖"评选奖励办法》等文件，推动相关部门和地区制定配套政策30余项，人才工作体制机制不断得到完善，企业经营管理人才队伍建设取得了新突破。

三是优化工作环境，创造良好氛围。近年来，青海省各企业通过积极探索，创新人才培养、引进及使用制度，优化生活环境、提升工作待遇，将企业经营管理人才薪酬待遇与自身能力和经营业绩挂钩，提升人才薪酬待遇水平，注重解决各类人才后顾之忧，为企业经营管理人才创造了良好的成长和发展环境。同时，不拘一格地大胆选拔、任用杰出人才，并设立奖励基金，对有突出贡献的企业经营管理人才给予奖励，在社会上广泛宣传企业对国民经济发展的推动和引领作用，对公有制企业和非公有制企业一视同仁，表彰奖励一批优秀企业经营管理人才，大力宣扬企业家精神，在全省逐渐形成了重视人才、尊重人才的良好氛围。

三　青海省企业经营管理人才队伍建设存在的主要问题

由于青海自然环境、工作条件艰苦，经济发展总体水平低，产业转型升级和产业集群化进程推进慢，企业数量少，规模小，人才的集聚效益不明显，全省企业经营管理人才队伍建设面临着一系列亟待解决的问题。

（一）综合能力亟待提升

目前，青海省企业经营管理人才队伍中，低学历、低职称人才比重较大，非公有制企业中具有研究生学历的经营管理人才更是凤毛麟角，高中或初中学历企业经营管理人才仍占较大比重。虽然全省非公有制企业经营管理人才在长期企业经营管理中积累了丰富的实践经验，但知识结构层次低、思想传统、经营保守、求稳怕乱的守成思想严重，依靠家族式管理，企业管理机制创新、技术更新不够。公有制企业因传统体制机制束缚，思路不活，魄力不足，决策能力不强，创新不多。

（二）复合型人才缺乏

当前全省企业经营管理人才流动中，除国有企业部分经营管理人才是通过引进以外，其他国有企业和绝大多数非公有制企业的经营管理人员都是从生产一线直接提拔上来的技能型人才，这部分人才虽然专业技能过硬，但对经济和法律知识的掌握不多，外向型经济知识尤其浅薄，在企业涉外经营管理方面捉襟见肘，能力有限，有的只懂技术不懂管理，有的只懂管理不懂技术，加之企业培训体系不健全、培训渠道少，既懂生产又懂市场的复合型人才十分缺乏。省内大多数企业还没有建立企业经营管理人才的培养、竞聘、使用、管理、储备机制，企业文化建设不足，部分企业劳动关系不和谐，人才流失现象突出。

（三）人才队伍结构不合理

青海省企业经营管理人才队伍在年龄、产业、学历等方面均存在诸多问题。从年龄结构来看，全省企业经营管理人才理念滞后，年轻人才培养储备不足，导致当前全省企业经营管理人才年龄偏大，45 岁以下中青年人才数量少，且后备人才培养体系不健全。从产业结构来看，经营管理人才主要集中在三产，从事一产和二产的企业经营管理人才缺乏，这制约了青海省特色农牧业和盐湖化工、新能源、新材料和特色轻工等产业的迅速发展。从学历结构来看，以全省公有制企业为例，具有研究生学历的经营管理人才占3.7%，本科生占 29.5%，大专及以下学历占 66.8%。从职称来看，省属出资企业经营管理人才中，高级人才仅占 8.7%。非公有制企业中，高端经营管理人才仅为 13.65%。全省企业经营管理人员学历偏低、高级人才缺乏、员工培训覆盖面不广、培训质量不理想，层次低，人才流动性强。

（四）人才队伍分布不均衡

受各地区资源禀赋、产业结构及自然环境影响，青海省企业经营管理人才分布呈现梯度分布。省会西宁市作为全省经济、政治、文化中心，企业数量多，人才成长发展环境好，服务水平相对高，从而集聚了绝大部分企业经营管理人才。海东市近年来通过大力发展园区经济，培育了一批企业，对人才的吸引力不断增强。从 2016 年各市州数据来看，西宁市和海东市集聚了全省将近 70% 的企业经营管理人才。海西州作为青海省重要的能源资源开发基地和循环经济试验区，集聚了全省 20% 多的企业经营管理人才。海南、海北、玉树、果洛、黄南等几个生态大州，因生态地位重要，经济发展的生态约束力强，工业企业数量少，特色农畜产品加工企业尚未壮大，加之自然条件差，交通不便，对人才的吸引力弱，高层次企业经营管理人才尤其匮乏。2016 年，黄南州有各类企业经营管理人才 810 人，占全省总数的 2.6%，海南州有 1020 人，约占 3.27%。从全省公有制企业经营管理人才数量来看，2016 年，海西州公有制企业经营管理人才有 241 人，约占全省公有制企业经营管理人才总数的 2.68%，海北州 114 人，约占 1.27%，玉树、果洛两州更少，三州人才总数占比还不到全省总数的 4%[①]。

（五）高层次人才难以引进

由于青海地理位置偏远，部分地区海拔高，工作和生活环境较内地恶劣，加上经济发展水平低，社会公共服务供给不足，工作环境和收入待遇等方面也难以得到有效保障，人才引进政策优惠和资金支持力度远远落后于其他省区，对人才的吸引力小。加之企业少，规模小，大部分企业经济效益差，大多数企业依赖于外源性技术，自身创新能力不强，缺乏人才快速成长的沃土和激烈的人才竞

---

① 该部分数据根据《〈青海省中长期人才发展规划纲要（2010~2020）〉实施情况中期评估报告》中全省总报告和各市州分报告中企业经营管理人才数量核算，并参照了《青海人才工作文集》相关数据。

争环境，全省在企业经营管理人才引进，尤其是高层次人才引进方面缺乏比较优势。

四 加强青海省企业经营管理人才队伍建设的对策建议

当前，青海省正处于深入推动创新驱动和供给侧改革，大力发展战略性新兴产业和构建绿色低碳循环产业体系，依托"一带一路"战略，加快发展外向型经济和构建开放型经济体系，推进企业"走出去"的攻坚阶段，因此，要强化人才意识，加强政策支持，完善体制机制，优化环境，提升服务，着力推动人才兴企战略。

（一）强化人才意识，推动人才兴企战略

随着西部大开发、支持藏区、"一带一路"等国家重大区域协调发展战略的实施，青海省企业资本、技术及设备等生产要素配置效率大幅提升，但人才这一特殊的生产要素有别于其他物质要素，仍是制约青海省企业转型升级的主要因素。"创新驱动实质上是人才驱动"，人才是加快企业发展的"原动力"。在经济发展进入新常态、国家大力推动创新驱动战略和"一带一路"倡议的大背景下，企业成为地区创新发展和参与国际产业链的主体与"先行官"，因此，全省在思想观念上要进一步强化人才意识，牢固树立企业是第一动力、人才是第一资源的理念，从青海融入国家创新驱动、"一带一路"等战略高度，深化对企业经营管理人才队伍价值

的认识，强化政策支持，加大投入力度，对省属出资企业和非公有制企业一视同仁，着眼于现实需要和未来发展，培养和引进一批具有国际化视野的现代化企业经营管理人才，着力推动人才兴企战略。

（二）加强宏观管理，完善人才市场体系

企业经营管理人才队伍建设既要加强政府的宏观管理，还要充分发挥市场的主导作用。政府要坚持管大、管少、管活、管好的原则，强化人才管理、培养和引进等方面的宏观指导和服务。加快成立青海省人才信息及评价中心，建设人才分类信息库，统一企业经营管理人才统计口径，尤其要加强对非公有制企业经营管理人才的统计工作，并对各类人才进行动态跟踪和实时评价。研究制定符合青海实际的人才考核评价体系，为企业人才引进和培训提供完善周到的服务，制定企业经营管理人才资质认证系统，促进企业经营管理者职业化。面向企业，尤其是非公有制企业，承办社会公开企业经营管理人才招聘、培训等活动。主持人才政策宣传工作，针对全省企业，制定并宣传企业经营管理人才职业规范和道德规范，号召社会尊重人才、爱护企业，为企业发展和人才成长营造良好的社会氛围。

加快完善企业经营管理人才市场体系建设，加强市场在企业经营管理人才队伍建设中的主导作用，通过市场扩大人才选用的视野和范围，鼓励全省企业向社会公开招聘、选拔一批优秀经营管理人才。加强市场化配置人才工作的规范化、制度化建设，构建政府部门宏观指导，人才市场主体公平竞争、行业协会严格自律、中介组

织提供完善服务的人才市场体系，广泛吸引和发现人才，与国内知名网络招聘平台、行业报纸杂志以及行业协会、猎头公司建立长期合作关系，不断引进中高层次管理人才，吸引社会优秀企业经营管理人才到企业。建立完善的人才交流机制，强化企业内部人才横向交流，着眼全局，提高人才资源开发和利用效能。

（三）充分盘活存量，提高人才增量

通过青海省人才分类信息库，全面统计并细化分析全省企业经营管理人才队伍现状，坚持先激活存量、再扩大增量的原则，加强业务培训，大胆启用，充分发掘现有人才的发展潜能，盘活存量。在此基础上，针对青海省企业经营管理人才结构不足，结合青海省产业结构调整和优化升级、未来发展方向、企业"走出去"需要，突出"高、精、尖、缺"，抓住国内发达地区经济下行压力下产业向中西部地区转移的机会，借助产业转移实现人才连带引入，依托"一带一路"倡议，加大海外人才引进力度，有针对性地引进一批新兴战略产业、特色农畜产业、文化旅游产业等方面通晓国际贸易规则，具有国际眼光的创新型现代企业经营管理人才，加强对重点产业、重要区域的人才支撑力度，提高人才增量，优化人才结构。加快校企联合，鼓励全省企业与省内外相关高校签订研究生、博士生定向培养就业计划，由企业提供学费和生活补助。从应届大学毕业生和硕士毕业生中选派一批人才赴省外或国外学习培训，并进行实时跟踪，为青海培养一批当前和未来发展需要的专业化、国际化人才。建立健全现有人才和引进人才的学习沟通机制，现有人才在待遇方面要与相同层次的引进人才尽量保持一致，加强企业文化建设，提升人才的企业认同感，鼓励相互学习，最大限度发挥柔性引进人才的知识资源，充分发挥引进人才的带动作用，共同发力，加快企业发展。

（四）加强教育培训，提升整体素质

构建以企业自主培训为主，以各级党校、行政学院为依托，国内外高校和社会培训机构为补充的企业经营管理人才培训体系。创新教育培训内容和方法，实行开放式培训，通过采用国际国内经济环境宣讲、国家政策解读、经典案例分析、实际场景模拟等方法，扩展企业经营管理人员视野、明晰发展方向、掌握先进管理手段。利用青海省委党校、驻宁高校，加强理论培训，实施企业家创新培训工程，根据培训需要和企业实际，委托专业机构，为青海企业提供个性化、系统化的培训和"菜单"式服务，通过"企业家"培训"企业家"的方式，邀请国内成就突出、理论素质高、有影响力的企业家来青授课指导。加大企业经营管理人才出国培训工作力度，根据青海省产业发展和融入"一带一路"倡议需求，借助国家相关境外人才培训、交流项目，积极争取机会，实行"走出去"战略，选择一些有发展潜力的企业组织经营管理人员赴国际知名教育机构和著名企业学习。

加强对非公有制企业经营管理人才队伍建设的支持力度，建立健全人才培训体制，设立非公有制企业人才培训专项经费，加强资金支持，减轻非公有制企业负担，创新培训内容和方法，加强宣传，改变非公有制企业"培训就是听课，培训就是收钱"的观念，增强非公有制企业经营管理人才学习的积极性、主动性和紧迫性，协助非公有制企业建立学习型团队，建设学习型企业。

（五）集聚优势产业，培育人才成长沃土

以供给侧结构性改革为主线，加快发展青海特色农牧业、战略新兴产业和现代服务业，将青海省产业发展规划与企业经营管理人才规划有机结合，依托特色优势产业园区，推进人才管理改革试验区建设，实行"一带一路"倡议企业家开发计划，以业聚才，以才促业，强化人才对产业的支撑作用和产业对人才的吸引、集聚能力，形成良好的人才竞争环境，为企业经营管理人才提供发展成长的沃土。围绕青海高原特色生态有机品牌，重点打造畜禽养殖、粮油种植、果蔬、枸杞沙棘"四个百亿元"产业，强化特色农畜产业人才培养，整合人才培养资源，在加强农牧区实用人才队伍建设的同时，对新型农牧民和职业经纪人进行现代企业经营思想和知识培训，培养一批既懂农牧业生产，又懂现代企业经营管理的"双料"人才，建设一支高素质的特色农畜企业经营管理人才队伍。以《中国制造2025》为行动纲领，以发展外向型经济、参与国际产业链和价值分工为目标，大力发展盐湖化工、有色金属、特色轻工等新型工业和新兴战略产业，加强与国外企业的交流合作，通过项目和技术引进，带动国际人才引进和培养。借助"一带一路"建设，支持企业"走出去"开拓国际市场，集聚国际、国内人才资源。依托对口援青工作，利用援青省市人才优势，通过"派出去"和"请进来"的方式，加强对青海企业经营管理人才的培训和帮带力度，提升青海现代服务业企业经营管理人才水平和能力。

（六）优化服务环境，营造良好氛围

在政策支持、资金保障、提升服务、优化环境等方面下足功夫，做到能引来人才、能留住人才。强化政策支持，加大投入力度。用足用好现有的国家、省级企业经营管理人才队伍建设的相关政策，精心做好企业经营管理人才队伍建设规划工作，健全政府、企业、社会等多元化的人才投入和使用机制，完善评价体系，实现人才待遇与业绩直接挂钩，并健全合理的薪酬及待遇提升机制。省级、州级财政在预算中要适度增加企业经营管理人才培训、引进资金，将非公有制经营管理人才培训和引进纳入各地人才培训、引进规划，逐步建立企业为主、政府补助、个人适当承担的非公有制经营管理人才教育培训和引进投入体系，对非公有制企业引进的高层次人才在后期创新创业等方面提供资金支持和保障。同时，健全经济责任审计、信息披露、延期支付、追索扣回等约束机制。深化对人才的认识，提升服务水平。充分认识人才资源的特殊性，既要认识到人才既有追求利益最大化的要素属性，同时也有追求理念、价值的情感属性，既要做到待遇留人，也要做到感情留人。对非公有制企业引进的经营管理人才，给予与国有企业同等的政策、薪酬和生活待遇。充分挖掘和吸引国（境）外、省外青海籍各类优秀人才，平常多沟通、多联系，真诚鼓励青海籍人才回乡兴业创业就业，服务青海发展。加强企业宣传，营造良好氛围。密切企业与社会的联系，广泛宣传企业在推动国民经济发展中的重要作用，大力弘扬勤劳、开拓、创新的企业家精神。利用中小学社团活动，让学生走进企业、了解企业，培育学生的创业创新精神。利用现代传媒，尤其是微信、微博等新兴媒体，加强对企业的宣传和推介，建立"青海企业家"微信公众号，宣传全省企业发展概况、企业作用，展示优秀企业和优秀企业家风采，在全社会营造尊重企业家、爱护企业的良好氛围。

青海省农牧区实用人才队伍建设研究

文斌兴　马凤娟　马 倩*

摘　要：　农牧区实用人才队伍建设是青海省实施"人才强省"战略的重要举措，近年来全省农牧区实用人才的规模持续增大、结构相对合理、技术水平不断提高、人才培育体系初步建立，但是仍然存在一些问题和不足，需要从进一步完善政策和体制机制、科学实施重点人才工程、不断增强人才培训的实用性、重点扶持农牧区实用人才带头人、优化农牧区创业创新环境和做好农牧区实用人才服务工作等方面持续推进全省农牧区实用人才队伍建设。

关键词：　青海省　农牧区人才　人才培育

农牧区人才是《国家中长期人才发展规划纲要（2010～2020年)》提出要统筹推进建设的各类人才队伍中的重要一支。建立一支数量充足，具有较高的科技素质、职业技能和经营能力，服务于广大农牧区建设的农牧区人才队伍，是青海省经济社会发展和实现

---

* 文斌兴，青海省社会科学院社会学研究所助理研究员，研究方向：农村社会学；马凤娟，青海省农牧厅人事处；马倩，青海省农牧厅科教处。

"四个转变"的需要、实施"人才强省"战略的重要举措，也是精准脱贫和全面建成小康社会的重要保障。

青海省根据国家人才发展的战略要求和统一部署，结合省情制定农牧区实用人才发展规划和相关政策措施、健全工作体制机制、建立教育培训体系、大力实施重点人才工程、不断创新人才服务工作，全面加快农牧区实用人才培育，有力推动全省农牧区实用人才队伍建设。

一 青海省农牧区实用人才队伍建设现状

近年来，青海省认真贯彻实施《农村实用人才和农业科技人才队伍建设中长期规划（2010～2020年）》，按照"科教兴农、人才强农、新型职业农民固农"的战略要求，以提高农牧民职业技能为核心，通过实施农村劳动力培训阳光工程、农牧区实用人才示范培养工程、农牧区实用人才带头人能力提升工程等重点人才工程推进农牧区实用人才队伍建设，全省农牧区实用人才总量稳定增长、人才结构日趋合理、人才技术水平不断提升。

（一）人才总量稳定增长

据青海省委组织部、省农牧厅、省统计局和省人社厅联合调查统计，截至2015年底，全省农牧区实用人才总数为58462人①，占

---

① 资料来源于《青海省农牧区实用人才和农牧业科技人才队伍建设中长期规划（2010～2020年）》中期评估报告。

全省农村劳动力总人数的 2.4%，与 2013 年相比增加了 3135 人，与 2010 年相比增加了 6691 人，增幅分别为 5.7% 和 6.9%，年平均增长率保持在 2.5% 左右。

表 1　近五年全省农牧区实用人才总量增长情况

年度	农牧区实用人才总数（人）	增长人数	增长幅度（%）
2010	51771	—	—
2013	55327	3556	6.9
2015	58462	3135	5.7

（二）人才结构相对合理

从性别来看，全省的农牧区实用人才中男性占绝大多数，达到 55254 人，占总人数的 94.5%，女性为 3208 人，占总人数的 5.5%。

从年龄来看，全省农牧区实用人才的分布相对均衡，其中 35 岁及以下的 9256 人，占总人数的 15.8%；36 ~ 40 岁的 7340 人，占总人数的 12.6%；41 ~ 45 岁的 9707 人，占总人数的 16.7%；46 ~ 50 岁的 12701 人，占总人数的 21.7%；51 ~ 55 岁的 6899 人，占总人数的 11.8%；55 岁以上的 12559 人，占总人数的 21.5%。

从学历来看，初中及以下学历的农牧区实用人才占绝大多数，达到 53587 人，占比为 91.7%；高中学历的为 4399 人，占比为 7.5%；大专及以上学历的为 476 人，占比为 0.8%。

从人才类型来看，全省农牧区实用人才中数量最多的是社会服务型人员，达到 16266 人，占比为 27.8%；生产型人员为 15215

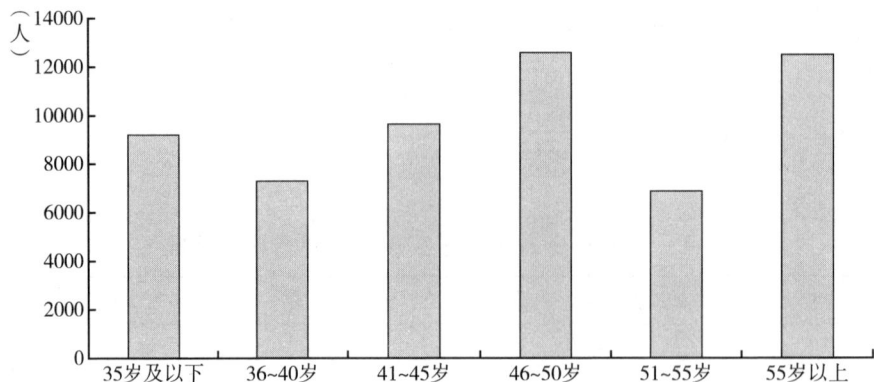

图1 青海省农牧区实用人才年龄结构

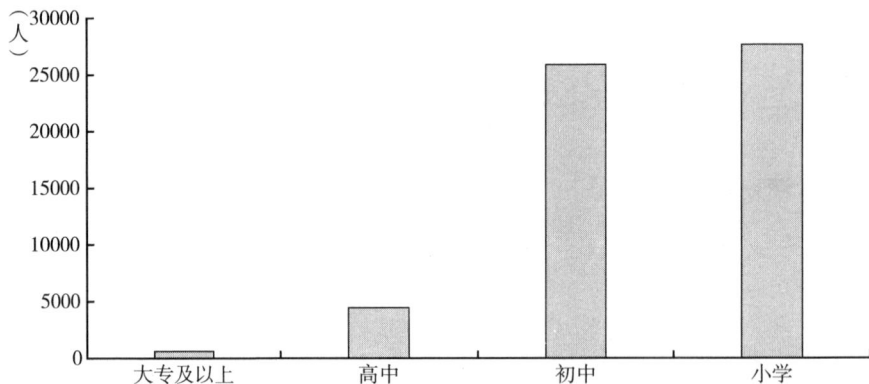

图2 青海省农牧区实用人才学历结构

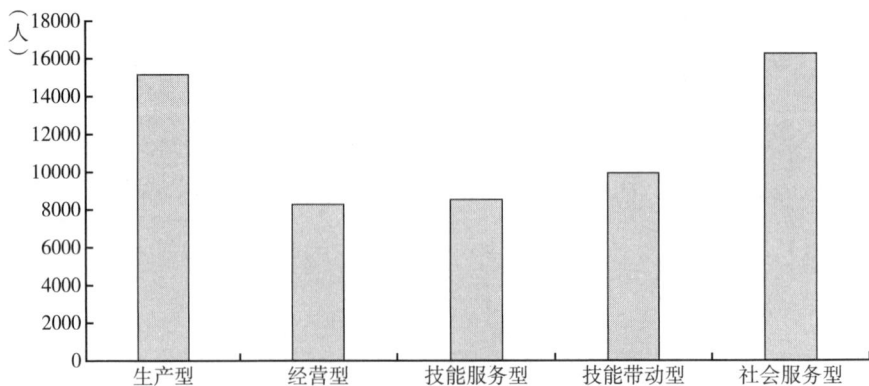

图3 青海省农牧区实用人才类型结构

人，占比为 26.0%；技能带动型人员为 10051 人，占比为 17.2%；技能服务型人员为 8578 人，占比为 14.7%；经营型人员为 8352 人，占比为 14.3%。

（三）人才技术水平不断提升

从技术水平来看，全省农牧区实用人才中有农民高级技师 149 人，占比为 0.3%；农民技师 1455 人，占比为 2.5%；农民助理技师 1526 人，占比为 2.6%；农民技术员 6807 人，占比为 11.6%；没有或未评定的 48525 人，占比为 83.0%；具有技术员以上水平的占全省农牧区实用人才的比例为 17.0%，与 2013 年的 12.1% 相比，增加了 4.9 个百分点。

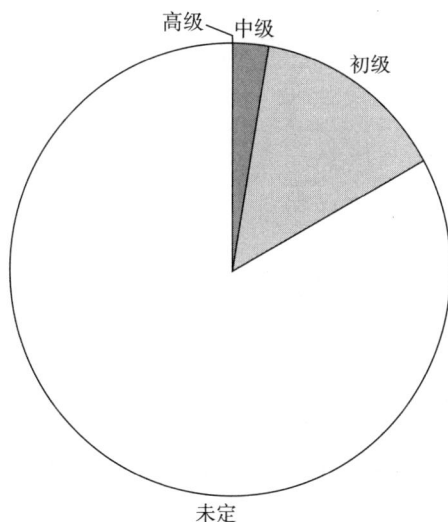

图4 青海省农牧区实用人才技术水平结构

全省具有初级及以上技术水平的农牧区实用人才的数量增加显著，其中具有中级技术水平的增幅最大，达到 72.2%，具有高级技术水平的增幅为 46.0%，具有初级技术水平的增幅为 44.7%，没有或未认定的减少了 0.2%。

表2　全省农牧区实用人才总量增长情况

单位：人，%

技术水平	年度		增长情况	
	2013	2016	增长人数	增幅
高级	102	149	47	46.0
中级	845	1455	610	72.2
初级	5757	8333	2576	44.7
未定	48623	48525	-98	-0.2

二　青海省农牧区实用人才建设的主要做法和成效

青海省在推进农牧区实用人才队伍建设的过程中，面临农牧业发展水平低、农牧区人口比重大、农牧民文化程度普遍较低等现实困难，但是全省高度重视农牧区实用人才工作，立足省情、因地制宜、科学规划、狠抓落实，在工作机制建设、培训体系构建、重点工程实施和工作方式创新方面取得了良好的成效。

（一）实施人才发展规划，完善人才工作机制

一是高度重视，加强组织领导。青海省农牧厅高度重视农牧区实用人才工作，专门成立了以厅主要领导为组长的人才工作领导小组，并下设办公室负责人才工作的安排、检查、验收、督导及评定工作，为农牧区实用人才队伍建设奠定了组织基础。二是制定了全

省农牧区实用人才发展规划及相关政策。制定下发《青海省农牧区实用人才和农牧业科技人才队伍建设中长期规划（2011～2020年)》，根据"十二五"工作完成情况，及时调整部署，起草编制《青海"十三五"农牧业人才队伍建设规划》《青海省"十三五"新型职业农牧民培育发展规划》，出台《青海省农牧业人才工作方案》《青海省农牧民科技培训项目绩效评价办法》《青海省农牧业科技培训督查办法》，进一步明确了工作思路和发展方向，为全省农牧区实用人才发展提供了政策和制度保障。三是建立健全人才工作机制。坚持政府主导、农牧民自愿、立足产业、突出重点、培训和认定扶持相结合的原则，以培养造就现代农牧业生产经营者队伍为目标，以服务现代农牧业产业发展和促进农牧民职业化为导向，摸清全省农牧业人力资源，全力构建教育培训、认定管理和政策扶持"三位一体"的农牧区实用人才培育体系。

（二）打造科教示范平台，建立人才培训体系

一是建立农牧区实用人才培训基地。青海省把建设农牧区实用人才孵化基地作为人才工作的重点，不断加大基础设施建设的投入力度，在海东市互助县小庄村建成省级农牧区实用人才培训基地，不但培训本地农牧区人才，而且先后面向全国举办农村实用人才和大学生村官示范培训班5期，参训学员达500余人。二是建立新型职业农牧民培训体系。充分发挥现代远程教育网络作用，不断加强农业广播电视学校体系建设，现已建立省、地、县、教学班四级教学网络，拥有省级农广校1所、地级农广校5所、县级农广校31所、教学班520个，形成了成人学历教育和农牧民科技教育培训体

系，全省农广学校系统现有专职教师 291 名，兼职教师 740 名，6 所学校安装了农业远程教育地面卫星远端站，23 所学校配备了科技直通车，可同步开展农牧业远程教育培训工作。三是搭建科技示范应用平台。在全省 30 个项目县遴选科技示范基地，选育科技示范户，助推新品种和新技术应用，认定科技示范基地 70 个，推广各类先进技术 300 余项，辐射带动周边收益农牧民 120 余万①。

（三）实施重点人才工程，扩大人才队伍规模

一是新型职业农民培育工程。2013～2016 年期间，青海省根据全省农牧业发展的实际情况，先后将新型职业农民培育从西宁市大通县、海东市乐都区和互助县、格尔木市逐步扩大到包括玉树、果洛两州在内的全省六州两市 39 个县（市、区）全覆盖。通过几年的培训工作，全省新型职业农牧民培育实现了培训对象由普通农牧民向种养殖大户、农牧民专业合作社负责人、现代农牧业示范园区经营管理者等新型主体的转变，培训内容由农业生产各环节单项技术向农业生产全周期综合技术转变。截至 2016 年，累计培训新型职业农牧民 3.25 万人。二是农牧区实用人才带头人能力提升工程。积极组织农牧区实用人才带头人和大学生村官，分别到四川农科村、陕西东韩村等农业部实训基地参加能力提升培训。实施农业部农村实用人才创业兴业扶持工程，采取省内学习、省外考察相结合的方式，大力培养农牧业产业化龙头企业和农民专业合作组织负

---

① 资料来源于《青海省农牧区实用人才和农牧业科技人才队伍建设中长期规划（2010～2020年）》中期评估报告。

责人。另外，争取农业部项目资金 162 万元，组织实施 6 期实用人才带头人培训班。三是农牧区实用人才示范培养工程。从东部农业区选派 270 名农民技术员，到牧业区开展为期 6 个月的蔬菜种植技术指导，从山东青岛选聘 150 名蔬菜专业技术人才指导青海省设施农业基础工作。结合实施粮油高产创建示范项目、畜禽标准化规模养殖、良种补贴和生态畜牧业建设等项目，采取包村联户的形式对特色产业村和规模养殖村开展技术培训和现场服务工作，累计培训农牧民 2.88 万人。

（四）创新人才工作方式，提高人才服务水平

一是开展人才统计调查，分类确定培育对象。青海省农牧厅和相关厅局联合对全省农牧区实用人才进行了统计调查，并在此基础上对人才结构、技能水平、培训和政策需求等情况进行分析调研，将具有一定产业基础和文化程度的种养殖大户、家庭农场经营者、农牧业合作社和农业企业负责人、农业社会化服务组织服务能手作为农牧区实用人才的培育对象。二是因地制宜，实施精准培训。按照青海省"三区一带"建设的总体布局，东部特色种养高效示范区和沿黄冷水养殖适度开发带作为新型职业农民培育重点示范区，发挥示范带动作用，紧紧围绕本区域特色主导产业设置培训内容。环湖农牧交错循环发展先行区和青南生态有机畜牧业保护发展区作为新型职业农牧民培育工程辅助实施区域，侧重开展草地生态畜牧业和草原生态保护等培训内容。三是突出重点，注重农牧民综合素质的提高。在培训内容上突出两个重点，一方面是立足产业发展，以技术和管理为主线，开展各个环节的全程技术培训；另一方面是

立足提升农牧民素质，以法律、道德和公共知识为主线，开展综合性的知识培训。培训方式实行"分阶段、重实训、参与式"的模式，教育培训贯穿于整个生产过程，理论教学与生产实践相结合，鼓励支持"田间学校"参与互动的教学模式，综合运用广播、电视、互联网、卫星网、移动通信等多种现代远程教育手段和智慧农民云平台。

三　青海省农牧区实用人才队伍
建设中存在的主要问题

"十二五"以来，青海省农牧区实用人才队伍建设取得了长足的进步和良好的成效，但是在政策和体制机制的完善度、重点人才工程实施的科学性、人才培训的实用性和系统性、实用人才的示范效果以及农牧区创业创新环境方面存在不足，需要在今后的工作中予以重视并进行完善。

（一）人才政策和工作机制有待完善

政策方面，农牧区实用人才的认定标准模糊，农业部仅有指导性意见，各地区认定标准不统一，实际认定具有一定困难；针对农牧区实用人才的激励政策相对滞后，关于农牧民创业创新的政策措施尚未出台，土地流转、金融信贷、税收、农业基础设施建设和农业科技服务等方面的扶持政策也没有及时跟进。人才工作机制方面，对农牧区实用人才队伍建设的总体思路认识尚不到位，基层对于农牧区实用人才培育的重视不够，培训的目的性不强，培训名额的分配存在随意性，有些真正需要培训的人员未得到培训，部分农牧民参与培训的积极性受到影响。

（二）重点人才工程实施的科学性不足

实施重点人才工程是青海省农牧区实用人才队伍建设的主要抓手，保障了全省农牧区实用人才培育目标任务的顺利完成，但是在实施过程中也存在一些不足之处。一是人才培育方式较为单一。主要还是通过课堂教学的方式，典型示范和项目推动型的培育模式运用较少。二是各类型人才的培育没有做好统筹兼顾。偏重于生产经营型人才的培育，对于专业技能型和专业服务型人才的培育较少；三是重点工程的实施缺少绩效评价。在各项重点工程实施的过程中，对于目标制定、评价指标、方法应用以及目标达成等方面缺乏科学评估，对于工程实施的成效和存在的问题无法及时做出判断和反应。

（三）人才培训的实用性和系统性不强

职业技能培训是农牧区实用人才队伍建设的重要内容和核心环节，但是当前的大量培训仍然停留在种植、养殖等传统产业的基本技术上，对农产品加工、品牌营销、信息技术服务、农村经纪人与合作社带头人等的培训力度不够，有的培训仅是理论教育，缺乏前沿技术和实际操作的指导，培训的实用性较差，无法适应农村产业多元化发展的现实需求。而且各级政府没有把对农牧区实用人才的培训作为一项系统工程，没有形成有效的保障机制，相关培训的内容也缺乏连续性和系统性，甚至存在重复培训的现象，培训效果难以保证，参加培训的学员很难通过"蜻蜓点水"式的培训真正掌握一项可以用于从事职业工作的实用技术。

（四）实用人才的带头示范作用有限

农牧区实用人才带头人是农牧区实用人才队伍中的拔尖人才，应当在生产和经营实践中起到一定示范带动作用，但是现阶段青海省农牧区实用人才的带头示范作用尚未明显发挥出来。一方面是当前全省农牧区实用人才的整体发展水平较低，具有较高生产技能和较大经营规模的农牧区实用人才带头人数量较少，能够起到的示范带动作用有限；另一方面是大部分农牧区实用人才带头人的示范带动意识没有培养起来，基本上处于自我发展阶段，而且对于具有一定规模和示范带动作用的农牧区实用人才带头人的相关激励政策也尚未制定，导致其发挥示范带动作用的积极性不高。

（五）农牧区创业创新环境亟待改善

当前青海省农牧区创业创新环境亟待改善，主要表现在四个方面。一是广大农牧民缺乏创业创新的意识、知识与技能，对于现代农业技术和互联网的运用能力不足，同时也缺乏企业创办和经营管理方面的指导培训，创业创新的起步存在较大困难；二是当前市场环境下创业成本较高，创业者面临缺少启动资金、租房和劳动力成本高、贷款和融资难等一系列问题；三是农牧区公共事业基础薄弱，农村公共信息网络、农村人才市场和服务中介机构以及深入农村社区的创业创新服务平台等建设滞后，对于农牧区实用人才的创业支撑不足；四是人才市场对于农牧区实用人才的职业技能水平认可度低，通过职业技能认定的农牧民无法在就业创业中得到相应的待遇和支持。

四　青海省农牧区实用人才队伍建设的对策建议

农牧区实用人才队伍建设是国家实施人才发展战略的重要一环，是一项需要长期坚持、系统推进的重点工作。青海省农牧区实用人才队伍的基础差、底子薄、任务重，需要在现有工作的基础上进一步完善人才工作机制、适时调整重点工程实施范围、增强人才培训的实用性、提升农牧区实用人才带头人的示范效应、优化农牧区实用人才的创业创新环境，从而加快全省农牧区实用人才队伍建设的整体水平，助推富裕文明和谐美丽新青海建设。

（一）加快完善人才工作机制和政策体系

一方面是健全"三位一体"、全面覆盖的人才工作机制。建立党委统一领导、组织部门牵头、农业部门负责、各部门协作、社会力量参与的人才工作格局；进一步优化农牧区实用人才的培育制度，做到"精心培育、科学管理、重点扶持"，同时完善包括规划、评价、激励、监督、检查和考核在内的农牧区实用人才队伍建设工作体系。另一方面是建立完善以人才评价和激励为核心的政策体系。坚持能力和业绩导向，制定完善科学的农牧区实用人才评价标准，不断改进农牧区实用人才的评价方式，持续拓宽农牧区实用人才评价渠道和评定对象的范围；建立健全人才激励机制，对于通过技术水平认定的农牧区实用人才，除颁发认定证书外，可在培训对象选定、贷款和项目支持、配套设施建设、基层党员干部培养、人大代表和政协委员推选等方面给予适当的支持和倾斜，提高农牧民参与技术水平认定的积极性。

（二）适时调整重点人才工程的实施范围

一是农牧区实用人才带头人培养。培养一批善于经营、精于管理、勇于创业，能够带领农牧民群众致富的领军人物，充分发挥他们在各领域的发展优势和示范带动作用。二是农牧区实用人才示范培养，选拔各类农牧区实用人才参加以生产技能、经营管理和信息技术为主要内容的培训，提升农牧区实用人才的专业技能和综合素质，在农牧业领域和农牧区培育一批有较高技术水平的新型职业农民。三是农牧区青年创业创新，选拔志在"三农"领域创业的农村青年参加创业技能培训，推动农村青年创业致富。四是农村妇女能手培养，选拔农牧区实用人才中的优秀妇女参加职业技能培训，扶持农牧区妇女创办便民服务店、专业合作社、农家乐等。五是大学生农业领域创业创新，为大学生农业创业创新提供政策咨询和指导服务，开展相关的专业培训和参观学习，提升大学生农业创业创新的能力和示范效果。

（三）不断增强人才培训的实用性和针对性

一是拓展壮大教学培训平台。各级政府要协调整合各类教育资源，结合农业产业结构调整，加强农村企业与科研院所之间的合作，建立具有较好的硬件设置和优良师资的农牧区实用人才培训基地，为农牧区实用人才培育提供良好的平台。二是开发具有较高实用性的培训课程。根据区域经济发展特点和市场对劳动力技能的需求，不断开发出具有较高应用价值的培训课程，着力提高农牧民职业技能培训的实用性，从传授单一技术、技能向市场经济、现代农业科技、现代企业经营管理等多个领域延伸，让农牧民做到学其所需、用有所成、学以致用。三是运用灵活多样的培训方式，在集中授课、现场示范等传统方式的基础上，进一步采用参观学习、走访考察，体验式学习等方式，并且充分利用数字电视和移动互联网等现代化教学手段，进行网络教学，降低农牧民的学习成本。

（四）重点扶持农牧区实用人才带头人

一是政策和项目扶持。对于农牧区实用人才带头人申报实施的项目，各相关部门要帮助做好项目的整合与论证，积极协调有关部门在生产用地、人员配置、信息咨询服务等方面给予政策倾斜和扶持，对于具有较好发展前景和良好带动示范效应的农牧业发展项目予以大力支持。二是加强金融和信贷支持。政府引导和推动金融机构为农牧区实用人才带头人创业提供贷款支持，为信用良好、按期还贷、执行情况好，且具有较大示范带动作用的项目，提供贷款贴息。三是进行表彰和奖励。各州、市、县根据实际情况设立表彰奖励项目，建立健全政府表彰为主、结合社会激励的农牧区实用人才表彰奖励体系，对发挥良好示范带动作用和做出突出贡献的农牧区实用人才带头人给予适当的物质和精神激励，鼓励其进一步发挥带动农牧民群众成长成才和脱贫致富的积极作用。

（五）优化农牧区实用人才的创业创新环境

一是为农牧区实用人才搭建各类创新创业平台。鼓励农牧区实用人才创办各类农牧业产业协会、农牧业经济合作社、农牧业示范服务基地等，吸引企业、科研机构和民间组织投资农业科技开发，创建农牧区实用人才发展的有效载体。二是落实农牧区实用人才的相关政策和待遇。大力宣讲，认真执行，将针对农牧区实用人才发展的各项扶持政策和待遇落到实处，让农牧民从中受益，改善其收入水平和社会地位，激励其创业发展。三是政府主导，市场参与，社会接纳，提高人才市场和全社会对农牧区实用人才技能水平的认可度，让农牧区实用人才在就业创业过程中得到相应的待遇和支持。四是提高农牧区实用人才的社会影响力。在电视、网络和报刊等媒体上大力宣传农牧区实用人才的先进事迹，表彰其发挥的模范作用和获得的突出成绩，扩大其社会影响和知名度，激发广大农牧民创业创新，为建设社会主义新农村贡献力量。

（六）做好农牧区实用人才服务工作

一是要建立专业化和综合性的人才服务平台。运用网站、广播、热线电话和微博微信等信息传播媒体，及时发布最新的科技信息和政策资讯，并组织相关专家和技术人员开展在线咨询服务和线下的技术指导工作，打造专业服务平台，为农牧民提供优质服务。二是建设完善农牧区实用人才信息库。建立政府主导，以农牧民的学历、能力、业绩等为主要指标的农牧区实用人才认定体系，建立分级管理、资源共享的农牧区实用人才信息库，并把农牧区实用人才信息纳入县级人才管理网络，为其培养、使用、流动等提供服务。三是加速培育农牧区人才市场。以县级人才市场为依托，以乡镇人才服务站点为补充，建立健全集培训、开发、交流等功能于一体的农牧区人才市场网络体系，及时为农牧民提供各种人才、技术和信息服务，充分发挥农牧区人才市场在农牧区人才资源开发和配置中的基础性作用。

参考文献

张海涛：《农民参与行为与农村实用人才开发》，中国农业出版社，2011。

向朝阳：《农村实用人才培养机制创新的战略思考》，《中国人才》2010年第1期。

曹丽琴、张玲：《我国农村实用人才建设中的问题及对策研究》，《安徽农业科学》2012年第9期。

谢承刚：《加强农村人才队伍建设初探》，《中国乡镇企业》2011年第3期。

B.7
青海省高技能人才队伍建设研究

崔耀鹏*

摘　要：　高技能人才在实现由"中国制造"向"中国创造"转
变的过程中发挥着无可替代的重要作用。本报告立足青
海省高技能人才队伍建设现状，系统总结了"十二五"
以来高技能人才队伍建设十个方面的主要成效，分析了
高技能人才队伍建设中存在的突出问题并提出一些对
策建议。

关键词：　青海　高技能人才　"中国制造"

习近平总书记指出："要树立正确人才观，培育和践行社会主
义核心价值观，着力提高人才培养质量，弘扬劳动光荣、技能宝
贵、创造伟大的时代风尚，营造人人皆可成才、人人尽展其才的良
好环境，努力培养数以亿计的高素质劳动者和技术技能人才。"[1]
加强青海省高技能人才队伍建设是贯彻落实习近平总书记系列重要

---

* 崔耀鹏，青海省社会科学院政治和法学研究所助理研究员，研究方向：党史党建、政治学。
[1] 中央人才工作协调小组编《习近平关于人才工作论述摘编》，第 12 页。详见《习近平就加
快发展职业教育做出的指示》（2014 年 6 月 23 日）。

讲话精神的题中之义，是增强自主创新能力、建设创新型青海的重要举措，是巩固和发展工人阶级先进性、增强党在民族地区阶级基础的必然要求，也是补齐人才队伍"短板"、促进青海经济社会持续健康发展的迫切需要。

一 青海省高技能人才队伍建设现状

截至"十二五"末，青海省拥有城镇技能型劳动者 29.8 万人。[①] 其中，初级工 11.65 万人，占 39.1%；中级工 10 万人，占 33.6%；高级工 6.49 万人，占 21.8%；技师及高级技师 1.67 万人（技师 13528 人、高级技师 3195 人），占 5.6%（见图 1）。高级工以上等级的高技能人才达到 8.165 万人，高技能人才占技能劳动者总量的比例达 27.4%，与全国平均水平基本持平。[②] 高技能人才占全省人才总量（37.39 万人）的 21.8%。与"十一五"相比，"十二五"时期全省技能人才增加 2.1 万人，其中高技能人才增加 1.2 万人，增长率为 17.2%（见图 2）。2016 年，全省 18 户省属出资企业拥有高技能人才 1529 人，占各类人才总量（6543 人）的 23.4%，成为支撑企业发展、提升企业核心竞争力的重要支柱。

---

① 青海省人才工作领导小组办公室编《青海省中长期人才发展规划纲要（2010~2020 年）》中期评估报告，2017 年 3 月，第 70 页。
② 国家人力资源和社会保障部统计数据显示，截至"十二五"末，全国高技能人才总量达 4501 万人，占全国技能劳动者（1.65 亿）的比例为 27.3%。

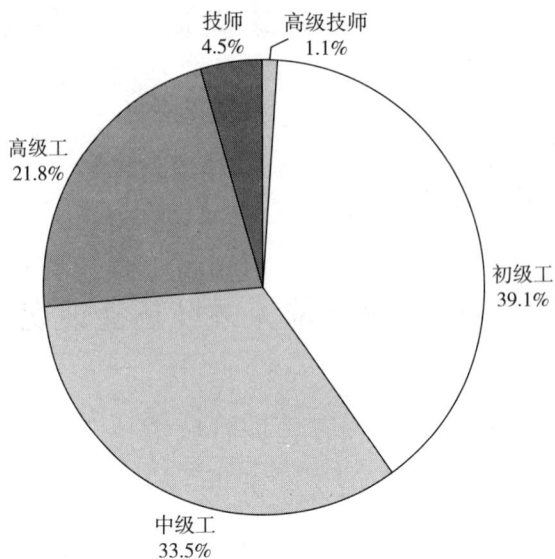

图1 "十二五"末青海省技能人才等级分布

注：根据《〈青海省中长期人才发展规划纲要（2010～2020年)〉中期评估报告》整理。

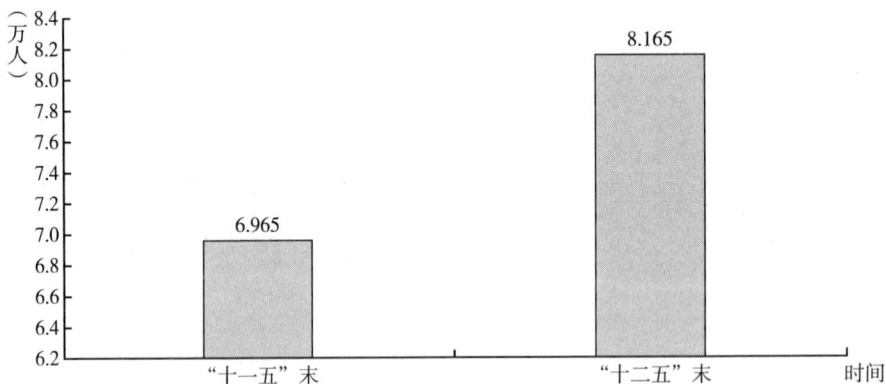

图2 青海省高技能人才数量变化

注：根据《〈青海省中长期人才发展规划纲要（2010～2020年)〉中期评估报告》整理。

二 青海省高技能人才队伍建设的 主要做法及成效

"十二五"以来，青海省高度重视高技能人才工作，通过完善政策法规体系、健全培养培训制度、创新评价选拔机制和实施高技能人才培养工程等一系列政策措施，技能人才队伍建设成效显著。

（一）高技能人才队伍建设政策法规体系逐步完善

2012 年，青海省编制印发了《青海省中长期高技能人才发展规划（2010～2020 年）》，对全省高技能人才队伍建设工作发展做出了具体规划，突出支柱产业技能人才培养，进一步明确了做好高技能人才工作的指导思想、目标任务、政策措施和工作要求。2013 年，青海省政府办公厅转发了《关于加强企业技能人才队伍建设实施意见》，明确了企业、行业培养技能人才的主体责任，提出了技能人才培训、评价、待遇、奖励、使用等各项鼓励措施。2015 年，制定出台了《关于实施高技能人才培养工程的意见》，围绕开展职业教育和技能人才技能培训培养、创新方式完善技能人才评价工作、促进市场发挥配置作用引进技能人才、引导企业提高技能人才薪资福利待遇、支持企业做好技能人才使用及技能人才表彰激励等六个方面提出了 19 项具体措施。

（二）高技能人才培养工作扎实推进

"十二五"以来，全省人力资源和社会保障部门围绕落实国家高技能人才振兴计划，结合青海经济社会发展实际，针对不同区域、不同行业企业高技能人才需求特点，有重点地组织实施高技能人才培养项目，持续推进"新技师培养带动计划"，重点培养具备创新能力和精湛技艺的技师、高级技师。2013年，对企业新培养的技师、高级技师按规定分别给予每人1500元、3000元培训补贴，鼓励企业培养高等级技术工人，支持企业在岗技术工人提升职业技能等级，推动全省高技能人才培养。"十二五"以来，全省新增技师等级的技能人才1671人，高级技师等级的技能人才500人，全省高技能人才较"十一五"末增长14.8%。

（三）高技能人才培训基地建设项目有效实施

结合全省实际和经济社会发展特色，大力实施国家高技能人才培训基地建设项目，对项目建设工作进行安排部署、提出具体要求，指导建设项目单位成立领导小组和具体机构，制定管理制度和操作标准，明确职责分工，健全监督管理体系，确保项目建设顺利推进。截至2016年，全省共申请落实国家高技能人才实训基地建设项目5个，其中，3个项目已建设完成，1个项目在建，2015年新批准建设项目1个，累计投入建设资金2855万元，其中，争取国家扶持资金2500万元，省内配套资金355万元。通过实施高技能人才培训基地建设项目，各建设单位专业工种教学设施设备和培训装备趋于完善，技能人才培训水平得到显著提升，师资队伍整体素质进一步提高、结构进一步优化，以模块教学为主线、一体化教学改革和以工作过程为导向的课程体系建设进一步深化，社会服务能力不断增强。建设单位各相关专业毕业生就业企业满意度调查达到85%以上，建设单位依托行业企业已累计新培养高技能人才7000余人。

（四）技能人才培训项目深入推进

按照人才发展规划的要求，大力实施"青年技能就业培训工程"，落实以农牧区"两后生"①技能就业工程、生态移民技能就业工程、省内重点建设项目急需技能人才培养工程和未就业大学生技能成才活动为内容的"3＋1"技能培训项目，共招收项目学员3.2万名，培训学员与企业签订用工订单，促进企业青年技能人才发展。"十二五"时期，各级人力资源社会保障部门累计组织培训城乡未就业劳动力34万人次，培训合格率达90%，当期就业率超过75%。在做好就业技能培训的同时，注意加强企业职工的技能培养，实施企业职工技能提升培训工程和农民工技能提升计划——"春潮行动"，引导、支持各类企业结合发展实际需求，通过技术技能竞赛、岗位培训与练兵、脱产与半脱产培训等多种形式，提升职工技术技能水平。

（五）各州（市）技能培训亮点不断涌现

近年来，青海省各州（市）积极打造具有地方特色的技能培训亮点。黄南州积极发挥地区产业优势，提出"一地一特色"技能培训主题思路，初步形成以州直"文化旅游产业服务和电子商务"、同仁县"热贡艺术和传统特色手工制作"、尖扎县"旅游服

---

① 指初、高中毕业未能继续升学的富余劳动力。

务和拉面加工"、泽库县"民族歌舞演艺和石刻"、河南县"高原有机畜产品加工和产业服务"为模式的特色技能培训品牌。

果洛州密切结合州情实际，创新技能培训思路和培训方式，举办以汽修、民族歌舞和烹饪等为主题的技能转移培训班。截至"十二五"末，共举办"四类安置点"①夜校培训班72个班次，总人数达6300余人，有1000余人取得了专业技能证书。省委原书记骆惠宁同志对果洛州夜校培训班活动亲自批示，"从扶智入手扶持创业，思路与做法都很好，可以推广"。

海西州依托柴达木职业技术学院，围绕盐湖资源综合利用、光伏光热发电和储能技术、生态农牧业、工业节能减排等方面关键技术，不断加强与省内外职业培训机构的交流合作，分批次组织开展高技能人才培训工作，大力推进高技能人才团队建设。2016年10月，海西州通过细化量化职业技能培训重要评分指标，率先在全省开展技能培训机构目标考核试点，着力破解职业技能培训机构培训针对性不强、效果不佳和监管乏力等问题，推动城乡劳动者技能培训工作科学健康发展。

西宁市全面推行"企业订单、劳动者选单、培训机构列单、政府买单"的培训模式，推动家政服务从业人员职业培训，组织协调掐丝工艺、刺绣、皮绣等具有民族地方特色的工艺培训，提高了从业人员综合服务素质和职业技能水平。"十二五"时期，共培训各类城乡未就业劳动力15.08万人，拨付培训补贴12196万元。2015年，西宁市职业技能培训费实现直补个人，从以往免费培训

---

① 指生态移民点、禁牧搬迁点、扶贫搬迁点和游牧民定居点。

的单一模式转变为免费培训和先自费培训后报销两种模式并行，提高了城乡劳动者参加职业技能培训的积极性、主动性和自觉性。西宁市还充分发挥工会组织"大学校"作用，鼓励职工开展"小发明、小革新、小创造、小设计、小建设"等"五小"创新活动。截至"十二五"末，全市29家单位推荐上报141项"五小"创新优秀成果。

（六）地方特色职业标准开发力度不断加大

近年来，青海省秉承"科学严谨、突出特色、促进就业、打造品牌"的理念，克服地方特色职业标准开发工作难度大、缺乏工作依据、无章可循以及涉及宗教、地域和语言文字等困难，组织民族民间工艺大师和专家队伍，投入大量人力物力财力，从具有地方特色代表性的职业入手，逐步建立起了一整套体现青海特色的地方职业标准，全力打造职业技能鉴定工作的品牌工程。2013年，由省职业技能鉴定部门编纂的玛尼石刻、藏绣制作、掐丝工艺画制作三个专项能力考核规范通过部级审定，成为继唐卡绘画、堆绣制作、手工藏毯编织以及清真拉面制作之后第三批由青海省开发编纂并通过部级审定的地方职业标准。地方特色职业标准开发传承了少数民族地区文化，培养了一批民族民间工艺品人才，促进了少数民族地区经济发展以及劳动者技能水平的提升，推动了民族地区职业技能鉴定工作服务体系不断完善。

（七）高技能人才评价选拔工作深入开展

近年来，青海省高度重视高技能人才队伍建设，高技能人才评价选拔工作深入开展。一是完善高技能人才评价办法。2015年，青海省印发了《青海省企业技能人才评价办法》，依托具备条件的国有大中型企业，推进高技能人才评价工作，突破年龄、资历、身份和比例限制，重点评价企业职工在执行操作规程、解决生产问题和完成工作任务等方面的能力，完善符合高技能人才成长规律的多元评价机制。二是稳步开展技能鉴定工作。不断创新评价方式，简化技师评审程序，加强企业评价职工职业技能的自主权，推行学历证书和职业资格证书"双证"制度。"十二五"时期，全省每年职业技能鉴定平均保持在5万人左右，年均4万人取得各类职业资格证书。三是职业技能大赛规模扩大。"十二五"时期，全省共组织开展了五届职业技能大赛，大赛参赛规模平均保持在10万人次以上，累计60万人次职工参加了技能竞赛活动，为企业职工交流技能、展现水平搭建平台，全省890余人次通过竞赛取得了高级工及以上职业资格证书，获得了省级技术能手称号，促进了一大批优秀技能人才的成长。西宁市举办多次职工职业技能大赛，涉及纺织、经贸、卫生、邮政、物业等14个工种项目，3.2万名职工参加了不同层次的技能比拼，评选出"技术状元"14名、"技术明星"28名、"技术能手"42名，2人荣获"青海省工人技术明星"称号，30名选手获得人社部门颁发的高、中级资格等级证书。

（八）高技能人才激励表彰机制不断健全

通过政府部门表彰与行业企业奖励相结合的方式共同激励高技能人才成长。将优秀高技能人才列入政府特贴和青海省优秀专家、优秀专业技术人才评选表彰范围，发挥政府表彰奖励的引导推动作用。截至"十二五"末，全省 1 人被国家人力资源和社会保障部授予"中华技能大奖"，22 人被授予"全国技术能手"，4 个单位获国家技能人才培训突出贡献奖，11 名高技能人才享受政府特贴，4 名高技能人才评选为青海省优秀专家，6 名高技能人才评选为青海省优秀专业技术人才。发挥企业奖励表彰的主体作用，鼓励行业企业根据市场需求和生产经营状况，在薪资分配等方面积极向关键岗位技术拔尖的技能人才倾斜。部分大中型企业如青海油田、青藏铁路公司、青海桥头铝电股份有限公司等，探索设立了"首席技师"制度，注重对拔尖高技能人才的表彰使用。

（九）高技能人才发展平台进一步优化

支持和鼓励行业企业建立健全技术技能人才带头人制度，充分发挥技术技能带头人在技术革新、技艺传承和重大技术攻关中的特殊重要作用。依托国有大中型企业，积极推进技能大师工作室建设。截至目前，已报请国家批准建立了 4 个技能大师工作室，每个大师工作室国家扶持 10 万元，大师工作室所在单位为工作室建设提供了充分的场地、设施和人员支持，每个技能大师重点带领培养 10 个高技能人才，其中，青海油田在国家设立的技能大师工作室基础上，又建立了企业技能人才工作室 6 个。各大师工作室通过高端引领，结合企业生产开展技术培训和工艺创新，已培养企业优秀技能人才近百人，同时辐射带动了一大批技能人才的成长。

（十）高技能人才工作基础得到夯实

进一步加大高技能人才师资培养力度，加快培养一体化教师。

一方面，支持技工院校和职业院校组织专任教师到外地学习培训；另一方面，鼓励从企业聘用工程技术人才和高技能人才担任兼职教师，优化师资队伍结构。"十二五"时期，各职业院校、技工院校已先后组织教师赴外地参加师资培训2000余人次。进一步加大高技能人才工作经费投入，每年拨付就业专项资金约1亿元用于支持技能培训，确保高技能人才发展项目有效实施，对符合条件的参加培训和职业技能鉴定的人员补助了学费。企业等用人单位也积极落实技能人才培养的有关措施，对员工进行技能培训。加强高技能人才宣传。每年依托技能竞赛和技校招生等活动，集中开展技能人才培养政策和技能成才事迹的宣传，同时，利用新闻媒体宣传全省技能人才培养的成效，不断营造技能成才的良好氛围。

三 青海省高技能人才队伍建设存在的困难和问题

近年来，青海省高技能人才队伍建设取得了明显成效，但仍然存在一些困难和问题，主要表现在以下几个方面。

（一）企业职工队伍和产业规模小，技能人才培养基础不足

青海省自然条件恶劣，工作条件艰苦，工业企业规模较小，产业转型升级和产业集群推进较慢，产业特色和优势不明显。长期以来，工业基础相对较弱，与之相应的企业职工总量也不多。据统计，"十二五"末，全省规模以上工业企业有575家，工业总产值251.81亿元，在西北五省（区）中排名倒数第一（见表1），与东

部发达地区相比则差距更大。产业发展滞后，工人数量不多，导致技能人才培养后劲和基础都不足，全省高技能人才队伍总体规模十分有限。

表1 "十二五"末西北五省（区）规模以上企业发展情况*

序号	地区 （省/区）	规模以上工业企业数量 （单位:个）	规模以上工业企业总产值 （单位:亿元）
1	陕西省	5350	20333.98
2	新疆维吾尔自治区	2477	943.18
3	甘肃省	2148	732.47
4	宁夏回族自治区	1245	383.55
5	青海省	575	251.81

 * 根据《陕西统计年鉴~2016》《新疆统计年鉴~2016》《甘肃统计年鉴~2016》《宁夏统计年鉴~2016》《青海统计年鉴~2016》整理。

随着工业发展的持续进行，青海省技能人才需求也不断增加。以2013年为例，全省技能型人才需求量达2051人，占28.7%，技能型人才培养和引进的空间较大。[①] "十三五"时期，省属国有企业对高技能人才需求人数达1815人，高于专业技术人才和经营管理人才（见图3）。目前，全省高技能人才总量远远不能满足经济社会发展需求。

（二）高技能人才在地区和行业企业之间分布不均衡

高技能人才分布不均衡，呈现东多西少、北多南少的分布格

---

① 青海省人力资源和社会保障厅：《青海省2013年人才需求目录》[EB/OL]，http://www.qhhrss.gov.cn/pages/xxgk/xxgkml/btwj/rsrc/58279.html。

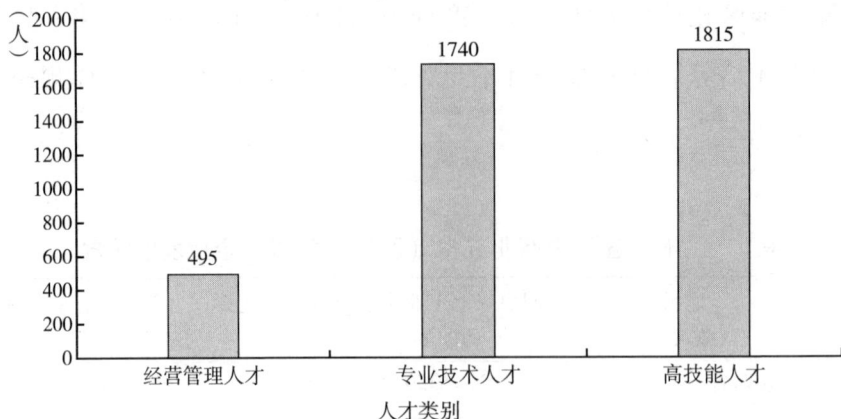

图3　"十三五"时期青海省属国有企业人才需求情况

注：根据青海省国资委提供的数据资料整理。

局。全省高技能人才主要分布在西宁、海东和海西地区（见图4）。截至"十二五"末，黄南州仅拥有高技能人才406人，是西宁市高技能人才总量的5.8%。

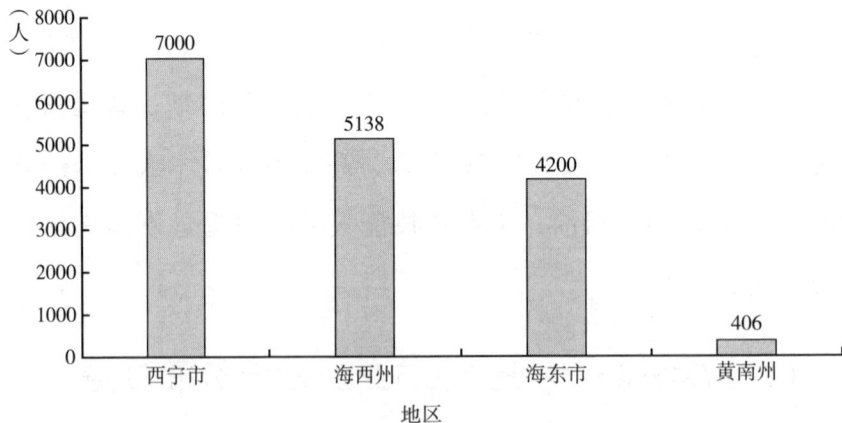

图4　"十二五"末青海省部分州市高技能人才数量情况

注：根据《〈青海省中长期人才发展规划纲要（2010～2020年）〉中期评估报告》（2017年3月）和《海西州高技术（高技能）人才队伍建设对策建议》（2016年3月）整理。

　　高技能人才在行业企业之间分布不均衡。非公企业中技能人才短缺，高技能人才严重匮乏，技能人才占职工总数比例远低于全省平均水平。此外，规模以下非公企业中劳动技能人才受教育程度普遍较低，80%以上职工的学历为高中及以下。

　　（三）职业教育发展基础薄弱，地区之间发展不平衡

　　目前，青海省海北州、海南州、黄南州、果洛州和玉树州都没有高职院校，且职业教育师资力量严重不足。以黄南州为例，中等职业教育学校师生比例为1:29，正式编制教师师生比达1:94，与《中等职业学校设置标准》规定的比例（1:20）存在很大差距，特别是"双师型"① 教师更为奇缺。全省职业教育生源不足，中等职业教育招生人数呈逐渐减少趋势（见图5）。一些省级职校、技校办学规模达不到国家规定的标准和要求，重学历文凭、轻职业技能的观念还未根本上得到扭转，全社会对技能人才的重视程度亟须提高。

　　职业教育资源主要集中在省会西宁市，青海藏区六州无论是职业教育学校数量，还是在校学生人数都非常少。此外，职业技能鉴定工作发展也不平衡。全省共有各类职业技能鉴定所（站）57家，其中，西宁市拥有42家，占72.4%，玉树州没有1家职业技能鉴定所（站）（见表2）。

　　（四）企业主体作用发挥不足

　　高技能人才资源开发与建设很大程度上以政府推动为主，企业

---

　　① 指同时具备教师资格和职业资格，从事职业教育工作的教师。

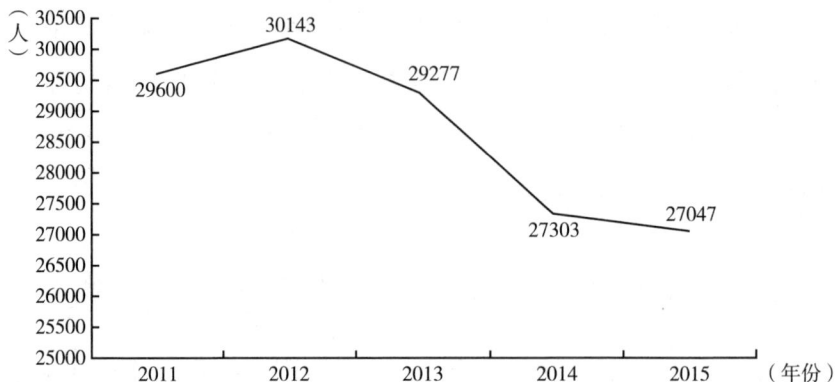

图5　"十二五"时期青海省中等职业教育历年招生人数

注：根据《青海统计年鉴~2016》整理。

表2　青海省各州（市）中等职业教育和技能鉴定工作发展状况*

项目 \ 地区	西宁	海东	海西	海南	海北	黄南	果洛	玉树
中等职业教育学校(个)	20	6	2	2	2	1	5	1
在校学生人数(个)	39838	17120	5778	4267	2198	2195	2287	2681
职业技能鉴定机构(家)	42	8	2	1	1	2	1	0

* 根据《青海统计年鉴~2016》和青海省人力资源和社会保障厅公布数据资料整理。

在培养高技能人才中的主体作用发挥不足。高技能人才岗位设置、人才队伍规模与企业发展配置比例缺乏科学测算。劳动者职业技能培训机会少。不少企业职工反映，除了参加过一次入职培训之外，几乎没有其他任何培训机会。根据对海西州 12 家大中型企业①调查，有意愿进行新招用员工培训的企业有 5 家，有新招用员工培训

---

① 昆仑碱业、青海发投碱业、青海藏地生物科技、日晶光电、格尔木胜华矿业、五矿盐湖、青海宏扬水泥、青海庆华煤化、青海友明盐化、青海中航、青海五彩碱业、青海煤业鱼卡。

的企业仅有 2 家；有订单意向式培训意愿的企业有 3 家，有订单定向式培训的企业仅有 1 家（见表 3）。从主观上看，部分企业人才培养意识淡薄，在高技能人才培养上存在"怕"的思想，害怕高技能人才培养多了会"跳槽"，最终为别人做"嫁衣"；一些企业存在"难"的心理，与职校、技校合作交流不足，缺乏"功不在我"的担当精神，害怕高技能人才工作创新改革带来的风险和失败，不愿闯、不敢闯；还有一些企业在高技能人才培养上前期投入不足，且缺乏预见性，等"米"下锅现象比较普遍。从客观上看，现行工种目录与企业生产工序存在脱节问题，与产业转型升级需求不匹配，企业自主开展培训后，职工不能获得国家职业资格证书，进而无法获得政府资助补贴，导致企业开展技能培训的积极性不高；职业技能培训时间较长，大多数中小企业生命周期短，生存压力大，无力提供职业技能培训。此外，青海经济发展水平低，产业集聚程度不高，企业分享和溢出效应较弱，企业员工学习的主动性不强、学习机会较少。

表 3　海西州 12 家大中型企业技能人才培训情况 *

项目　　内容	有订单定向式培训	有订单定向式培训意愿	有新招用员工培训	有意愿进行新招用员工培训
数量（家）	1	3	2	5
占比（%）	8.3	25.0	16.7	41.7

＊根据海西州就业服务局 2016 年 10 月调查统计资料整理。

（五）高技能人才引进工作有待改善

部分企事业单位引进的技能人才层次较低，只能保证企业正常运转，所发挥的作用比较有限。一些企事业单位主动引进高技能人才的积极性不高，在激励、评价和落实用人自主权等方面活力不足，缺乏留人用人的有效举措。高技能人才引进在第三产业中的部分行业和工种受到限制。三星级以下的宾馆和中小型商场从业的技能人员，如高级售货员、高级服务员、楼面经理等不在引进之列，不利于第三产业发展水平的提升。

（六）高技能人才发展环境有待改善

技能型人才社会地位不高。中国青年报社会调查中心调查显示，仅25.8%的受访者认为当下技能型人才获得了应有的社会地位，38.7%的受访者认为当下技能型人才没有获得应有的社会地位，35.5%的受访者认为不好说。[1] 技能劳动者工资待遇低，参加职业技能鉴定积极性不高。企业技术工人工资福利待遇差，低于企业经营管理人员和专业技术人员，且成长渠道较窄。企业里初级工、中级工、高级工之间的岗位工资级差是30元钱，高级工、技师、高级技师之间的岗位工资级差是40元钱。[2] 企业职工参加职业技能鉴定的积极性不高。根据调查，一些职工认为参加职业能力鉴定用处不大，不能增加工资待遇；一些职工注重提升实际业务能力，较为忽视"考证"；还有一些职工认为不"考证"也不会被公司辞退等。

（七）高技能人才工作基础需进一步夯实

高技能人才舆论宣传工作力度不够。根据青海省人才工作领导

---

① 王琛莹、马越：《84.2%受访者认为有一技之长值得自豪》，《中国青年报》2015年8月13日第7版。

② 《让高技能人才筑基"中国制造"》，《中国组织人事报》2015年9月28日。

小组办公室编印的 2016 年《青海人才宣传合辑》，宣传报道高技能人才工作的报道文章仅有 1 篇，占 1.8%。一些地区和部门对高技能人才队伍建设不够重视，存在底数不清、情况不明、缺乏抓手等问题。技能培训基地建设滞后。目前，黄南州没有公共技能实训中心，且培训设施设备陈旧，不能满足城乡劳动力培训需求，影响了培训实效和转移就业效果。

四　加强青海省高技能人才队伍建设的对策建议

当前和今后一个时期，加强青海省高技能人才队伍建设，应深入贯彻落实《国家高技能人才队伍建设中长期规划（2010～2020年)》《青海省中长期高技能人才发展规划（2010～2020 年)》，并针对高技能人才工作中产业基础薄弱、职业教育发展滞后、企业主体作用发挥不足、发展环境较差等困难与问题，重点发力、精准施策。

（一）推动高技能人才集聚与产业发展深度融合

立足青海新能源、新材料、盐湖资源综合利用、高原生物医药、高原现代生态农牧业、少数民族文化等特色优势产业，扎实推动高技能人才聚集和产业发展深度融合。一是坚持技能人才规划与地方特色优势产业规划深度融合。技能人才规划要以地方特色优势产业发展规划为基础，以解决产业发展的技能人才需求为目的，结合产业发展新定位培养、引进紧缺高技能人才，促进技能人才与产业发展互相支撑、互相融合。二是坚持技能人才项目与地方特色优势产业项目深度融合。将技能人才培养、引进与地方特色优势产业项目捆绑运作，充分发挥高技能人才在引领产业技术创新、带动产业集中布局、推动产业纵深发展中的重要作用。通过地方特色优势产业项目做大做强来凝聚高技能人才，促进高技能人才自觉向主导产业集聚。三是坚持技能人才资源和产业资源深度融合。做到以技能人才资源吸引产业资源布局，以产业资源吸引人才资源集聚。

（二）加快民族地区现代职业教育发展

引导省内高等院校和职业院校树立科学的人才培养观，根据全省重点领域发展需要，科学调整专业课程设置，提高高技能人才培养与经济发展契合度。扩大职业院校用人自主权，打破学历、身份等限制，建设一支能够适应青海藏区就业导向性、强化技能性和教学要求实践性的高素质教师队伍。深化产学研合作交流，积极探索校企合作培养技能人才的新途径、新方式，如校办企业、校企共建技术转化基地、建立健全"订单式"培养模式、在合作企业设立教学实习基地等，切实增强职业院校的办学活力。坚持共同建设、共同管理、共同享受原则，充分调动政府机关、行业企业、职业院校和社会力量等多方积极性，注重发挥市场竞争机制的引导作用，推进青海藏区技能实训基地建设。

（三）持续加大技能人才培养培训力度

深入推动城乡劳动力技能培训工作，组织实施企业新招录员工培训、用工储备性培训和职工技能提升培训，使每位新入职职工得到相应的入职培训，使每位有职业技能培训意愿的劳动者都有机会参加培训，使每位在职职工至少得到一次技术技能提升培训，使每位有创业意愿的社会各类人员都有机会参加一次创业培训，积极引导城乡劳动者走技能成才之路。以重点工程项目为引领，进一步建立健全全面化、动态性和针对性的劳动者培养培训体系，厚植高技能人才成长与发展的基础。牢牢把握对口支援青海省藏区（简称"对口援青"）重大历史机遇，充分发挥各支援方特别是北京、天津、浙江等东部发达省（市）技能培训资源优势，通过"走出去""请进来"等方式，进一步加大职业技能人才培养培训力度，推进技能人才队伍建设。

（四）完善技能人才培养培训机制

建立健全技能人才培养、评价、使用和激励等环节联动机制，制定并完善高技能人才培养的政策法规，包括促进技能人才与专业技术人才待遇相通的政策法规、鼓励和支持企业接纳技校毕业生的政策法规、职校生实习的财税优惠政策等。尊重城乡劳动者技能培训意愿，在条件适宜的地区选择部分工种推广西宁市职业技能培训费个人直补模式，让城乡劳动者自主选择培训机构、培训内容、培训时间，提高职业技能培训效能。坚持把高技能人才培养作为政府扶持企业行业发展的重要依据和指标，将工业企业技能人才和高技能人才配置状况作为企业申报技术改造项目、技术项目引进、参加重大工程招投标、评优和企业资质评估的必要条件，积极引导企业加大对高技能人才培养的支持和投入力度。

（五）充分发挥企业在高技能人才队伍建设中的主体作用

围绕落实国家高技能人才振兴计划，大力实施"新技师培养带动计划"，支持企业高技能人才参与科研攻关、技术改造和企业管理，畅通高技能人才成长发展渠道。完善津贴制度，鼓励企业为高技能人才设立技能职务津贴和特殊岗位津贴，把工资分配同技能人才的实际贡献紧密衔接起来，激发广大职工技能成长成才的积极性。鼓励企业在关键岗位和核心技术领域设立"首席技师"，开展现代学徒试点，继续在具备条件的大中型企业设立国家级技能大师工作室，发挥高技能人才在技术革新、技术攻关、技能研习和技艺传承等方面的"领头雁"作用和辐射示范效应。积极开展企业技能人才表彰奖励工作，加大对职工个人取得的工艺革新和科技发明表彰奖励力度，鼓励企业对优秀技能人才进行特殊奖励。

（六）健全高技能人才评价机制

创新企业评价技能人才的程序办法，开展企业技能人才自主评价试点工作。采取"一企一策"的办法，符合一定条件的大中型企业可根据自身特殊生产要求和工序规定制定评判流程和标准，企业职工通过考评即可获得一定职级的职业资格证书，并可享受相应职业资格证书附带的增加薪酬、提升职级等待遇。搭建参与规模更大、参与程度更高、影响范围更广的技术技能人才选拔平台，充分发挥各类技术技能大赛在发现优秀技能人才中的鲜明导向作用，扩大技术技能人才社会影响力。探索将农牧区基层涌现出的"能工巧匠""土专家""田秀才"纳入技能人才评价范围，建立健全政府、部门、乡镇、农户四方参与的共同评价机制。

（七）营造高技能人才队伍建设的良好社会氛围

探索在"昆仑英才"计划中列入高技能人才培养项目工作，

逐步提高高技能人才在全省优秀专家和专业技术人才评选表彰中的比例，积极推荐"青海省技术能手""工人技术明星"等优秀技能人才参加"全国技术能手""中华技能大奖"评选，增强高技能人才荣誉感、责任感和使命感。推荐符合条件的优秀高技能人才享受政府特殊津贴，在子女入学、户籍调入、就医出行、工资福利保障等方面，出台支持高技能人才队伍建设的各种优惠政策，切实提升高技能人才经济地位，增强其幸福感和获得感。注重从高技能人才中评选劳模、发展党员、选拔推荐"两代表一委员"，切实提高高技能人才政治地位。大力弘扬爱岗敬业、精益求精、追求卓越的工匠精神，通过专题研讨、巡回报告、专家讲座、学术论坛等形式，结合青海省高技能人才队伍建设成效，树立一批在建设新青海征程中的先进典型，提高高技能人才社会地位，营造劳动光荣、技能成才、创造伟大的良好社会氛围。

（八）进一步夯实技能人才工作基础

加强对技术技能人才工作的组织领导，进一步明确相关部门和单位的工作职责和工作规范，并加大督查考核力度，推动技能人才服务与发展政策落到实处。探索建立全省高技能人才供需调控机制，开展技术技能人才配置需求预测工作，对技术技能人才总量、结构和分布以及重要行业和领域的基本需求进行测算，提出适应一个时期发展需要的技能人才总量和结构比例。依托大中型企业集团、骨干职业院校、重点技工学校和各类培训机构，努力建设一批国家级高技能人才培训基地，开展高技能人才评价、技能交流、职业竞赛等活动，推动高技能人才队伍建设科学发展。发挥市场在人才资源配置的决定性作用，更好地发挥政府作用，做好现代职业教育、职业技能鉴定、职业人才流动等工作，不断提升技术技能人才工作服务保障水平。

参考文献

《青海省人民政府办公厅转发省人力资源社会保障厅 省财政 省国资委关于加强企业技能人才队伍建设实施意见的通知》（青政办〔2013〕145号）。

《青海省人力资源和社会保障厅 青海省经济和信息化委员会 青海省财政厅 青海省教育厅 青海省总工会 关于实施高技能人才培养工程的意见》（青人社厅发〔2015〕89号）。

《青海省人力资源社会保障厅关于报送青海省中长期高技能人才队伍建设规划（2010～2020年）中期评估报告的函》（青人社厅函〔2015〕464号）。

B.8

青海省社会工作人才队伍建设研究

肖　莉*

摘　要：　社会工作人才是青海人才队伍的重要组成部分。经过多年的发展，青海社会工作人才队伍在专业人才培养、本土化服务模式、体制机制建设等方面取得了明显的成效，积累了一定的经验。本报告力图梳理出社会工作人才队伍建设的主要做法和成效，找出制约社会工作人才队伍发展的瓶颈问题，并在此基础上提出促进社会工作人才队伍发展的对策建议，以便对进一步促进社会工作人才队伍发展提供参考作用。

关键词：　青海　社会工作人才　人才培养

党的十六届六中全会最早提出"社会工作人才"和建设宏大的社会工作人才队伍的要求。2011 年出台的《关于加强社会工作专业人才队伍建设的意见》，第一次明确提出"社会工作专业人才"① 的概念。

---

* 肖莉，青海省社会科学院社会学所副研究员，研究方向：应用社会学。

① 社会工作专业人才是具有一定社会工作专业知识和技能，在社会福利、社会救助、慈善事业、社区建设、婚姻家庭、精神卫生、残障康复、教育辅导、就业援助、职工帮扶、犯罪预防、禁毒戒毒、矫治帮教、人口计生、纠纷调解、应急处置等领域直接提供社会服务的专门人员。

在《国家中长期人才发展规划纲要（2010～2020 年)》中，第一次将社会工作人才作为与党政人才、企业经营管理人才、专业技术人才、高技能人才、农村实用人才并列的六支主体人才队伍之一。

一 加强社会工作人才队伍建设的重大意义

社会工作人才是构建和谐社会、开展社会建设不可或缺的重要力量。建设一支规模宏大、结构合理、素质优良的社会工作人才队伍，既是奋斗目标也是现实需要，它对于满足社会需求、维护社会和谐稳定具有十分重要的意义。

（一）加强社会工作人才队伍建设是推进和谐青海的迫切要求

加快推进以保障和改善民生为重点的社会建设，加强和创新社会治理，维护满足不同群体的切实权益和服务需求，保障各阶层群众安居乐业、社会安定有序，需要培养造就一支数量充足、结构合理、素质优良的社会工作人才队伍，在提供服务、协调社会关系、预防和解决社会问题、促进社会公正、维护社会稳定、推动社会和谐发展进步中发挥更大的作用。

（二）加强社会工作人才队伍建设是提高社会服务水平的现实需要

加强和创新社会治理离不开社会工作人才的重要参与，离不开政府和社会的分工合作、政府调控机制与社会协调机制的互联、政府管理力量与社会调节力量互动的同步运用，需要政府转变职能，提高行政效能，需要不断加强社会工作人才队伍建设，不断提升社会组织公共服务水平，形成政府和社会合力共治的良好局面。

（三）加强社会工作人才队伍建设是社会文明进步的客观需要

社会工作人才队伍是提供公共服务的重要力量，他们为广大城乡困难群众和弱势群体提供多样化的社会服务，充分体现着平等互助、公平正义、诚信友爱的社会关系，实现人自身、人与人、人与组织机构、人与社会的和谐关系，激发社会活力、增加和谐因素，为全面建成小康社会营造良好的社会环境。

二 青海社会工作人才队伍建设的基本做法和成效

经过多年发展，青海在人才培养、制度建设、组织建设、不断扩大社会工作服务领域和对象，特别是在探索社会工作专业化、职业化建设，社会工作人才本土化发展，打造具有青海特点的社会工作人才队伍上取得了显著的成绩。

（一）不断扩大社会工作人才队伍的影响力

青海不断探索实践以人才培养为基础，以岗位开发使用为根本，以评价激励为重点，以服务群众为落脚点，着力建立制度、制定政策、健全机制、优化环境、不断营造人才发展的社会氛围。一是每年通过国际社工宣传日开展大型系列宣传活动，各社工机构积极参与宣传，线上线下同步推广，提高广大公众对社会工作认知度和参与度。二是通过报刊网络栏目等多媒体扩大受众面，扩大宣传的广度和深度。三是通过现实服务，赢得口碑和认同。多领域、多形式开展社会工作专业化和规范化服务，树立社会工作人才专业形象，努力营造良好的舆论环境。

（二）不断建立和完善社会工作人才制度体系

不断推进岗位开发、评价体系、教育培训、社会组织发展等社会工作专业人才队伍制度建设。先后出台了《青海省关于加强社会工作人才队伍建设的实施意见》，及有关岗位开发、岗位设置、专业水平考试、职业水平评价等方面的文件，出台政府购买社会工作服务细则、购买社会工作技术岗位工作方案，社会工作领军人才选拔办法，"三区"[①] 计划专项经费管理使用制度、"三区"计划社会工作选派人员工作制度、"三区"计划评估标准、青少年事务社会工作专业人才队伍建设，志愿者管理条例及《青海省中长期人才发展规划纲要（2010～2020）》等，这些制度政策规划为推进青海省社会工作的发展奠定了良好的政策环境。

（三）充分发挥高校和协会的人才引领作用

经过不断的探索和实践，青海已形成专业人才教育先行、行业协会发挥引领作用两个突出的特点。青海师范大学和青海民族大学合力打造社会工作人才高地，发挥专业示范引领作用，助推青海社

---

① "三区"即边远贫困地区、边疆民族地区和革命老区。

会工作专业人才队伍建设跨上新高。同时充分发挥青海省社工协会的引领作用，努力发挥其在回应地方社会需求中作用，开展职业培训，建立实训基地和见习基地，办班30多期、培训3000多人次，引进各类项目资金6500多万元，实施40多个公益项目，项目覆盖全省各地，受益人数超过10万人，形成了鲜明的服务特色。

（四）重点扶持民办社会工作服务机构发展

加快民办社会工作机构发展。制定政府购买公共服务政策，投入购买公共服务超过2000万元，重点扶持一批具有示范导向作用的民办社会工作服务机构，搭建人才服务平台。2016年初，全省共培育孵化27家专业社工机构，39个社工站点，7个福利机构社工部，8个社会工作协会，开发专业社会工作岗位300多个，有效推动人才队伍的发展，实现了社会工作服务在城乡、街道和社区的全覆盖。建立省级社会工作教育示范基地2家，社会工作标准化示范事业单位2家，社会工作示范机构3家，5家社会工作人才队伍建设试点示范单位，不断推进社会服务机构的规范化、标准化进程。民办社会工作机构也从最初的微观社会工作服务逐步过渡到社区发展、群体增能、政策倡导等宏观社会工作服务，服务内容从单纯满足服务对象物质需要逐步发展到全面关注服务对象心理、精神和社会需求。

（五）以项目带动社会工作人才队伍的发展

从2012年起，由中央财政支持社会组织参与社会服务项目、民政部福彩公益金项目、大爱之行——全国贫困人群社工服务及能力建设项目、"三区计划"等25个项目相继为青海的社会工作提供了2000万元的服务经费支持。培育发展社会工作服务组织，实施社会工作人才培训工程，对民政妇联系统干部、城乡社区干部、社会工作专业师生、大学生村官、社会福利机构人员、社会组织从业者、"三区计划"选派的社工等各类人员7000人次进行了培训，为全面开展社会救助、社会福利、优抚安置、残障康复等工作提供了有力的资金和人才支持。特别是2016年出台推进"三社联动"①政策，更是以项目带动了社会工作人才队伍的大发展。

（六）持续推进贫困地区和民族地区社会工作人才队伍建设

经过多年努力，青海省社会工作人才队伍初步建成。现有社会工作从业人员6.5万人，根据2011年《规划》对社会工作人才的界定标准，2015年底青海省社会工作人才达到5350人。2016年国家对社会工作人才实行新的界定标准，全省符合要求的社会工作人才1100人，取得社会工作水平资格证书360人，其中社会工作师71人，已取得社会工作者职业水平证书人数占到全省社会工作从业人员的30%左右，少数民族社会工作者达到总人数的40%以上。加快推进贫困地区和民族地区社会工作人才队伍建设。从2013年至2020年全省每年投入贫困地区和民族地区计划资金120万元，引导和鼓励社会工作人才向基层流动，每年选派50名社会工作者到省内各贫困县开展社会工作服务，为受援县区培养社会工作人才30名，开发社工人才岗位800多个，有力推进贫困

---

① 三社即社区、社会组织、社会工作专业人才。

少数民族地区社区（村）发展，也带动了当地社会工作本土人才队伍的发展。

三　社会工作人才队伍建设存在的主要问题

现阶段青海社会工作人才队伍建设还处于起步阶段，社会工作人才队伍的数量、结构、分布、专业素质、社会组织发展状况等与社会发展要求和群众多元化的服务需求仍有较大的差距。社会工作人才发展并未形成良性发展的状态，重视不够、认识不足、体制机制和政策不太完善，社会支持力量较弱，社会工作人才的职业声望、社会地位以及收入水平尚处在一个较低的层次。

（一）社会工作人才队伍存在结构不够优化的困境

由于财政投入不足，人才基础比较薄弱，人才队伍规模小，职业化、专业化水平较低。发达国家职业社工占总人口的比例一般为2‰~5‰，北京市占到人口的1‰，而青海省不足0.1‰，人才数量严重不足。青海社会工作者职业水平考试通过率只有5.6%，而全国通过率大约在10%~12%，青海省考取社会工作水平资格证书仅有360人，考取社会工作师仅71人。持证社会工作者主要集中在社区，其次为政府机关和事业单位，而社会工作机构、基金会和社会团体仅有少数持证工作者，这种就业结构严重影响着社会工作职业化的发展。社区目前行政化的惯性较难克服，民办社会工作机构生存压力大，资格证未与薪资待遇、发展前景等挂钩，推动专业化发展面临现实因素的制约。人才队伍的专业、学历、年龄、层次、功能等结构不够优化，发展分布不够均衡，救济型的社会工作人员多，预防和发展型的社会工作专业人才少，社会工作本土化、专业化人才极度缺乏，基层一线服务型人才和社会工作服务组织管理型人才紧缺。

（二）社会工作机构吸纳人才能力有限

社会组织是社工人才发展的主要载体。目前青海社会组织发展缓慢，每万人拥有社会组织5.6个，社会组织数量少。社会组织普遍规模较小、层次较低、人才不足、服务水平和服务能力不强，自我发展能力较弱，且结构不尽合理，地区间发展不平衡。民办社会组织自身"造血"功能不足，相当一部分的存续完全依赖于政府的支持和购买，吸纳和培养社会工作人才的能力有限。随着青海省社会福利事业的发展，州县儿童福利院和老年公寓的兴建，迫切需要社会工作人才，但行政事业单位因编制有限，吸纳社工有限，无法满足人才的就业需要。

（三）人才职业发展空间受限流失严重

社会工作人才缺乏职业发展的空间。青海省各级各类公共服务和社会管理部门中，除民政部门开发了少量社会工作岗位外，其他行政机关、群团组织均未开发设置社会工作人才岗位。购买社会工作服务仅有民政、残联、共青团，其他部门尚未涉及。尚未建立完善的社会工作人才晋升和薪酬保障体系，部分专业人员在考取社会工作职业资格后，其工作岗位、工资待遇没有得到相应的调整和改善。加之社会工作专业多面向弱势群体和贫困人群，工作环境相对差、工作繁重、职业待遇低，造成社会工作人才的高流失率和低专业对口率，对口就业只有 20% 左右。一些进入社区或福利机构就业的，也因薪酬福利偏低、职业前景渺茫而选择离开。

（四）社会工作人才发展机制尚不完善

目前，社会工作政策法规体系尚未形成，专业人才领域的立法还是空白。岗位开发与设置制度，社工的教育培训、从业规范和激励保障等关键环节的制度还不健全，实务督导、服务评估、项目设计等配套制度还不完善。现实中相关部门工作联动不够、政策措施不健全、要素保障不足、贯彻落实执行不到位等问题仍普遍存在。因培训经费严重不足，全省绝大多数从业人员都未接受过专业的培训，培训对一线社工开放不足，培训效果不明显。职业准入制度没有得到完全落实，社会工作管理服务机构职业分类不明，管理岗位与专业技术岗位混合使用，突出管理职能而弱化公共服务功能。社会工作人才岗位职责、工作标准、考核指标均以管理型事业单位标准制定和管理，评价标准一般仅以提交年终工作总结和开展服务对象满意度测评为考核方式。

四 未来几年社会工作人才队伍建设发展展望

"十三五"时期，是青海省全面建成小康社会的关键时期，发展改革任务更重，面临的社会问题更多，将需要更多的社会组织和社会工作人才参与进来，为建设富裕文明和谐美丽新青海提供人才支撑。

（一）社会工作人才队伍建设将更加受到重视

各级党委政府将建立更加有利于社会工作人才队伍建设的领导体制，形成各地各部门密切配合、共同推进社会工作人才队伍建设的总体态势。社会工作人才队伍建设情况将作为重要指标纳入有关部门和地方党政领导班子综合考核指标体系，并得到有效贯彻和落实。

（二）社会工作人才队伍建设投入机制将更加完善

继续落实人才优先投入原则，不断改善人才投入结构，不断加大社会工作人才队伍建设投入比重；进一步制定完善和落实社会组织相关扶持政策，加大购买社会组织服务，政府购买社会服务范围更加拓宽，民办社会工作服务机构将得到政府更多的支持，政府与民办社会工作服务机构的合作更加顺畅；建立社会组织扶持基金和奖励基金，企业和社会组织建立社会工作发展基金，不断健全政府、社会、用人单位多元化投入和省州县多级投入的多元化资金投入机制，社会工作人才队伍发展将得到更多稳定充足的经费支持。

（三）社会工作人才队伍建设相关制度将更加完善

社会工作立法、社会工作师条例将有望出台，社会工作人才的职责权利、职业行为规范将用法规政策加以明确。社会工作者信息披露、专业督导、服务评估、行业自律、继续教育、违纪处置、职业道德规范等配套制度将不断建立健全。随着制度建设不断配套，社会工作人才队伍规范化建设将不断推进。

（四）社会工作服务主体将得到多元化发展

培育社会组织的发展是当前和今后的一项重要任务。大力加强公益服务类事业单位建设，积极发展民办社会工作服务机构，加快扶持培育民间社团服务类机构，大力发展社会工作行业自治组织。借鉴上海市社会组织培育的新机制，建立省级社会组织孵化基地，建立社会组织服务中心、社会组织促进会、社会组织基金会、社工人才服务中心、社会工作者协会"五位一体"的孵化平台。争取每年新孵化培育 5 家左右的社会工作服务机构。到"十三五"末，全省各类社会组织达到 3200 个，其中基金会的数量增长 50% 以上。

（五）社会工作人才队伍信息化管理水平将不断提高

实现社会工作人才管理网络化。建立社会工作者登记注册平台，不断完善社会工作人才信息库。通过建立统一的社会工作人才数据库和信息网络，不断加强社会工作人才服务过程管理，搭建社会工作人才聘用和组织双向选择的平台，到 2020 年初步建立社会工作人才信息化体系。建立社会工作服务机构信息库，实现全省社会组织登记、年检等管理网络化、智能化，基本实现社会工作政务电子化，行业自律和社会监管将成为现实。

五　进一步发展壮大社会工作
人才队伍的对策建议

根据青海省"十三五"发展规划的要求，未来几年青海将着力加强社会工作人才队伍建设，培育发展民办社会工作机构，开发专业服务岗位，规范完善从业标准，建立健全人才培训、聘用、评价、激励保障等制度，建立健全人才向基层藏区、艰苦边远地区流动的机制。

（一）广泛形成关心支持社会工作人才队伍发展的共识

各级党委政府要把社会工作人才队伍建设作为一项战略任务来抓，加大社会工作和社会工作人才队伍重要作用的宣传，加大表彰奖励、选拔使用的工作力度，形成社会工作人才和经济建设人才同样重要的共识，形成营造关心、理解、尊重社会工作人才的浓厚社会氛围。广泛宣传社会工作人才发展规划，建立规划实施监测评估机制，将规划实施情况纳入地方各级党委政府和有关部门领导班子考核标准，将社会工作人才队伍建设情况作为重要指标纳入有关部门和地方党政领导班子综合考核指标体系。

（二）不断完善社会工作人才管理体制机制

充分发挥政府在加强社会工作人才队伍建设中的主导作用。建立健全"组织部门牵头抓总、民政部门具体负责、有关部门积极配合"的管理体制。建立社会工作人才队伍建设联席会议制度，明确各部门的工作职责。逐步完善政府与民办社会工作服务机构的合作机制，建立政府购买公共服务的常态机制，支持企业与高校建立协同育人新机制。各地区、各系统、各行业立足实际制定本地区、本系统、本行业、本领域社会工作人才队伍建设规划，最终形成各方齐抓共管、协调推进的工作格局。

（三）不断拓展社会工作人才服务领域

社会工作人才除了在社区服务、社会福利与救助、青少年教育、医疗卫生、劳动就业、人民调解、监所管理、禁毒、残疾人服务、人口计生、流动人口服务管理、婚姻家庭服务等领域开展服务外，引导社会工作专业人才、社会组织在脱贫攻坚、防灾减灾、职工帮扶、婚姻家庭、精神卫生、社区矫正、残障康复等重点领域开展服务工作，完善社区矫正、青少年事务社会工作服务制度，推动残障康复、医疗卫生、教育辅导、妇女和婚姻家庭服务等领域社会工作，加快实施特困人员、农村留守人员社会关爱服务、城市流动人口社会融入服务等，满足群众心理疏导、情绪抚慰、社会融入等深层需求，提升人民群众生活品质。

（四）大力发展民办社会工作服务机构

着力培育发展民办社会工作服务机构。进一步降低民办社会工作服务机构登记门槛，加大公共财政投入力度，非基本公共服务领域，可以通过竞争性选择方式交给社会组织承担，基本公共服务领域的教育、就业、社保、医疗卫生、住房保障、文化体育、残疾人服务等，也要逐步加大政府购买服务的力度。通过购买专业岗位和服务项目的扶持机制，积极培育一批民办社会工作服务机构。推动有关部门、群团组织、公益服务类事业单位，根据实际工作需求和业务特点开发设置一批专业社工岗位，通过引入专业社工，提升本领域、本部门社会管理和公共服务的专业化水平。重点扶持和发展为老年人、妇女、儿童、青少年、残疾人、失业人员、社区矫正对象、刑释解教人员、低保对象、受灾群众、进城务工人员、艾滋病患者等特殊群体提供服务的民办社会工作服务机构。到2020年，建立2个省级民办社会工作服务机构孵化基地，培育发展20家民办社会工作服务机构，力争实现每个社会服务组织配备3名以上社会工作人才，力争平均每年推动开发60个左右的社会工作人才岗位。

（五）推进社会工作人才队伍职业化专业化建设

加大社会工作人才队伍的培养力度，使社会工作人才队伍的数量、结构、素质、能力符合社会发展要求，与人民群众日益增长的社会服务需求相一致。建立教育培训长效机制，将社会工作人才纳入青海省专业技术人才培养工程，构建分层分类的社会工作人才继续教育体系，大力开展社会工作人才培养培训。一是重点加强现有社会工作从业人员专业培训，重点对城乡基层居（村）民自治组织、社区服务组织、公益服务类事业单位、公益慈善类社会组织、基层公共服务和社会管理部门现有社会工作从业人员进行专业知识培训，切实提高其职业素质和专业水平。二是重点加大社会福利、社会救助、社区服务、残障康复、婚姻家庭、职工帮扶等社会服务机构管理人才培养力度，提高社会工作服务管理的科学化水平。三是加快培养一批高层次社会工作专业督导人才。引进或特聘社会工作专业领军人才，以便对整体公共服务进行规划、统筹、评估，对现有社会工作者实行分类管理，对一线社会工作者进行督察指导。

（六）加快培养少数民族社会工作本土人才

推进社会工作人才培养的本地化和专业化，培养熟悉地方历史文化传统和民众心理特点的社会工作人才。采取倾斜和专项经费支持政策，推进基层社会工作管理人才、服务人才及教育研究人才培养开发力度。落实国家放宽基层急需紧缺人才职业资格准入的规定，适当放宽准入条件，适当降低执业标准，使那些懂汉语、懂少数民族语言、懂社会工作实务的人才积极参与到民族地区的社会服务工作中去。现阶段青海省基层治理和服务急需熟悉藏语、了解藏族文化传统的社会工作人才。因此，应重视社会工作本土化人才发展需要，制定激励倾斜政策，积极鼓励和支持少数民族学生从事社会学专业学习，为少数民族地区社会服务工作提供充足的专业人才储备。抓住"三区"计划实施的契机，推动本土社会工作特别是社会工作本土人才队伍的建设步伐。

（七）大力提升基层社区管理服务的能力和水平

社区作为政府基层公共服务的平台，其工作重要性日益凸显。鉴于现阶段基层社区工作人员老龄化和非专业化现象比较普遍，必须采取有效举措让有志之士和年轻有为的专业人员加入进来，对现有基层社区工作人员进行培训，提高他们的工作技能和管理水平；支持社区自行孵化或引进社会组织，培育社区专业社工人才，实现每个社区（村）至少配备 1 名社会工作人才。高校积极跟进开设培养基层社区管理人才的相关专业，不断提升青海省基层社区管理水平。无论城市社区还是农村社区都需大力倡导和培育志愿精神和志愿参与的习惯，不断壮大基层治理和服务队伍力量。

（八）建立健全社会工作人才评价激励机制

一是健全职称评审体系，将社会工作人才纳入职称管理范围。对取得国家社会工作者职业水平证书的人员，纳入专业技术人员资格证书统一管理，改进和完善社会工作专业技术人员聘用办法，探索设立特殊人才职称直聘通道。二是建立健全专业岗位职级体系。实行国家社会工作者水平评价类职业资格与相应系列专业技术职务评聘相衔接。通过考试取得国家社会工作者职业资格证书人员，用人单位可根据工作需要，聘用（任）相应级别专业技术职务。对聘用到事业单位的正式工作人员，按照国家有关规定确定工资待遇。对以其他形式就业于基层党政机关、群团组织、事业单位、城乡社区、社会组织和企业的社会工作人才，由用人单位综合职业水平等级、学历、资历、业绩、岗位等因素并参考同类人员合理确定薪酬标准，同时按照国家有关规定办理社会保险和公积金。制定并适时调整城乡社区、社会组织和企业的社会工作人才薪酬指导标准。承接政府购买服务的单位应参考当地薪酬指导标准支付社会工作人才薪酬。三是健全专业人才职业评价体系。完善社会工作者职业水平评价制度，打通社会工作者职业水平评价制度与事业单位专业技术岗位职级体系相衔接的政策通道，形成初、中、高级相衔接的社会工作者职业水平评价体系。建立社会工作人才岗位评价考核指标体系，不断完善以岗位职责要求为基础，重品德、重能力、重业绩的人才评价导向。制定适合不同类型、不同层次社会工作人才的能力素质标准和评价办法，采用资格考试、业绩考试和同行评议相结合的办法，对在岗社会工作人才的专业能力、职业素质和工作绩效进行综合评价。

参考文献

中共中央：《中共中央关于构建社会主义和谐社会若干重大问题的决定》，人民出版社，2006。

中央组织部等 18 部门：《关于加强社会工作专业人才队伍建设的意见》，中组发〔2011〕25 号。

刘敏华：《北京人才发展报告》，社会科学文献出版社，2016。

《青海省中长期社会工作人才发展规划纲要（2011～2020 年)》（青组发〔2011〕32 号)。

《关于加强社会工作专业人才队伍建设的实施意见》（青办发〔2011〕69 号)。

《社会工作员职业水平考试办法（试行)》（青民办〔2013〕65 号)。

《青海省中长期社会工作人才发展规划纲要（2011～2020 年)》中期评估报告。

《关于加强社会工作专业岗位开发与人才激励保障的意见》（民发〔2016〕186 号)。

B.9
青海省专业技术人才队伍建设研究

鄂崇荣　杨志弘　朱奕瑾*

摘　要：　青海专业技术人才作为青海人才队伍的骨干和中坚力量，具有数量大、专业水平高、创新能力强的特点，是落实习近平总书记提出的"四个扎扎实实"在青海落地开花和实现青海"四个转变"的关键因素。近年来，尽管青海初步打造出一支具有自身特色的人才队伍，但仍在总体规模、人才结构等方面存在一定问题。必须解放思想，实事求是，立足青海省情，进一步更新观念，深化管理体制改革，改进人才引进培养方式，完善创新评价机制，健全人才顺畅流动机制，探索符合专业技术人才智力补偿方式，推动青海专业人才队伍建设又快又好向前发展。

关键词：　青海　专业技术人才　人才培养

---

* 鄂崇荣，青海省社会科学院民族与宗教研究所所长，研究员，研究方向：民族宗教问题研究；杨志弘，青海省人力资源和社会保障厅专业技术人员管理处，主要研究方向：专业技术人才管理；朱奕瑾，青海省社会科学院民族与宗教研究所助理研究员，研究方向：民族伦理学。

技术乃国之利器，人才是兴国之本。青海专业技术人才是青海人才队伍的骨干和中坚力量，是人才队伍中数量最大、专业水平最高和创新能力最强的一支队伍。青海专业技术人才是落实习近平总书记提出的"四个扎扎实实"在青海落地开花和实现青海"四个转变"的关键因素。多年来，青海人才管理部门牢固树立科学人才观，深入实施人才强省战略，以稳定队伍、吸引人才、创新机制、提高素质为总体思路，不断开拓青海专业技术人才队伍建设新格局。青海专业技术人才队伍建设取得了显著成绩，专业技术人才队伍管理服务不断创新，政策措施渐趋完善，人才规模日益壮大，人才结构层次不断改善，整体素质稳步提升，在推动富裕文明和谐美丽新青海建设中发挥了积极而重要的作用。

一　青海专业技术人才总量及结构分布

（一）人才总量和学历结构

截至2016年末，青海省专业技术人才总数为137860人（事业单位114576人，国有企业18341人，私营企业4943人，见图1），其中研究生学历4909人，本科学历77390人，大专及以下学历55561人（见图2）。

（二）行业地区分布

1. 行业分布

青海专业技术人才137860人中，工程技术人员28192人，农

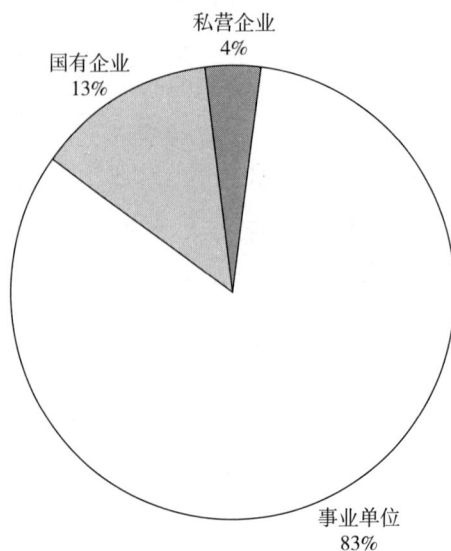

图1 人才总量结构构成情况

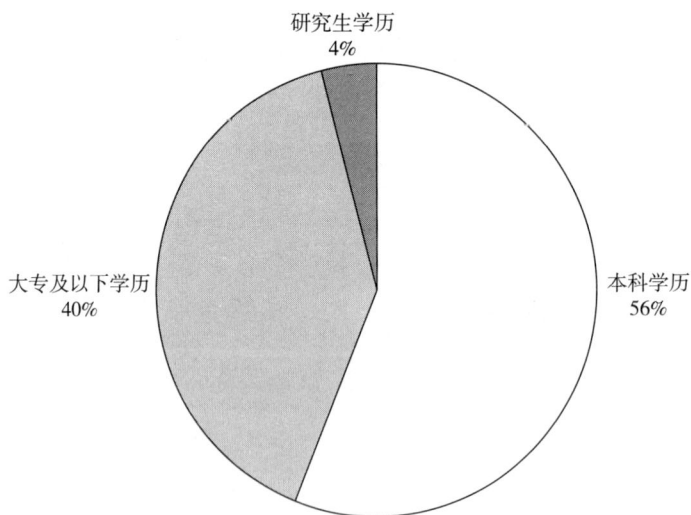

图2 学历结构构成情况

业技术人员 8480 人，科学研究人员 872 人，卫生技术人员 26451 人，教学人员 60434 人，经济研究人员 2338 人，会计相关技术人员 3188 人，统计相关技术人员 682 人，翻译人员 166 人，图书档案文博人员 1385 人，新闻出版技术人员 1223 人，律师公证人员 105 人，播音相关技术人员 210 人，工艺美术人员 55 人，体育技术人员 506 人，艺术相关技术人员 1092 人，其他类专业技术人员 2481 人（分布比例见图 3）。

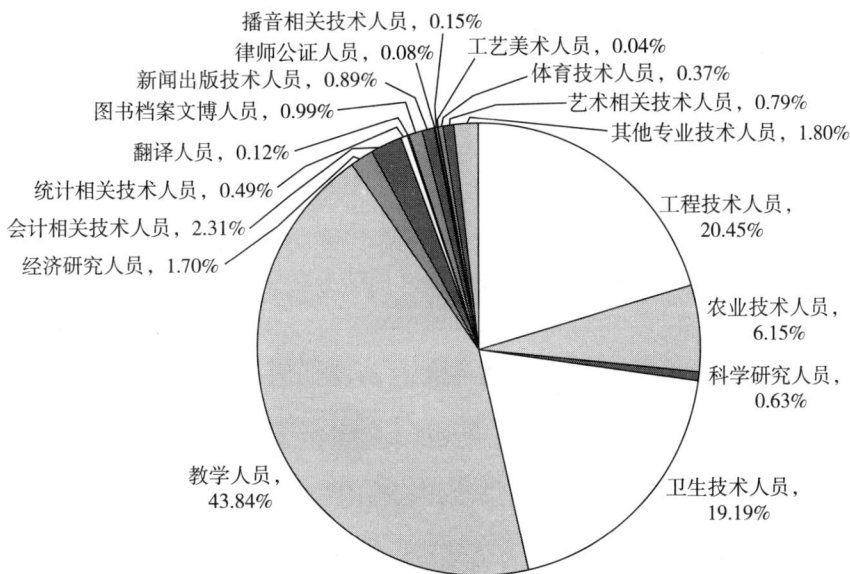

图 3 全省各类技术人才资源比例

2.地区分布

截至 2016 年初，西宁市专业技术人才 3.76 万人，海东市专业技术人才 3.5 万人，海西州专业技术人才 8425 人，海南州专业技术人才 8278 人，海北州专业技术人才 5672 人，玉树州专业技术人

才 6140 人，果洛州专业技术人才 3470 人，黄南州专业技术人才
9281 人（分布比例见图 4）。

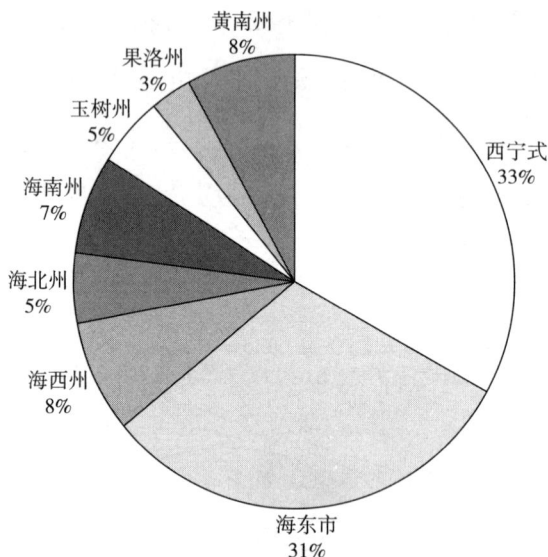

图 4　专业技术人才地区分布比例

青海东部、柴达木、环湖、三江源区域专业技术人才的比例为
68.8∶7∶12.8∶11.4，与 2010 年相比，柴达木地区比例下降，环湖
地区比例增加，东部地区比例略有增长，三江源地区比例略有降
低。[①] 青海市州专业技术人才总量持续增长，素质不断提高，结构
逐步优化，专业技术人才在当地经济社会发展中的作用愈加明显。

（三）各类称号专家

截至 2016 年，青海省内共有院士 1 名、国家百千万人才工程

---

① 参见青海省人才办：《〈青海省中长期人才发展规划纲要（2010～2020 年）〉实施情况中期
　　评估报告》，2017 年 3 月。

人选 17 名、国家有突出贡献专家 31 名、享受国务院政府特殊津贴专家 634 名、青海省优秀专家 285 名、青海省优秀专业技术人才 528 名（比例见图 5）。

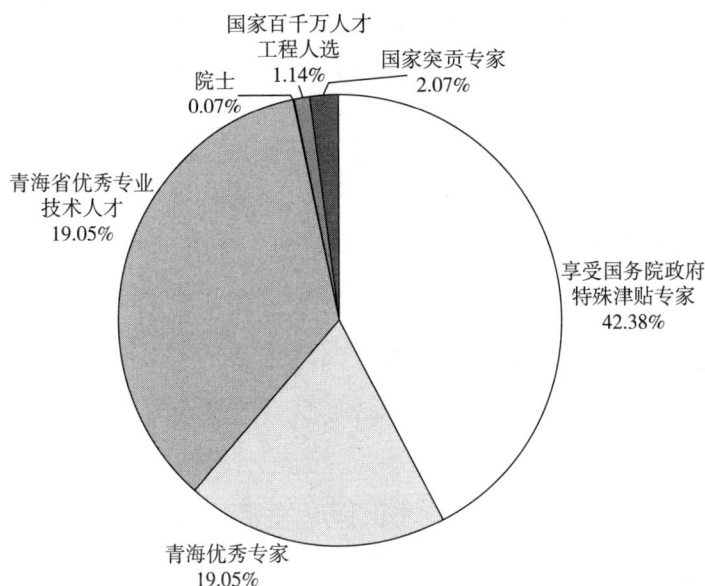

图 5　各类称号专家比例

二　青海专业技术人才队伍建设主要做法与成效

（一）积极出台系列培养引进政策，优化政策环境

根据国家《专业技术人才队伍建设中长期规划》、《青海省中长期人才发展规划纲要（2010~2020 年)》、《青海省关于深化人才发展体制机制改革的实施意见》等文件精神，青海省委组织部、青海省人力资源社会保障厅结合青海实际，共同制定出台了《青

海省专业技术人才队伍建设中长期规划》、《青海省深化人才体制机制改革的实施意见》、《青海省"高端创新人才千人计划"实施方案》、《青海省"高端创新人才千人计划"实施细则》、《青海省"中端和初级人才培养计划"实施方案》、《青海省引进高层次科技创新创业人才暂行办法》；青海省人力资源社会保障厅出台了《青海省优秀专家选拔办法和青海省优秀专业技术人才选拔办法》和《青海省引进人才智力实施办法》等相关规划和实施方案办法，青海省社会科学院等单位也从各自单位实际出发，通过深化改革智力报偿等管理办法，积极营造青海本土各类专业技术人才成长成才的良好环境，拓宽了省外专业技术人才来青工作的绿色通道，完善了青海吸引高层次、紧缺专业技术人才来青工作的配套政策。

（二）不断推进重大人才工程，发挥人才培养作用

立足青海各地实际，组织实施重大人才建设工程，在推进专业技术人才培养引进和开发等方面发挥了牵引带动作用。一是实施人才竞争力提升工程。依托"西部之光"访问学者、"少数民族高层次骨干人才培养工程"等高层次人才培养项目，培养中青年骨干人才1500名，成效显著。依托人才"小高地"建设工程，培养聚集了一批人才创新创业团队。二是扎实开展学科带头人选拔培养工程，加强对具有战略眼光、能够较好把握科技发展趋势和青海经济建设需求、积极参与组织科技创新活动和承担重大科技任务所急需的高素质人才的培养选拔。2010年至2015年共选拔321名自然科学与工程技术学科带头人，成为青海科技创新的中坚力量。三是组织实施青海省"昆仑学者"计划、"135高层次人才培养工程"、

"昆仑英才"计划、"高端创新人才千人计划"等项目，紧紧围绕青海自然人文生态和未来发展方向，引进聚集了一批优秀专业技术人才，给予充足经费支持，实施薪酬、落户、住房、职称评审、奖励激励等多方面特殊支持政策。四是开展万名专家服务基层行动计划。2011年以来，先后邀请2名院士、70余名专家来青海针对区域经济、医疗卫生、农林牧业、节能减排、光伏发电、沙棘育种及加工等领域开展服务。

（三）创新柔性引进人才模式，积极开展海外人才引进培养工作

青海省充分重视海外人才的作用，通过创新柔性引进模式，积极开展海外人才引进培养工作。一是通过柔性引进的方式吸引高层次海外人才，制定《高层次留学回国人员在青服务津贴意见》，为在国外获得博士学位且在青工作的人员发放服务津贴，积极开展留学归国人员科研项目资助工作并取得良好成效。二是积极开展留学归国人员科研资助工作及留学人员回国创业启动计划。"十二五"以来，共为66位留学归国人员申请国家人社部留学回国人员科研项目105个，涉及医学、新能源、畜牧等专业，资助金额476.5万元。同时，积极开展留学人员归国创业启动计划项目申报工作，鼓励留学归国人员申报相关项目，争取国家支持，自2015年，青海省归国留学人员创业项目连续两年申报成功，获人社部40万元资助，地方配套40万元。[1] 三是

---

[1] 省人力资源社会保障厅：《〈青海省中长期专业技术人才队伍建设规划（2010～2020年）〉、〈青海省中长期高技能人才队伍建设规划2010～2020年〉中期评估报告》。

加大国外专家赴青指导和服务工作力度。2010年至2016年，共有来自法国、德国、美国、日本、俄罗斯等国的专家2400人次，分别就生态保护、盐湖资源开发、医学研究、藏毯工艺等项目进行短期指导和服务。2010年至2016年，长期在青工作的外国专家累计157人。四是有效组织实施"海外赤子来青服务活动"。自2010年以来，共有58名国内外专家就生态畜牧、农产品深加工、高原医学、生物技术等领域展开科技服务，旨在加快科学发展、有效改善民生、着力保护生态。五是以博士后工作站为载体，加强高层次青年专业技术人才的培养。青海省共设立2个博士后科研工作站，累计招收32名博士后人员，主要从事地质工程、遥感等方面的技术工作，参与14项国家及省级科研项目，已完成的项目中有6项申请专利，4项通过科研成果水平评价，2项达到国内领先水平，2项达到国家先进水平。①

（四）深化改革人才发展体制机制，释放人才活力

自2011年起，青海按照国家深化人才发展体制机制改革的意见，加快转变政府人才管理职能，深化改革，破除体制机制束缚，进一步优化全省专业技术人员队伍结构，释放了人才活力，逐步形成有利于各类专业技术人才发展的制度环境。一是下放高校职称评审权限，开展高校职称评审权限试点工作，对青海大学下放高教系列正高、副高专业技术资格评审权限；对青海师范大学、青海民族

---

① 省人力资源社会保障厅：《〈青海省中长期专业技术人才队伍建设规划（2010~2020年）〉、〈青海省中长期高技能人才队伍建设规划2010~2020年〉中期评估报告》。

大学下放高教系列副高级专业技术资格评审权限。建立高层次人才职称评审绿色通道，高层次、急需紧缺人才职称申报时不受岗位数额和岗位级别的限制。纳入青海省"高端创新人才千人计划"引进人才范围的人员，经单位考核合格，不受学历、资历、外语、计算机、继续教育等申报条件的限制，可跨级别申报评审专业技术资格。对在乡镇工作的应用型、技术型专业技术人员的职称评审，注重实践性、长期性、业务能力，其论文、科研不做硬性规定。二是全面推进青海中小学教师职称制度改革工作。在西宁、海北先行改革试点基础上，根据人社部、教育部的安排部署，全面推进中小学职称制度改革工作。制定出台了《青海省深化中小学教师职称制度改革工作实施方案》相关配套政策，建立并完善了符合中小学教师职业特点的人才评价机制。积极推进职称体系改革，设置中小学教师职称（职务）系列。在职称等级上，将中小学教师最高等级设为正高级职称。不断优化职称评价标准，中小学教师职称评审，不片面强调学历、资历，更加注重教育教学工作实际能力，论文不做硬性要求。鼓励支持教师向基层一线流动，乡村学校教师职称申报不受岗位设置结构比例限制。大幅提高全省设置统一的高中、初中、小学、幼儿园各学段专业技术岗位结构比例控制标准。三是畅通非公经济组织专业技术人员职称评审通道，彻底打破了非公有制经济组织从业人员参加职称评审无管理部门的局面。允许在专业技术岗位从事专业技术工作的参加基层服务项目的高校毕业生，按照初级职称认定的相关政策规定，直接认定相应的初级职称。允许来青海工作，且已在外省、市（自治区）、中央单位、取得初级以上专业技术资格的专业技术人员，在青海省逐级申报评审高一级专业技术资格。四是批准设立青海省新闻系列正高级专业技术职务评审委员会以及青海省通信工程系列、档案系列、金融经济系列副高级职称评审委员会，拓宽了各类专业技术人员职业发展空间。五是逐步建立层层推荐的专家选拔制度，在省级优秀专业技术人才、省级优秀专家、百千万国家级人选、国务院特贴专家共四个层次的选拔中，形成了梯次递进选拔模式，打破以往由行业部门归口负责、条条管理的单一推荐模式，改为行业部门推荐与地方政府推荐相结合的推荐方式。六是建立了专业技术人员职称申报诚信制度，明确了专业技术人员及所在单位、主管部门职称申报诚信承诺的具体要求。对违背诚信、弄虚作假的申报人员和为申报人员提供虚假证明的经办人及单位，依据有关规定予以通报批评并追究责任。七是创新人才评价机制，印发了《关于做好 2016 年度全省职称评审工作的通知》，完善了重品德、重能力、重业绩、重贡献的人才评价机制。同时，进一步下发了高校职称评审权限，并建立了高层次人才职称评审绿色通道，健全完善了基层专业技术人员的评价体系，旨在注重人才引进、培养、激励的同时，完善配套的评价体系，进一步健全人才体制机制。

（五）深入实施教育知识更新，提高专业素养

青海相关部门依托行业主管部门，大力实施知识更新工程。一是紧紧围绕科学发展、保护生态、改善民生三大任务，突出青海省经济社会发展的重点领域，积极举办各类国家级、省级研修班累计 80 余期。二是依托生态环保、农业科技、现代交通、金融会计、能源资源、生物技术等行业主管部门，大力推进紧缺人才培养培训

与岗位培训，五年来培训各级各类专业技术人员 15 万人次。三是扎实推进继续教育基地建设。在青海大学继续教育学院、青海广播电视大学设立了 2 家国家级继续教育基地，并成立了国家级专业技术人员继续教育基地建设领导小组，制定了国家级继续教育基地建设工作方案。在海西州职业技术学校、青海大学、青海广播电视大学、青海交通职业学院等单位设立了 10 个省级继续教育基地。四是紧紧围绕三江源生态保护和建设，不断加大"三江源"人才培养教育力度，仅"十二五"期间培养管理干部和专业技术人员 3886 人次。

（六）大力推动国内外交流合作，提升能力水平

近年来，青海省人社厅根据国家有关出国（境）培训的相关规定，围绕培训主题严格选拔参训人员，提高培训的针对性和实效性，促进了部分专业技术人才对外交流合作，提升了能力水平，开阔了眼界。组织开展了"瑞士高原山地公益林保护与森林生态效益研究培训""澳大利亚自然保护区建设与野生动植物保护培训""国家公园管理模式培训"等专业技术人员培训项目，使参训人员对发达国家在生态保护、国家公园建设等方面的先进经验和理念有所学习借鉴。组织一线专业技术人员赴意大利、德国、英国、俄罗斯、美国、日本开展"盐酸解析技术及设备运行维护培训""海纳发展高端阻燃机型氢氧化镁培训""聚合新型分散剂的技术开发及应用以及国外分散剂的分析方法培训""空分装置压缩机的机械及仪控操作与维护培训""聚乙烯装置产品培训"等培训项目，对提高青海盐湖化工、有色冶金、能源化工等产业的产品技术、工艺装

备、能效环保等水平发挥了积极作用。此外，青海省人社厅还组织青海相关医护人员赴德国、法国、美国、日本、新加坡等国参加"达芬奇机器人手术系统培训""肿瘤介入治疗的护理培训""阿尔茨海默症易感基因相关研究""冠心病介入诊疗培训"等项目。通过对外交流和培训，青海部分专业技术人才学习借鉴了本行业本专业国际先进知识、技术和管理经验，助推了青海创新驱动发展。

三　青海省专业技术人才队伍建设中存在的问题和挑战

（一）总体规模偏小，素质能力较低

受地域条件、经济发展等因素的影响，与发达地区相比，青海省专业技术人才队伍规模总量和素质还不能适应经济社会发展需求，由生活、工作的客观环境形成的人才流动"势能差"。由于一些地区和部门激励制度、薪酬制度、奖惩制度、培训组织体系不完善，加之部分专业技术人才自身自我学习、自我能力的培养不足，与发达地区专业技术人才比较综合素质能力较低。

（二）结构不尽合理，高端人才匮乏

人才队伍结构分布不够合理，专业技术人才中70%以上集中在教育、卫生等行业和农牧、水利等传统产业，新能源、新材料、电子信息、节能环保、信息技术应用、金融等行业和领域专业技术人才比例偏低，特别是高端人才匮乏，能够在行业、领域担当领军任务的高层次人才屈指可数。如全国两院院士近 1500 人，青海只有 1 名中国工程院院士，全国有突出贡献中青年专家 5200 多人，青海只有 31 人，全国有百千万人才工程国家级人选 4100 多人，青海只有 17 人。青海一些企业由于高层次人才数量少，学术拔尖人才和塔尖人才（院士）相对稀缺，导致研发创新能力相对较弱。

（三）一些体制机制性障碍仍需突破

一些地区和部门简政放权、行政审批等方面力度依然不大，人才管理存在交叉管理现象，还不能完全激发专业技术人才活力。现行人事管理体制难以实现不同体制间专业技术人才的身份转换和合理流动。一些单位在人才激励评价、落实用人自主权等方面活力不足，缺乏用市场方法和经济手段留人用人的有效举措。部分地区和用人单位，对专业技术人才重要性认识不足在人才工作上有畏难思想，缺乏担当精神，不愿大胆改革，害怕创新带来风险和失败。受编制限制，基层和省直单位对人才工作力量的投入不足，有些地区和部门受惯性思维影响依赖国家和地方政府推动投资，本地区或本部门对人才资本投入不够。有些地方和单位对专业技术人才薪酬和智力报偿进行大胆改革，但受到相关部门质疑甚至否定，不能很好试行，致使一些专业技术人员积极性不高，干事创业的意识不强，服务经济社会发展的应有作用没有得到有效发挥。一些单位套用党政领导干部管理办法管理科研教学机构学术领导人员和专业人才，"官本位"倾向和人才管理中存在行政化色彩依然难以根除。

（四）人才流失问题尚未根本扭转

青海绝大部分地区气候恶劣，高寒缺氧，长期在高原生活工作，许多人的身体健康状况与内地相比，心血管疾病较多，预期寿命缩短。根据第六次人口普查资料计算，2010 年青海全省人口平均预期寿命为 69.96 岁，虽然比 2000 年的 68.5 岁提高了 1.46 岁，但比全国的 74.83 岁低 4.87 岁。专业技术人才工作和生活条件远不能与内地相比，加之近几年内地沿海人才引进力度较大，区域性人才争夺激烈，青海人才流失问题无法得到根本扭转。此外，省内各地区自然条件的差异大，西宁市作为全省政治、经济、文化、教育中心，海东地区作为全省的农业区，工作、生活等各方面条件在全省相对较好，6 个民族自治州特别是玉树州、果洛州条件最为艰苦。一些地区和单位为了留住人才，采取了诸如签订合同限定工作年限、赔偿违约金、扣留人事档案、拖延办理行政关系等措施进行限制，这不仅是阻止人才流失的短期行为，同时还带来了一些负面效应和矛盾。青海专业技术人才流向省外或提前退休，从六州向西宁市和海东地区流动现象趋势依然突出。此外，青海许多本土人才对"轻本土重外来"的现象颇有意见，青海从外引进到青海工作一年以上的高层次人才，经考核合格每年每人发放 2 万元高原工作补贴，而扎根青海的高层次人才却没有一分补助。因此，青海一些部门面临着优秀人才引不进来、现有人才可能流失的双重压力。

（五）各级人才管理服务机构人员编制缺乏

相对周边省区，青海的省、市（州）、区（县）各级政府人力资源和社会保障部门中从事专业技术人员的管理服务人员极度短缺。专业技术人员管理服务工作涵盖人才、职称、专家、留学人员、博士后、继续教育等业务。以甘肃省为例，上述业务由专业技术人员管理处、职称处、专家服务中心、留学人员和博士后服务中心等4个职能处室约20人负责。青海仅由专业技术人员管理处5人负责。管理服务工作任务繁重，人员短缺，管理服务工作超负荷运转。

四 进一步加强青海专业技术人才队伍建设的对策建议

青海省委"四个转变"新思路既为现有专业技术人才提供了难得的发展机遇，又提出了不断提升自身素质以适应发展需求的挑战。

（一）进一步更新观念，营造良好氛围

围绕青海富裕文明和谐美丽新青海建设需要，聚焦"四个转变"发展思路，进一步更新观念，积极营造有利于优秀人才脱颖而出、健康成长的发展环境，探索建立政府引导和规范下的、市场发挥基础性作用的专业技术人才管理模式。一是增加专业技术人员管理部门相关人员编制，实现科学分类管理服务。二是转变政府人才管理职能，保障和落实用人主体自主权，提高人才横向和纵向流动性。三是科学谋划改革思路和政策措施，促进青海省专业技术人才规模、质量不断提升，专业结构趋于合理。四是纠正人才管理中存在的行政化、"官本位"倾向，促进人才各展其长、各得其所。五是营造尊重人才、见贤思齐的社会环境，公开平等、竞争择优的制度环境。

（二）深化专业技术人才管理体制改革

坚持从实际出发，具体问题具体分析，增强改革针对性、精准性，深化专业技术人才管理体制改革。一是深化职称制度改革，提高评审科学化水平，对职称外语和计算机应用能力考试不作统一要求。二是改进事业单位岗位管理模式，建立动态调整机制。构建统一、开放的人才市场体系，完善人才供求、价格和竞争机制。三是完善人才诚信体系，建立失信惩戒机制。充分运用云计算和大数据等技术，为用人主体和人才提供高效便捷服务。四是促进人才向艰苦边远地区和基层一线流动。提高艰苦边远地区和基层一线人才保障水平，使他们在政治上受重视、社会上受尊重、经济上得实惠。

（三）进一步改进专业技术人才引进培养方式

一是突出经济社会发展需求导向，建立高校学科专业、类型、层次和区域布局动态调整机制。二是建立基础研究人才培养长期稳定支持机制，统筹产业发展和应用人才培养开发规划。三是注重人才创新意识和创新能力培养，支持新型研发机构建设，开展原创性基础研究和面向需求的应用研发。四是积极整合社会教育培训资源，推进专业技术人员继续教育基地建设，构建"布局合理、专业齐全、运作规范"的继续教育体系。

（四）进一步完善创新专业技术人才评价机制

一是坚持德才兼备，以德为先，注重凭能力、实绩和贡献评价人才，克服唯学历、唯职称、唯论文等倾向。二是改进人才评价考核方式。发挥政府、市场、专业组织、用人单位等多元评价主体作用，加快建立科学化、社会化、市场化的人才评价制度。加强评审专家数据库建设，建立评价责任和信誉制度。适当延长基础研究人才评价考核周期。三是加强创新成果知识产权保护。完善知识产权保护制度。研究制定商业模式、文化创意等创新成果保护办法。四是制定工作目标责任制，细化考核指标，加大考核力度。突破年龄、资历、身份和比例限制，重点评价专业技术人才在本单位、本行业、本领域解决问题、完成工作任务的能力，完善符合专业技术人才成长规律的多元评价机制。

（五）盘活专业技术人才存量，健全人才顺畅流动机制

牢固树立优秀专业技术人才是培养引进出来的，不是用行政手段卡下来的观念。一是实行更积极、更开放、更有效的人才引进政策，更大力度实施海外高层次人才引进计划，敞开大门柔性汇聚青海发展急需紧缺特殊人才，探索精准引进方式。二是实施青年拔尖人才培养工程。大力充分挖掘、培养和发挥现有青年人才的潜力，以项目为牵引，带动优秀青年专业技术人才早日成才。三是实施"银发"工程，挖掘青海离退休专业技术人才的潜力。按照政策引导支持、市场主导配置、个人自愿量力的原则，为"银发"专业技术人才提供干事创业的平台。四是鼓励青海各类专业技术人才更广泛地参加各种国际学术文化交流合作，完善相关管理办法。支持有条件的高校、科研院所、企业与世界高端研发机构合作，完善人才合作培养推送机制，提升青海各类专业技术人才能力素质和世界眼光。五是组织实施"海外赤子来青服务活动""万名专家基层服

务行活动"紧紧围绕青海三区建设、"四个转变",组织海内外、国内外知名专家等高端人才来青海开展各类服务活动。

（六）探索符合专业技术人才智力补偿方式

一是赋予高校、科研院所科技成果使用、处置和收益管理自主权，允许科技成果通过协议定价、在技术市场挂牌交易、拍卖等方式转让转化。二是完善市场评价要素贡献并按贡献分配的机制。研究制定企事业单位人才智力报偿激励政策，对适宜实行股权期权进行股权改革。三是进一步改革科研经费管理制度，探索实行充分体现人才创新价值和特点的经费使用管理办法。四是出台青海高校、科研院所等事业单位科研人员离岗创业的政策措施。允许高校、科研院所设立一定比例的流动岗位，吸引具有创新实践经验的企业家、科技人才兼职。

B.10
青海省宣传思想文化人才队伍建设研究

赵晓 杨军*

摘 要： 宣传思想文化人才队伍建设是青海省做好宣传思想文化工作的基础。近年来，全省宣传思想文化人才的规模持续增大、结构相对合理、学历水平不断提高，但是仍然存在一些问题和不足，需要从进一步完善政策和体制机制、优化人才培养工程、加大高层次人才引进和开发力度、优化宣传思想文化领域创新环境和完善创新人才服务模式等方面持续推进全省宣传思想文化人才队伍建设。

关键词： 青海省 宣传思想文化人才 人才培养

从意识形态领域来看，宣传思想文化人才队伍担当着生产先进文化和扩大影响的使命；从精神文化产品的视域看，宣传思想文化人才队伍是塑造经典作品和人物、生产激励上进、育人纠偏的主要角色；从先进思想和文化传承的角度来看，凡是在思想文

---

* 赵晓，青海省社会科学院科研处处长；杨军，青海省社会科学院科研处，副研究馆员。

化繁荣的历史阶段，都会孕育出大批优秀的思想文化人才和优秀的文化作品。建设一支优良的宣传思想文化人才队伍，是做好新形势下宣传思想文化工作的根本保证，也是青海推动文化发展的战略基础，更是繁荣和建设文化名省的主要抓手。宣传思想文化人才是全省宣传思想文化事业发展的中坚力量，更是党和政府先进思想和优秀文化的主要生产者和传播者，肩负着党和政府喉舌的重要职能。随着青海宣传思想文化系统发展步伐的不断加快，全省宣传思想文化事业人才队伍的数量、质量和结构存在许多不适应的方面，宣传思想文化人才队伍建设工作面临着较大挑战。因此，在新形势下，努力培养一支适应先进文化建设和宣传思想工作需要的高素质人才队伍，是青海宣传思想文化领域面临的一项重要而紧迫的任务。

一　青海省宣传思想文化人才队伍的基本状况

根据青海省《青海省宣传思想文化中长期人才发展规划（2011～2020）》阶段性数据，课题组分别从宣传文化系统、省直单位、中央驻青单位、省属出资企业、各市（州）的 123 家单位和六州、两市汇总整理出青海省宣传思想文化人才队伍的基本状况。

（一）青海省宣传思想文化人才队伍现状情况

1. 全省宣传思想文化人才队伍总量

截至 2015 年底，青海省宣传思想文化人才共有 20904 人。其中，文化系统和广播影视系统从业人员数量占比已超过全省宣传思想文化人才队伍的50%，理论系统和出版系统从业人员数量的占比在全省宣传思想文化人才队伍中都未达到10%。

由图1可见，其中，党委宣传部系统3709人，占比18%；理论系统1844人，占比9%；新闻系统2443人，占比11%；出版系统1844人，占比9%；广播影视系统4609人，占比22%；文化系统6455人（不含民营文化企业从业人员），占比31%；此外，还有民间文化人才约23035人，其中：非物质文化遗产传承人员1400人，文化领域自由职业者9131人，民间文艺表演人员12504人。

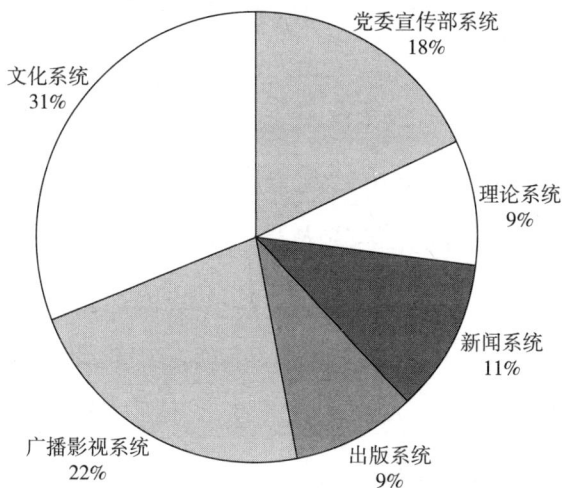

图1　青海省宣传思想文化人才队伍行业构成占比示意

2. 全省宣传思想文化人才队伍学历构成

据图2显示，全省宣传思想文化事业从业人员接受高等教育的占比较高，研究生以上学历的人才在理论系统和文化系统占比较其

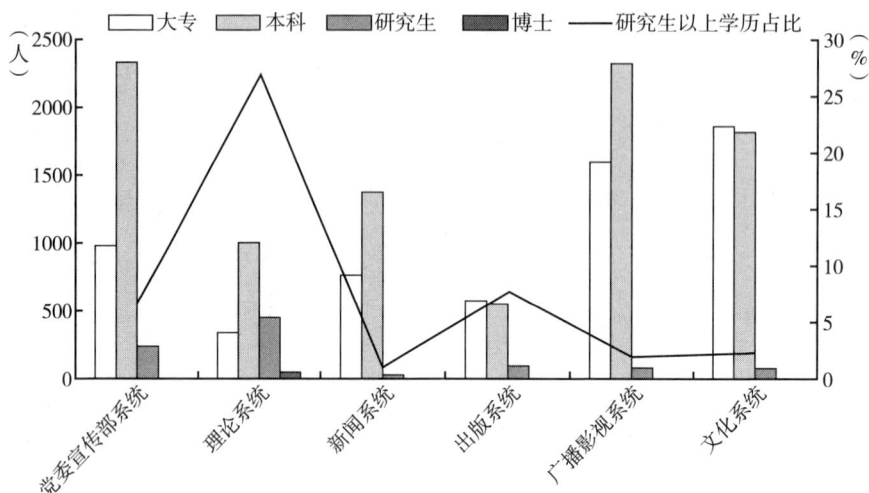

图2 全省宣传思想文化各系统人才学历结构示意

他宣传思想文化系统领域更为突出，全省宣传思想文化系统人才学历层次较高。

表1数据显示，截至2015年底大学以上高等教育的人员总量有所增加，大学及以上学历的党委宣传部系统人才3511人，占比95%，其中研究生及以上学历人员占党委宣传部系统人才总数的6%；大学及以上学历的理论界人才1772人，占比96%，其中研究生及以上学历人员占理论系统人才总人数的26%；大学及以上学历的新闻界人才2137人，占比87%，其中研究生及以上学历人员占新闻系统人才总人数的1%；大学及以上学历的出版界人才1215人，占比66%，其中研究生及以上学历人员占出版系统人才总人数的5%；大学及以上学历的广播影视系统人才3967人，占比86%，其中研究生及以上学历人员占广播影视系统人才总人数的2%；大学及以上学历的文艺界人才3740人，占比58%，其中研究生及以上学历人员占党政人才总人数的1%。

表 1 全省宣传思想文化各系统人才大学以上学历情况

单位：人

分类/学历层次	大学		研究生		合计（不含博士）
	大专	本科	硕士	博士	
党委宣传部系统	967	2313	231	1	3511
理论系统	336	993	443	41	1772
新闻系统	760	1357	20	0	2137
出版系统	573	553	89	1	1215
广播影视系统	1586	2308	73	0	3967
文化系统	1847	1814	79	4	3744

3. 全省宣传思想文化人才专业技术职称

图 3 显示，理论界专业技术职称人才人员数量远远高于其他宣传思想文化界领域人才数量，并且高级职称人才数量和中级人才数量与初级专业技术职称人才的数量配比较其他领域更为合理。

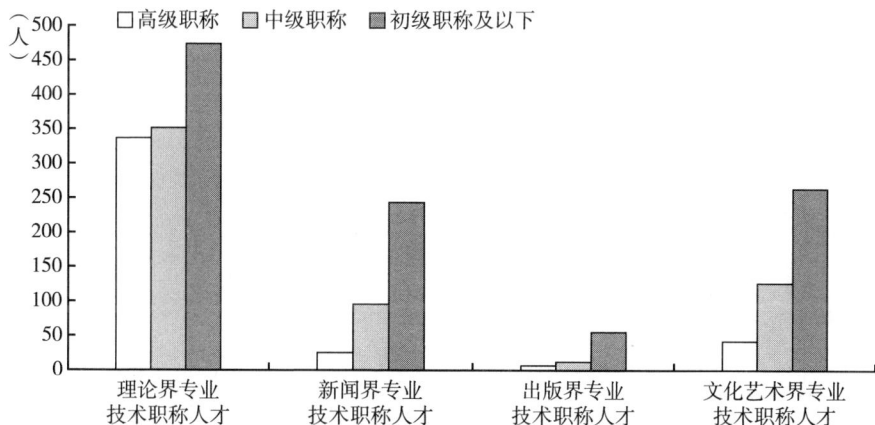

图 3 全省宣传思想文化领域人才专业技术职称情况示意

表 2 数据显示，截至 2015 年底，全省宣传思想文化领域理论界人才中具有高级职称的 336 人（正高级 72 人），中级 350 人，初

级及以下472人；全省宣传思想文化领域新闻界人才中具有高级职称的25人（正高级5人），中级95人，初级及以下243人；全省宣传思想文化领域出版界人才中具有高级职称的7人（全部为副高级职称人员），中级12人，初级及以下55人；全省宣传思想文化领域文化艺术界人才中具有高级职称的42人（正高级1人），中级126人，初级及以下263人。

表2　全省宣传思想文化领域人才专业技术职称情况

单位：人

领域分类/职称级别	高级职称	中级职称	初级职称及以下
理论界专业技术职称人才	336	350	472
新闻界专业技术职称人才	25	95	243
出版界专业技术职称人才	7	12	55
文化艺术界专业技术职称人才	42	126	263

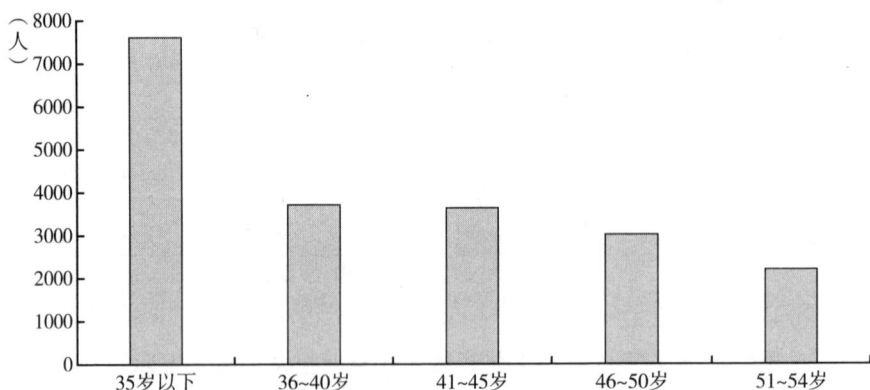

图4　全省宣传思想文化事业人员年龄结构示意

4. 全省宣传思想文化人才队伍年龄结构情况

图4显示，截至2015年底青海省宣传思想文化领域从业人员年龄在35岁以下有7605人，36~40岁有3711人；41~45岁有3644人；46~50岁有3002人；51~54岁有2199人；55岁及以上有743人。其中，35岁以下的新生力量已经成为宣传思想文化人才队伍壮大的基础，36~54岁之间的宣传思想文化人才群体正肩负着全省宣传思想文化产品主要生产和传播的使命，55岁以上的宣传思想文化人才群体担当着传、帮、带年轻宣传思想文化人才群体的重要责任，全省宣传思想文化领域人才队伍年龄结构合理。

（二）青海省宣传思想文化人才队伍建设的主要特点

1. 人才队伍规模持续壮大，高层次人才聚集效应凸显

近年来，省委、省政府大力实施人才强省战略，加大引进人才和加强本土人才的培养，宣传思想文化人才工作越来越受到重视。通过积极搭建人才引进、培养平台，人才质量和人才聚集效应有明显改善，目前形成了整体实力不断增强的人才队伍。2015年底的人才总量与2010年统计数据相比，增长了41.49%，宣传思想文化人才队伍总量增长明显，其中党委宣传部系统人员同比增长352.87%，理论系统人员同比增长38.33%，新闻系统人员同比增长27.57%，出版系统人员同比增长18.66%，广播影视系统人员同比增长68.52%。从人才学历方面来看，高学历、高职称的人才队伍数量持续不断增加，大学以上高等教育的人员总量增加迅速，从2010年的8640人，猛增到16342人，同比增长47%，其中研究生从2010年的371人，猛增到935人，同比增长60%，其中博士

研究生从 21 人增加到 47 人。

2. 持续加大宣传思想文化人才队伍行业培训力度

图 5 显示，截至 2015 年底，全省宣传思想文化领域六大行业共计培训人次由 2010 年底的 5045 人次增加到 12083 人次，其中国内培训人次由 2010 年底的 5015 增加到 11995。2015 年培训人员频次较 2010 年有较大幅度增长，在 2015 年底的全省宣传思想文化人才队伍培训人次总量中，广播影视系统的占比较高，理论系统和出版系统人员培训占比与其他领域系统相比较低。

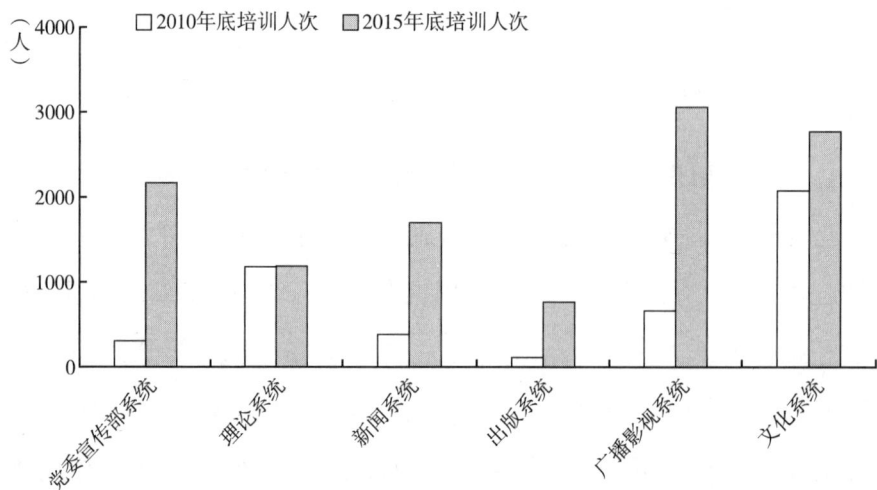

图 5　全省宣传思想文化人才培训人次数量对比

3. 新媒体、新业态人才队伍发展迅猛

图 6 和统计数据显示，截至 2015 年底，全省宣传思想文化领域从事新媒体、新业态人员有 277 人，其中，党委宣传部系统 132 人、文化系统有 2 人、理论系统 4 人、新闻系统 100 人，出版系统 1 人、广播影视系统 38 人。在全省宣传思想文化人才队伍中，党

委宣传部系统和新闻系统从事新媒体、新业态的人才数量占比超过了84%，成为当前新媒体新业态业界的主体，从新媒体和传统媒体融合的角度来看理论系统、文化系统、出版系统、广播影视系统也都有了不同的突破。

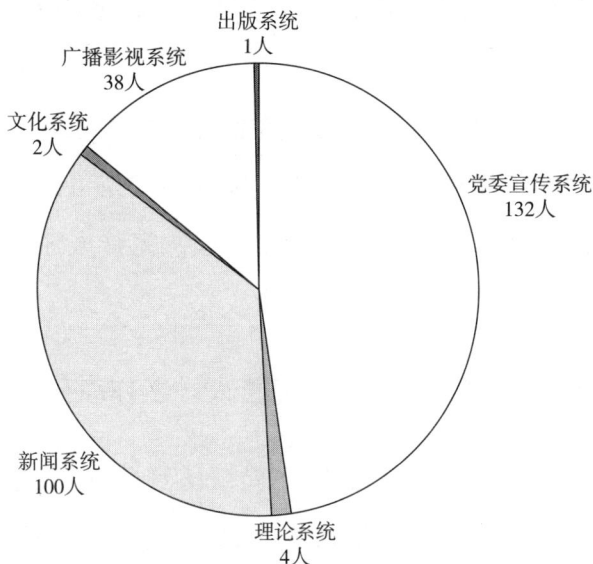

图6　全省宣传思想文化人才新媒体新业态情况示意

4. 宣传思想文化人才队伍结构趋向合理

从统计数据看，在党委宣传部系统35岁以下和51~54岁的两个人才群体略显极性，正在处于人才队伍新老更替的转型阶段。在理论系统和出版系统宣传思想文化人才年龄分布梯度较为合理，其中数字出版人才由2010年的1人增加到2015年的75人。在新闻和广播影视以及文化系统35岁以下宣传思想文化人才群体补充数量较大，较其他年龄阶段的人才群体数量对比更为明显。青海省宣传思想文化人才队伍的人才知识结构、专业结构、年龄结构整体趋于合理，特别是以数字出版、新闻网站、手机报等为代表的新媒体人才得到较快增长，其中中青年人才已经成为全省宣传思想文化队伍的主要力量。

二 青海省宣传思想文化人才队伍建设的主要做法

青海省委、省政府高度重视宣传思想文化人才队伍建设，建立健全党管人才的工作格局，从人才工作基础、完善体制机制、优化队伍结构、提高队伍素质、实施人才工程、完善人才环境等方面入手，取得了一定的成效。

（一）健全党管人才格局，完善人才工作基础

一是健全完善党管人才工作格局，认真落实《关于进一步加强党管人才工作的意见》，形成党委统一领导，具体部门牵头抓总、有关部门密切配合的工作格局；二是不断完善党管人才工作运行机制，形成了人才工作统一协调，健全各部门协作机制和监督落实机制；三是从顶层对人才工作进行规划设计，制定出台了《青海省宣传思想文化中长期人才发展规划（2011~2020）》《关于贯彻落实〈关于加强地方县级和城乡基层宣传文化队伍建设的若干意见〉的实施意见》等有关人才工作的专项文件，明确了宣传思想文化人才工作的思路和目标。

（二）完善体制机制，调动人才积极性

一是在成立省级宣传思想文化人才工作专门机构的基础上，按

照中央和省级深化人才发展体制改革的要求，起草了《青海省文化杰出贡献奖评选表彰办法（试行）》、《青海省文化发展顾问制度》、《哲学社会科学人才强调社会评价》等意见建议，为人才发展改革工作提供参考。

二是从市州和省直宣传文化系统各单位深化人才工作体制机制建立健全工作，制定了《青海省社会科学普及条例》、《青海省哲学社会科学优秀成果评奖办法》，修订了《青海省社会科学院激励约束机制试行办法》《业务工作目标责任考核办法》，制定了人才考核、管理和激励的保障措施，青海广播电视台制定了《青海广播电视台人事管理（暂行）办法》《青海广播电视台聘用人员公开招聘办法》《青海广播电视台台属经营公司人事管理（试行）办法》《青海广播电视台聘用人员管理办法》。

三是建立对人才教育培养、服务的保障措施，制定了《青海日报社新闻干部培训实施方案》《青海广播电视台职工学习培训管理办法》。

（三）引进优秀人才，优化队伍结构

1. 严格进人标准，引进优秀人才

2015年省人才工作领导小组办公室会同省委宣传部等多家单位实施完成全国文化名家、"千人计划"青年拔尖人才、哲学社会科学领军人才的推荐工作。全省宣传思想文化人才队伍需要优秀的引领人才来带领，因此对引进人才的学历标准、专业技术水平、宣传思想文化成果质量、学术影响、特色专业制定一系列条件和要求作为推进引进优秀人才工作的有效途径，力争引进一流的优秀人才和高素质的宣传思想文化人才骨干。

2. 调整人才队伍结构，充实新兴专业人才

合理的人才队伍结构，是实现全省宣传思想文化工作可持续发展的重要保证。全省宣传思想文化领域坚持从人才需求的实际出发，努力调整和优化人才队伍的结构，优先在理论界实现了高、中、初级专业技术职称人才 1：1.1：1.4 的配置，并且随着新媒体融合的发展在数字出版、新闻网站、手机报等领域补充了大量特色专业人才，不断增强宣传思想文化人才队伍的活力和潜力。

（四）提高队伍素质，用好现有人才

1. 大力培养青年宣传思想文化人才队伍

一是为激发青年人才群体尽快在工作领域发挥作用，利用国家和省上开展的"西部之光"人才培养计划、青海省专业技术人才培养计划等契机，积极争取名额选派青年人员外出学习；二是鼓励青年人员参加大型国际、国内交流研讨会，拓宽青年人员在宣传思想文化领域的视野；三是利用科研项目或文化产品的申报和生产的过程，充分吸纳青年人员，尽快让他们适应从业环境和发挥他们的潜能。

2. 鼓励提高现有学历层次，做好在职人员培训工作

由于历史原因，宣传思想文化领域人才队伍的学历层次与当前的学历需求有明显差距。短时间内引进专业对口又具备一定工作经验的人才较为困难，为适应新的形势，需要不断提高现有人才队伍的学历水平，鼓励和支持有能力的在职人员进行定向专业培养提升个人学历层次。

加强人才队伍的建设，关键在于加强在职各类人员的再培训，形成终身学习型培训机制，从而不断提高人才队伍的整体素质。2013年以来，分别对机关干部和全省基层宣传部门干部等培训班培训人员300余人；通过每年举办的"全省哲学社会科学教学科研骨干研修班"培养专业人才400名；新闻单位通过与内地签订交流合作协议，连续举办3期全省新闻媒体编外聘用采编骨干培训班，培训学员210名。

（五）实施人才工程，强化整体推进

全省的人才工程，充分考虑了人才发展的全局性、整体性和系统性，既突出了人才发展的战略重点，又统筹了人才发展的各个领域和不同层面，体现了以点带面、整体推进的思路，组织实施全省宣传思想文化重点人才工程，促进宣传思想文化领域人才资源整体开发。

1. 优秀理论人才和文化名人工程融合推进

省人才工作办公室将"四个一批"人才和文化名人工程融合作为重点人才工程的主要内容之一，按照严格的推荐、初审、专家委员会评审、会议研究、公示的程序定期组织推荐和选拔工作，2016年首次在宣传文化系统外增补了6名青海省"四个一批"优秀理论人才，目前，"四个一批"人才队伍规模达到拔尖人才（文化名人）15人、优秀人才64人。

2. 实施多层次外宣人才培养工程

一是在2015、2016年先后对党委、政府系统新闻发言人进行调整补充，推动省一级党委、政府系统及州（市）党委政府均设立了新闻发言人，129 个单位共设立新闻发言人 130 余人；二是争取省委组织部及省财政的支持，先后举办了三期全省新闻发言人培训班，基本实现了全省党委、政府系统新闻发言人轮训一遍的目标；三是争取国务院新闻办的支持，组织选派青海省新闻发言人、新闻发布工作者，媒体记者参加国务院新闻办举办的各类培训和交流活动，每年选派 10 人参加全国新闻发言人培训班和媒体培训班。

3. 强化基层宣传文化人才培养工程

以《"三区"人才支持计划文化工作者实施计划的通知》作为指导性文件，选派 1000 名文化工作者到县、乡镇培训基层文化工作者 1848 名。通过"三区"人才支持计划现场观摩会，向各市州提出了"一县一品"的品牌建设思路，强化了"三区"基础工作，有力促进了基层宣传文化骨干人才培养工作。

4. 开展非物质文化遗产项目代表性传承人扶持工程

一是积极争取专项资金，帮助国家级传承人建设传承基地和传习所，给予每位国家级传承人每年 1 万元的传承活动补助经费，省级传承人由省财政给予每人每年 5000 元的传承活动补助经费，为传承人传授技艺，授徒育人提供一定的物质条件；二是利用各种展会及相关博览会为传承人提供交流展示的平台，在宣传、推介、展示青海地域、民族文化特色的同时，增加传承人知名度、提高经济收入；三是组织举办国家级、省级非物质文化遗产项目代表性培训班，使传承人进一步了解掌握方针政策，相互交流、互学互帮、促进传承。

（六）不断创新，改善人才环境吸引力

1. 借鉴成熟经验推动创新举措

吸收人才队伍建设的成熟经验是推动宣传思想文化工作创新的有效举措。一方面积极争取开展与上级对口管理单位的人才交流，通过互派人才积累工作实践经验，把先进的管理经验和高效的工作效率转化到全省的宣传思想文化工作当中；另一方面积极与发达地区的宣传思想文化部门互通信息，吸取好的工作经验提升创新能力。

2. 拓展创新渠道提升创新空间

拓展宣传思想文化工作交流的渠道和方式，不断提升宣传思想文化工作创新的空间。成立不同类型的理论研究中心，积极整合全省研究力量，在文化系统、高校系统、党政研究部门等多家单位聘请了几十名具有较高学术造诣的特约研究专家，并且充分吸纳理论系统科研骨干和年轻的科研人员，通过"人才＋项目＋平台"的方式推动宣传思想文化工作的创新空间。

3. 改善条件推动工作创新

相对省外工作的环境，全省宣传思想文化领域的福利待遇、硬件设施等方面，均处于明显的劣势。因此，强调事业留人、感情留人，努力为宣传思想文化人才创造良好的工作条件显得尤为重要。一是改善人员的办公条件，向上级管理部门递交报告、主动向省财政部门协商改善办公条件；二是积极提倡尊重人才意识，鼓励宣传思想文化人才干事业的热情，在政治上支持、工作中给予帮助、生活中给予补助和慰问，充分调动和发挥优秀人才的积极性和创造性。

三 青海省宣传思想文化人才队伍 建设面临的主要问题

（一）待遇偏低，引领人才流失严重

一是与发达地区省份吸纳人才的待遇相比青海省宣传思想文化人才待遇偏低，并且在宣传思想文化产品生产过程中的智力报偿体现不充分；二是近年来宣传思想文化人才队伍当中，急需的高层次优秀人才引进十分困难，人才队伍面临着需求大、引进难的矛盾十分突出；三是一些富有工作经验的骨干人才流向外地或者高校，更加剧了宣传思想文化系统人才的结构性短缺。

（二）人才分布不均，整体素质有待提高

一是从行业领域来看，出版、理论界人才总量人数占比较低，新闻和文艺领域从业人才数量占比较大；二是从专业技术职称级别来看，截至 2015 年底高、中、初级职称人才结构比为 2.3∶1∶9.5；三是从地域分布来看，高层次人才在省会和市（州）地区相对集中，从学历来看，硕博学历从业人员占比较小，基层宣传文化队伍学历总体偏低。

（三）政策不完善，机制不灵活

一是创新人才领导管理力量不足，在人才队伍建设的专门机构中只有 1 名兼职工作人员；二是人才选拔考核评价使用机制不完善，缺少针对各行各业全面的聘用制和岗位管理制度；三是宣传思

想文化系统内约束机制和激励机制不健全；四是人才引进机制不灵活；五是专项经费投入政策不足，全省宣传文化事业费仍然保持在2010年水平，"四个一批"人才专项经费还在2003年水平，与内地其他省份相比差距较大；六是专门为宣传思想文化人才队伍中的骨干人才团队制定的鼓励政策较少。

（四）培训师资力量不足，培训效果不佳

一是青海省宣传思想人才队伍的培训师资力量不足，专门针对宣传思想文化人才能力提升的培训教育缺乏；二是在职人员的系统培训渠道不畅、培训机构的专业性和针对性远远满足不了当前宣传思想文化人才队伍发展的需求；三是省外培训受财力的约束较大。

（五）创新能力不足，推广力欠佳

当前，青海省宣传思想文化人才创新动力和能力不足，文化创意项目策划和精品创作能力低，文化产品研发创新力度不够。文化企业的产品创新推广能力不足，文化经营管理人才借智转化经验的能力缺乏，本省特色思想文化精髓品牌化少。

四 进一步加强和改进青海宣传思想文化
人才队伍建设的对策建议

（一）完善宣传思想文化人才队伍建设体制机制

一是提高管理层面综合考核指标体系中人才工作专项考核的权

重；二是加强人才工作力量，配齐配强工作人员，专人负责人才工作；三是完善全省宣传思想文化人才选拔考核评价和人才管理干部的选拔使用机制以及相关的管理制度；四是强化人才的服务管理，优化人才工作环境，进一步明确部门工作职责，提升人才服务效率，帮助人才搭建创新、创业平台，营造有利于人才发挥潜能的发展环境。

（二）加大政策扶持和财政投入力度

一是建立各类优秀人才灵活有效的引进和激励机制，推动人才投身于全省文化、经济和社会发展；二是在现有人才政策的基础上进一步调高宣传思想文化人才队伍的政策待遇，落实各项补贴政策；三是尽快制定全省宣传思想文化系统关于智力报偿的相关政策，以激励全省宣传思想文化行业人才的智力贡献率；四是加大当前宣传思想文化事业费的投入力度，设立行业和专业的人才专项资金基础上逐年加大资金投入，降低从基层到管理部门的宣传思想文化工作的物质束缚。

（三）加大高层次人才引进和开发力度

一是完善宣传思想文化领域党政、专业技术、企业经营管理高层次人才之间的交流和挂职锻炼制度，突破人才身份、部门和单位的阻碍和限制，营造开放性的高层次用人环境，二是加大重点行业引进人才投入力度，结合宣传思想文化重点行业和专业的需求，提高引进人才的物质待遇，制定针对引进高层次人才的扶持政策，提升高层次用人的政策质量；三是简化高层次人才公开招聘手续，基层事业单位公开招聘硕士研究生以上或副高以上职称专业技术人才，可直接以考核方式进行招聘；四是建立中青年专家人才定期联系制度，加快开发宣传思想文化工作领域未来急需的高层次创新人才。

（四）积极拓宽能力培养方式

一是建立宣传思想文化系统各单位人才培训的专项规划，优化人才成长的环境；二是依据宣传思想文化领域内各行业专业的特点，建立对口单位和专业的交流合作、能力培训的长效激励政策；三是尝试建设党政、事业、企业单位共享的协同培训育人实践基地，共同研究培养内容、实践方式，建立功能综合、开放充分、运作高效的专业类或跨专业类的培养平台，以缩短能力培养的周期。

（五）优化人才环境释放人才活力

一是改善人才成长的工作、学习和生活条件，制定长期吸引人才的政策环境；二是建立"人才服务绿卡"制度，解决人才子女、配偶以及生活方面的后顾之忧；三是加强人才地方性法规，人才的权益、流动管理、资源开发等法律法规，强化人才发展的法制保障；四是强化舆论宣传，利用新媒体和传统媒体对吸引、培养、使用、激励及保障等方面的政策体系进行宣传，营造尊重知识、尊重人才、尊重劳动、尊重创造的良好氛围。

（六）完善创新人才服务模式

一是尽快建立创新人才领导管理机制，充分发挥党委宣传部门的牵头管理作用，统一调配、统一筹划；二是制定宣传思想文化领域的创新规划或工作目标，明确奋斗方向，激发创新人才的工作动力；三是建立文化产品创新项目团队奖励基金，提升文化产品的质量和数量以及借智转化的能力；四是制定对文化经营管理人才的奖励办法，促进文化产品的社会推广和经济效益的转化；五是加强创新人才平台建设，建立行业或专业的创新人才工作站和培训基地，结合全省文化产业发展着力为创新人才提供良性发展的创业基地和团队。

（七）优化人才培养工程，建立重点紧缺人才目录

一是细化全省人才培养工程，从项目资助、生活津贴和围绕人才服务的政策等方面需要明确规定或有最低、最高金额的限定；二是优化人才培养的区域平衡，弥补全省区域的内部失衡，针对相对人才集中地区制定提升项目经费的投入力度的政策促进人才队伍整体发展，针对人才相对稀疏的地区制定提升重点人才或者优秀人才的扶持政策促进相关行业人才团队的发展；三是依据全省宣传思想文化工作领域重要行业或专业的人才稀缺度尽快建立紧缺人才目录。

专题篇

Special Topics

B.11

"清青模式"：人才智力对口支援的
创新探索与成功经验

孙发平　崔耀鹏　李鸿斌*

摘　要：　"清青模式"作为清华大学在人才智力方面对口支援青
海大学的一种基本范式，彰显了中国特色社会主义制度
的优越性。本报告在总结清华大学对口支援青海大学主
要做法的基础上，梳理概括了"清青模式"的基本内
涵和主要特点，阐述了"清青模式"取得的主要成效，

---

* 孙发平，青海省社会科学院副院长、研究员，研究方向：区域经济；崔耀鹏，青海省社会科
学院政法研究所助理研究员，研究方向：党史党建、政治学；李鸿斌，青海大学对口支援办
主任、教授，研究方向：高等教育。

指出了这一模式形成发展的基本经验以及几点启示。

关键词：　清华大学　青海大学　对口支援　人才培养

2001 年 6 月，为了贯彻落实西部大开发战略，教育部启动实施"对口支援西部地区高等学校计划"，指定清华大学对口支援青海大学。15 年来，在青海省委、省政府的正确领导、教育部关心支持以及支援高校的全力帮扶下，青海大学实现快速发展，探索出了西部民族地区高校跨越式发展的新模式，谱写了一曲东部高校与西部民族地区高校共同进步、协同发展的新乐章，彰显了中国特色社会主义制度的优越性。

一　"清青模式"的基本内涵、发展进程及主要特点

（一）基本内涵

教育部"对口支援西部地区高等学校计划"实施以来，青海大学改革发展取得显著成效。2011 年 12 月，青海大学被教育部评为对口支援高校 10 周年典型经验集体。2013 年 7 月 3 日，中共中央政治局委员、国务院副总理刘延东在青海省人民政府《关于清华大学对口支援青海大学工作情况报告》上批示："清华大学援建青海大学将优质教育资源向西部拓展，助西部高校跨越发展，其经

验可予以推广和宣传，推动高校为西部大开发作贡献。"我们认为，以清华大学为代表的东部发达地区高校，在人才智力方面对口支援西部民族地区高校——青海大学的过程中，成功创造的这种具有高等教育对口支援典型示范性的基本范式，可称之为"清青模式"。

（二）发展进程

第一阶段（1997～2001年），两校自由沟通交流阶段。在教育部对口支援西部高校计划启动之前，1997年根据国务院原副总理李岚清视察青海时"青海大学要主动与清华大学取得联系，在清华大学的帮助和支持下促进学校建设和发展"的指示与要求，青海大学组团赴清华大学进行了初步接洽，清华大学也组团进行回访，与青海大学就专任教师培养、学科专业发展和实验室建设等方面达成初步协议。

第二阶段（2001～2006年），教育部启动对口支援西部高校计划阶段。2001年6月，教育部正式启动对口支援西部高校计划，指定由清华大学对口支援青海大学，使两校间的交流合作得到新的发展。2001～2006年，清华大学选派四批教授团以课程建设为抓手全面开展对口支援工作。

第三阶段（2006年～至今），多校对口支援格局形成与发展阶段。为了促进青海大学农科类、地质类、化工类、医学类学科的发展，在清华大学的积极协调下，2006年12月、2007年5月、2010年8月，教育部分别批准西北农林科技大学、中国地质大学（北京）、华东理工大学增列为青海大学对口支援单位。2015年7月，在清华大学的倡导下，北京协和医学院也成为青海大学对口支援单位，最终形成了对口支援青海大学"五对一"发展新格局（见表1）。

表1 五所高校对口支援青海大学基本情况

序号	支援高校	支援开始时间	支援学科
1	清华大学	2001年6月	工科类、经管类等
2	西北农林科技大学	2006年12月	农科类
3	中国地质大学（北京）	2007年5月	地质类
4	华东理工大学	2010年8月	化工类
5	北京协和医学院	2015年7月	医学类

（三）主要特点

1. 引领性

即以清华大学为首的东部发达地区支援高校领跑中国高校对口支援工作，所发挥的"领头雁"和"头羊"效应十分明显。清华大学等支援高校充分发挥自身优势，注重人才支援、智力支援和技术支援，选派知名学者、专家教授等高层次人才来青海大学任教。对口支援工作启动以来，清华大学先后选派李建保、陈强、梁曦东、王光谦4位知名学者出任青海大学校长，为青海大学注入了新理念、新思路、新举措，成为高校对口支援的典范和楷模，极大地推动青海大学建设与发展。

2. 多元性

即"多对一"对口支援形式。在对口支援工作初期，清华大学以"一对一"的形式支援青海大学，随着对口支援实践的不断深入，清华大学勇于担责、示范带动，逐步协调西北农林科技大学、中国地质大学（北京）、华东理工大学、北京协和医学院相续对口支援青海大学农业类、地质类、化工类、医学类学科。由此，对口支援工作从支援初期的"一对一"形式发展到"多对一"形式，遵循了对口支援工作的基本规律，提升了对口支援工作的科学化水平。

3. 长期性

即对口支援工作具有长期化、常态化特征。清华大学对口支援青海大学不是短期行为，而是一项长期性的政治任务，并不断向支援与合作的深层次和高水平领域发展。这种长期性的高校对口支援，对于其他国家而言是难以想象的，充分体现了中国特色社会主义制度的优越性。

4. 精准性

即做到按需施援。清华大学瞄准青海高等教育发展和青海经济社会发展实际需求，不断深化对口支援工作，创新对口支援工作机制。清华大学帮助青海大学组建计算机技术与应用系，有效缓解青海省计算机与信息基础产业人才缺乏的问题；清华大学积极协调中国地质大学（北京）对口支援青海大学重建了地质工程系，培养了一批地质类专业技术人才，促进了青海地质矿产勘探开发事业发展。

5. 造血性

即强调"造血式"支援，不断增强受援高校发展内生动力。对口支援工作之初，清华大学就确定了"三不"原则，即不给钱、不讲课、不花青海大学一分钱。清华大学规定，教授团成员往来费用从派出学校所在院系科研经费报销，不花青海大学一分钱。清华大学虽然没有在资金上大力援助青海大学，但各院系和教师都根据青海大学需求尽力给予支援，特别是清华大学研发的办公、管理软件及教学课件等智力资源，都无偿支援青海大学。清华大学教师坚持充当幕后参谋，不越俎代庖、代为讲课，而是为青海大学教师讲示范课，并共同进行策划课程和探讨授课技术细节，培育青海大学教师自我发展能力。

二 "清青模式"的主要成效

15年来，在以清华大学为代表的支援高校帮扶下，青海大学在专任教师和管理干部人才培养、特色专业学科建设、实验室与基础设施建设、科学研究服务社会以及对外合作与交流等方面取得显著成效。

（一）人才培养质量显著提升

在清华大学等支援高校的帮扶下，修订本科专业培养方案和教学计划三次，植入"春季""秋季""夏季小学期"三学期理念，深化"因材施教""分级教学""3+1""订单式""藏语言应用教学实验班""高原生物学菁英班"和"全科医生"等人才培养模式改革，积极开展MOOC课程教学、"翻转课堂"、"大班授课小班研讨"等教学改革。获批实施国家级卓越人才培养计划项目9项，获批国家级教学团队2个、国家实验教学示范中心1个、国家级大学生校外实践教育基地1个、国家教育教学成果二等奖1项、国家精品视频公开课3门、国家级在线教育奖励基金优秀项目1项。在校大学生获国际大学生数学建模竞赛中获一等奖和二等奖各1项，获"挑战杯"全国大学生课外学术科技作品竞赛二等奖1项、三等奖9项，获"挑战杯"中国大学生创业计划竞赛银奖1项、铜奖6项，在全国大学生重大活动中获奖数量和级别在全省高校中遥遥领先。与对口支援初期2001年相比，青海大学学生人数由5000多人增加到2.7万人，增长近4倍；与2010年相比，在校本科、硕士、博士研究生数量分别增加37%、119%、136%。生源质量和毕业生质量大幅改善，人才培养质量显著提高。青海省内本科第一批次志愿报考率达到100%，本科毕业生质量进入武书连全国大学排名前50%，毕业生初次就业率2016年冲破90%大关。

（二）教师学历与能力显著提高

近年来，在清华大学等支援高校帮扶下，青海大学先后出台《显著提高教师学历与能力行动计划实施方案》等6个推动教师学历、能力提高的制度文件，实施教师个人三年规划、学科带头人引进与培养计划，启动"三江源学者"计划、"十百千"工程，提升教师学历和能力水平。借助对口支援高校优势资源，加大人才培养引进和教师队伍建设力度，三次提高人才引进标准，人才引进层次和水平越来越高，引进两院院士4名（含双聘）、长江学者4名、杰青2名、"千人计划"1名，多项指标填补青海高等教育空白（见表2）。与对口支援初期的2001年相比，专任教师中博士由1人增加到240人，专任教师中硕士以上学历的比例由11%提高到现在的82%，专任教师职称结构发生重大变化（见图1、图2）。

表2　青海大学国家级高层次人才及荣誉称号一览

序号	国家级人才及荣誉称号	"十一五"期间	"十二五"期间
1	两院院士(人)	0	4
2	长江学者、国家杰青、"千人计划"(人)	0	7
3	教育部新世纪/跨世纪优秀人才、国家"百千万人才工程"、"万人计划"和中科院"百人计划"(人)	7	12
4	教育部教学及科研创新团队数(个)	2	3
5	何梁何利基金科学与技术创新奖(个)	1	2
6	十佳全国优秀科技工作者提名(人)	0	1
7	全国优秀教师、优秀教育工作者、宝钢优秀教师(人)	10	24
8	全国中医药教学名师(人)	0	1

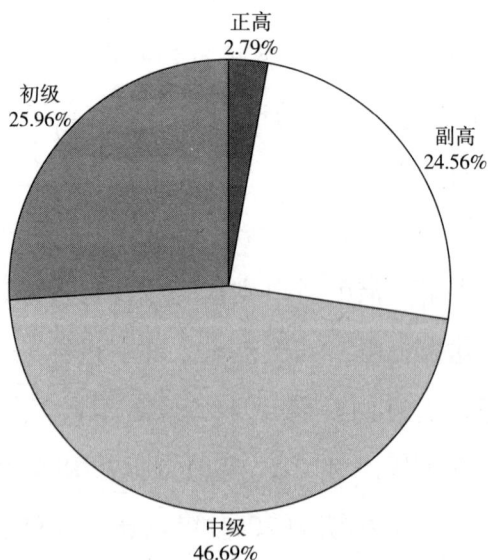

图1　2001年青海大学专任教师职称结构

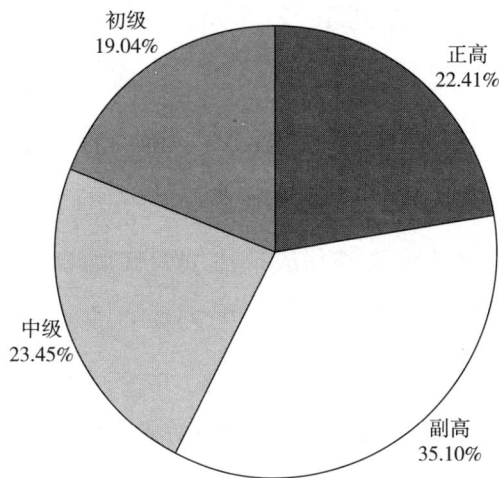

图2　2015 年青海大学专任教师职称结构

（三）科研服务社会能力明显增强

在清华大学等支援高校大力帮扶下，青海大学在三江源、生态环境、盐湖化工、高原医学、藏医藏药等学科领域已形成鲜明的研究特色，服务社会的能力显著提升。对口支援工作实施以来，青海大学制订出台《青海大学显著提高科研服务社会行动计划》，启动"东西南北中"科研发展战略规划，获批国家级科研平台和研究基地 10 余个（见表3），搭建了青海大学 – 清华大学三江源研究院等 10 个研究院（见表4）。"十二五"以来，进一步明确了"做强工学学科、做精医学学科、做优农学学科、提升经济和管理类学科、积极发展新兴交叉学科"的学科发展思路，重点建设了一批特色学科，内科学（高原医学）获批国家重点学科，作物遗传育种获批国家重点（培育）学科，实现了青海省国家重点学科零的突破。

2016 年，科研经费增加到 1.52 亿元，是对口支援初期的 46 倍。硕、博士学位授权学科得到快速发展，新增 3 个博士学位授权点、12 个硕士学位授权点，完成了工、农、医、管学科学位点的布局，实现了青海大学四大学科门类的研究生培养的全覆盖。与 2010 年比，有重大影响的科研项目和成果比例大幅度增加，获批科研项目数、到账科研经费分别增长 153%、175%；获奖成果总数、国际领

表 3   青海大学国家级科研平台和研究基地一览

单位：个

序号	国家级科研平台和研究基地名称	"十一五"期间	"十二五"期间
1	国家重点实验室	0	1
2	国家重点实验室分室	0	1
3	省部共建国家重点实验室(培育基地)	0	2
4	国家地方联合工程实验室(中心)	0	3
5	教育部人文社科重点研究基地分基地	0	2
6	国家级大学科技园	0	1
7	国家级新农村发展研究院	0	1
8	国家农业科技创新与集成示范基地	0	1

表 4   青海大学与支援高校共同搭建的 10 个研究院一览

序号	研究院名称
1	青海大学–清华大学三江源研究院
2	青海大学–清华大学三江源高寒草地生态系统野外观测站
3	青海大学产业发展研究院
4	青海大学–华东理工大学柴达木盐湖化工循环经济技术研究院
5	青海大学–中国地质大学(北京)青海湖地学实习基地
6	青海大学新农村发展研究院
7	青海大学–中国地质大学(北京)青藏高原天然气水合物研究院
8	中国地质大学(北京)地调院青海大学分院
9	青海大学三江源数据分析中心
10	青海大学–"青海–犹他科技创新联盟"

先和国际先进成果分别增长 22.3%、66.7% 和 380%。其中，获青海省科技进步一等奖 4 项、二等奖 10 项，占全省获奖数一半以上。高原动物的低氧代谢相关基因存在趋同进化现象等系列研究成果，发表在世界顶级学术刊物 Nature、Science 杂志上。目前，西北市场上绝大多数豌豆、马铃薯、杂交油菜、大粒蚕豆等品种皆由青海大学选育而成。

（四）国际合作与交流水平广泛开展

近年来，青海大学与欧洲、北美等 12 个国家的 21 所著名大学和科研机构广泛开展合作与交流，先后与新西兰奥克兰大学、林肯大学，日本宫崎大学，美国犹他大学等签署了合作协议 21 个，成立了青海 – 犹他科技创新联盟，与犹他 – 青海产业技术创新战略联盟的合作纳入中美绿色合作伙伴计划，并列入中美能源和环境十年合作框架。清华大学 – 青海大学 – 奥克兰大学"三兄弟"合作有效开展，在科学研究、著作出版和人才培养方面结出硕果。2016 年 7 月，由清华大学 – 青海大学 – 奥克兰大学"三兄弟"高校学者共同编著完成的世界首部关于三江源生态领域的学术著作 Landscape and Ecosystem Diversity, Dynamics and Management in the Yellow River Source Zone（《黄河源区自然景观生态系统多样性、动态与管理》），由国际著名出版商德国 Springer（斯普林格）出版发行。有 895 人次国（境）外院校的校长、教授、学者和政府工作人员来校访问、科研合作、学术交流和接受培训，年均达 128 人次；共有 560 多人次赴国（境）外接受培训、攻读学位、访学交流、合作科研、参加国际会议。2015 年 6 月，成功接待了新西兰副总理比尔·英格里希来校访问；2016 年 5 月，美国加州大学洛杉矶分校副校长范芝芬教授来校访问；2016 年 6 月，韩国驻华大使金章洙来校访问并发表演讲；2016 年 11 月，以色列驻华大使马腾来校访问并发表演讲，青海大学国际交流力度显著加强、开放办学水平显著提高。

（五）学科专业建设明显进步

对口支援工作实施以来，在清华大学的支援下，成立了计算机技术与应用系、马克思主义学院；在中国地质大学（北京）支持下，成立了地质工程系，开设资源勘查工程专业；根据青藏高原生物资源丰富、独特的实际，成立了生物科学系和药学系。通过加强 7 个"211 工程"重点学科建设，三江源生态、高原医学、高原农牧业、盐湖化工、藏医药学、新能源新材料等学科已形成鲜明特色，学科的区域适应性和不可替代性进一步彰显。实现了一级学科硕士点在工、农、医、管四大学科领域的全覆盖和一级学科博士点零的突破。内科学（高原医学）获批国家重点学科，作物遗传育种获批国家重点培育学科。

（六）基础设施条件显著改善

对口支援工作实施以来，在清华大学等支援高校和青海省委、省政府的大力支持下，青海大学教学、科研、生活等基础设施条件显著改善。坚持以"政府投入为主，多方筹措资金为辅"的原则，以特色谋支持、以项目争资金、以实干求发展，大力推进综合楼、教学楼、学生公寓等基础设施建设，办学条件发生根本性改变。与对口支援初期相比，青海大学图书馆藏总量由 80 万册（件）增加到 2016 年的 150.15 万册（件），增幅 87.7%，形成了基本覆盖全学科，包含丰富文献类型的综合性馆藏体系。教学科研仪器设备总值由 2328 万元增加到 2016 年的 27415.62 万元。实验室建设不断加强（见图 3、图 4、图 5、图 6）。"十二五"以来，累计投入各类建设资金 11.9 亿元，启动建设图书馆、盐湖楼、藏医药楼 3 大

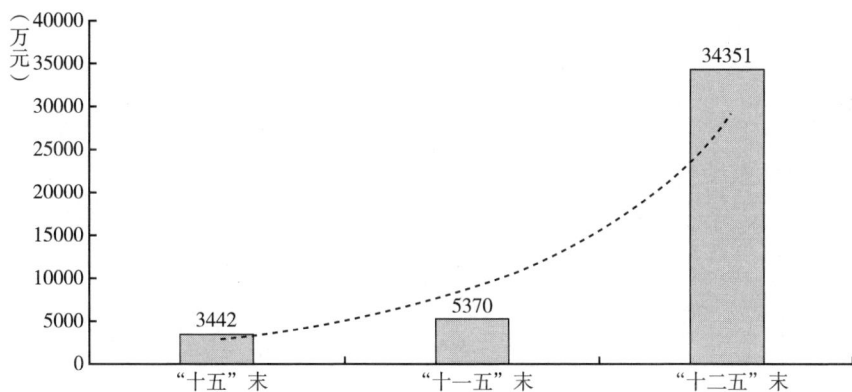

图 3　实验室建设投入经费

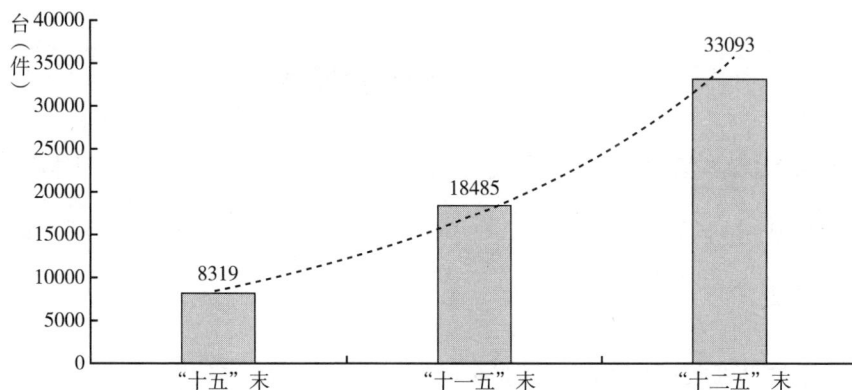

图 4　仪器设备台（件）数

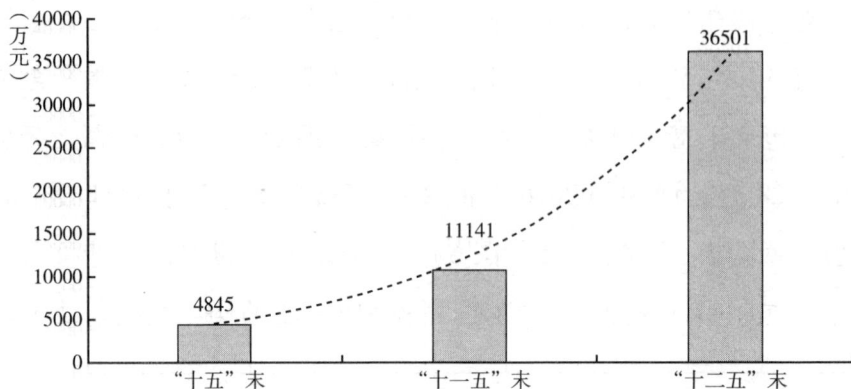

图 5　仪器设备值

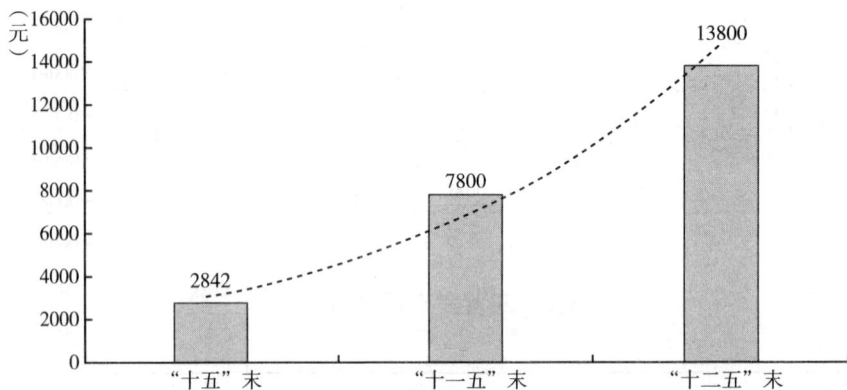

图 6　生均设备值增长情况

建筑和 6 栋学生公寓，教学行政用房面积近 30 万平方米，固定资产总值近 20 亿元，教学科研仪器设备总值近 4 亿元，教学和科学研究条件显著改善。

（七）综合排名跨越前移

在清华大学等 5 所支援高校的大力援建和真情帮扶下，青海大学的办学水平、综合实力得到显著提升。青海大学从一所名不见经传的西部普通高校，一年一大步、年年有进步，创造青海高等教育多项新成绩、实现多项新突破，发展成为国家"211 工程"重点建设大学和"中西部高校综合实力提升工程"建设高校。青海大学综合实力排名跨越前移，从原来的教学型大学成为教研型大学，给青海高等教育注入了巨大活力，产生了强大的示范效应。

三　"清青模式"的基本经验

实践证明，"清青模式"是发挥东部发达地区名校优势，促进西部民族地区高等教育跨越式发展的典范，对提升西部民族地区高等教育发展水平、解决高等教育地区之间失衡问题产生了巨大推动作用，为欠发达地区探索出了一条高等教育创新发展的成功之路。

（一）高度重视、顶层设计是"清青模式"形成发展的关键因素

青海省委、省政府高度重视青海大学的建设发展。青海省委主要领导每年会见清华大学等支援高校领导，每年全程参加对口支援青海大学工作会议，共同商讨对口支援工作，切实解决对口支援工作中的困难和问题。2015 年 11 月，青海省委常委会专题研究并通过了《青海大学"十三五"深化综合改革提升综合实力总体方案》，这在青海建政史上尚属首次，成为青海大学发展腾飞的纲领性文件。清华大学等五所对口支援高校高度重视对口支援工作。支

援高校先后选派 10 余批次专家教授组成顾问团，对青海大学发展规划、中西部高校提升综合实力资金规划、"十三五"深化综合改革提升综合实力总体方案，进行了科学帮助指导，进一步明确了青海大学发展方向、发展思路和发展目标，奠定了坚实的发展基础。清华大学原党委书记陈希更是明确提出："对口支援青海大学不是权宜之计，是清华大学一项长期工作，是无私的、全方位的、实打实的。"现任清华大学党委书记陈旭从任副校长开始一直负责对口支援工作，2007 年起先后 10 余次到青海大学指导工作，特别是就任清华大学党委书记后一年内 2 次到青海大学商讨对口支援工作。她多次指出："清华大学高度重视对口支援青海大学工作，一直将其作为一项政治任务和建设世界一流大学的重要内容"。

（二）健全机构、完善机制是"清青模式"有效运行的根本保证

对口支援工作启动以来，清华大学专门成立了以主管副校长为组长，学校党委办公室、校长办公室、教务处、研究生院、科研院、继续教育学院等单位负责人参加的对口支援领导小组，并以"清华大学对口支援青海大学教授团"的形式实施支援工作。清华大学党委书记坚持每年一次亲自带队到青海大学检查支援工作实施情况，并与青海大学的领导共同制定下一年的工作计划。目前，对口支援青海大学工作立足当前、着眼长远、超前谋划，已形成"每5年签订一次对口支援协议，每年制定一次对口支援工作计划，每年召开一次对口支援工作总结会议"的工作制度。对口支援工作实施以来，清华大学先后选派李建保、陈强、梁曦东、王光谦4

位知名学者出任青海大学校长，为高等教育对口支援树立了典型模范，发挥了示范带头作用。在清华大学等支援高校的援助下，青海大学实现跨越式发展的体制机制不断完善。例如，支援高校帮助青海大学编制完成《青海大学章程》，为建设现代大学提供了重要制度保障；建立健全完善协同创新机制，支援高校与青海大学共同培育、申报"国家三江源生态协同创新中心""国家盐湖资源化学与过程工程协同创新中心"等，为入选"2011 计划"奠定了良好的基础。

（三）立足实际、精准施援是"清青模式"深入推进的有效举措

清华大学等支援高校立足青海高等教育与青海经济社会发展实际需求，在坚持"输血"支援的前提下，更加注重"造血支援"，并不断加大"造血"支援力度；在坚持普惠性支援的前提下，更加注重精准支援，切实解决青海大学发展建设的紧迫需求。从对口支援工作历程看，清华大学最初以课程建设援助起始，发展到提高专任教师教学和科研能力，再发展到院系之间合作交流、专业学科建设，最后逐渐扩大到联合成立实验室和科研平台，形成共同发展、协同创新的对口支援工作新局面和新格局。2013 年，清华大学坚持重心下移、力量下倾、精准对接，深层次实施两校院系之间对口支援与合作交流工作；2014 年，在清华大学的带动示范下，西北农林科技大学、中国地质大学（北京）、华东理工大学、北京协和医学院加大与青海大学院系层面援建与交流合作力度，各院系之间签订工作协议 15 份；2015 年，继续扩大对口支援成果，切实做好"两个转变"，即从校际层面下移到院系层面，最后转移到教

师之间深度合作；2016 年，联合对口支援高校深入落实《青海省—清华大学省校战略合作协议》，签署了《青海大学—海西州战略合作协议》等 5 个协议，成立了青海大学海西州循环经济重点实验室等 4 个研究平台。

（四）培育人才、固本强基是"清青模式"持续发展的不竭动力

清华大学等五所对口支援高校发挥人才智力资源优势，精心选派 4 位一流知名专家学者担任校长，认真挑选 17 名高层次专家教授出任院系实际负责人，派出 10 余批次专家教授团参与课程建设、学科专业建设和实验室建设等具体对口支援工作。支援高校的认真的工作态度、严格的工作作风和无私奉献服务的精神都深刻影响、激励着青海大学师生。在清华大学等支援高校帮扶下，青海大学人才强校战略强力实施。对口支援工作开展以来，共引进博士 137 名，培养博士 105 名，尚有 156 人在职攻读博士学位。目前，学校专任教师中硕士以上学位者达 81%，其中博士达 18%，已汇聚了院士 4 人、"长江学者" 4 人、国家"杰青" 2 人、入选"青海省高端创新千人计划" 66 人、"昆仑学者" 46 人、优秀博士 240 人，本土化培养的国家层面高层次人才 43 人，仅 2016 年就入选国家百千万人才工程、中国科学院"百人计划"等项目 4 人。藏医药等国家和省部级教学科研团队已达 27 个。青海大学还不断加强管理干部培训工作。对口支援工作启动以来，青海大学积极选派中层优秀管理干部和思想政治辅导员赴清华大学等支援高校学习、培训、锻炼，清华精神在青海大学生根、开花、结果。

（五）明确目标、提升能力是"清青模式"科学发展的最终目的

对口支援工作启动以来，清华大学援建青海大学的发展目标逐渐明确。近年来，清华大学协助青海大学共同研究制定"四个行动计划"，即显著提升人才培养质量、显著提升科研服务社会能力、显著提升教师学历能力和国际合作与交流水平。实践证明，"四个行动计划"是符合青海高等教育发展实际，遵循高校对口支援工作基本规律的价值导向和目标追求，并获得巨大成功。以显著提升人才培养质量目标为例，在清华大学的倡导和帮助下，青海大学组建了计算机系，并探索尝试一批本科招生，生源质量得以大幅提升，毕业生竞争力得到巨大提高。再以显著提升科研服务社会能力为例，截至目前，青海大学与清华大学等 5 所支援高校共同承担科研课题项目 50 余项，其中包括国家重大研发计划 2 项，课题项目经费资金达 3000 余万元，服务社会发展的功能日益彰显。

四 "清青模式"的几点启示

高校对口支援的实践不止步，理论创新也不止境。目前，以清华大学为代表的五所高校仍在对口支援青海大学，其所创造的"清青模式"给我们以深刻的启示。

（一）进一步提高对高校对口支援工作重要性的认识

思想是行动的先导。做好高校对口支援工作首先要充分认识对

口支援西部地区高校的重要性。首先，由于青海经济社会发展水平较低，高等教育发展较为滞后，实现青海等西部高校跨越式发展离不开东部地区高校的大力支援。西部受援高校要充分把握高校对口支援的历史机遇，积极利用好各支援高校的人才智力资源，推动高等教育跨越式发展。其次，支援高校应将对口支援工作作为一项政治任务和社会责任长期坚持下去，全方位地、实实在在地开展对口支援工作，努力做到决心不变、力度不减，探索推进协同创新，打造高校对口支援工作"升级版"。最后，对口支援工作实践的深化与发展，要求我们必须转变思路、更新观念，密切围绕地方特色，打破常规思路，推动新型特色学科发展，实现以特色求优势、以特色求发展、以特色建一流的发展目标。同时，以对口支援为依托，深化与受援高校、受援高校所在省市全面合作，推动援受双方发挥自身独特优势、互帮互助，在服务党和国家战略中实现援受双方共同进步、协同发展。

（二）创新对口支援工作体制机制

制度具有根本性、长期性和稳定性。做好高校对口支援工作，必需创新工作体制机制。一是建立健全对口支援长效机制，推进对口支援工作重心下移，从校际层面下移到院系层面，实现学者之间深度合作，建立健全"一对一、多帮一"帮扶机制。二是实行对口支援"三个一"工作模式，即每五年签订一次协议，每年制定一份年度计划，每年召开一次总结会议。努力做到既注重制定长期规划，又注重年度任务落实，为受援高校科学发展奠定坚实的基础和保障。三是选派骨干，接力支援。坚持校长由支援高校精选，相关院系负责人、学科带头人由支援高校选派机制，输送新的办学理念和发展思路，推动学术研究和学科发展。转变对口支援工作方式，变单向支援向联合协同发展推进，实现援受双方共赢。

（三）大幅提高师资队伍建设水平

大学的灵魂在于大师。做好高校对口支援工作，必需建设一支高素质师资队伍，增强受援高校自我发展能力和水平。一是依托对口支援平台，加大支援高校选派教师和干部到受援高校任职工作力度，以双聘形式聘任院士等国家级高层次人才来校担任学术学科带头人，提高年在校双聘挂职的高层人才次数量。二是实施受援高校教师学历和能力培养提升工程，采取访问学者、教师互派、科研合作、教师进修、定向培养等多种形式，提高中青年教师学历和能力水平。三是以课程建设为基础，指导受援高校精品课程、教学名师及实验教学示范中心申报工作，推动教育教学水平不断向高层次攀升。

（四）大力推进联合科研攻关

大学既是教学中心，又是科研高地。做好高校对口支援工作，必需提升受援高校科研水平和服务社会能力。一方面，加大支援高校对受援高校相关学科专业的指导和帮扶力度。鼓励支援高校相关院系专家教授与受援高校相关学科教师联合申报重大科研项目、科技奖项和专利成果，指导受援高校教师发表或联合发表高水平文章，指导受援高校深化教育教学改革，提升人才培养质量，联合指导受援高校学生参加"挑战杯"、数学建模等国家级各类竞赛。另一方面,鼓励支援高校国家重点实验室在受援高校设立分室或建立伙伴实验室,联合争取科技部、教育部等有关国家部委的政策、资金、项目等方面的支持,推动西部高校实现教育跨越式发展。

青海藏区人才队伍建设研究

中共青海省委组织部*

摘　要：　加强青海藏区人才队伍建设是巩固党在青海藏区的领导
地位和执政基础、推动青海藏区经济快速健康发展、维
护青海藏区大局稳定与长治久安的基础和关键。报告在
系统分析青海藏区人才队伍现状、全面总结青海藏区人
才队伍建设的主要做法及成效、客观认识青海藏区人才
队伍建设面临的问题及困难的基础上，提出了加强青海
藏区人才队伍建设的对策措施。

关键词：　青海藏区　人才队伍建设

人才资源是经济社会发展的第一资源。青海藏区人才队伍是青
海人才队伍的重要组成部分，也是巩固党在青海藏区的领导地位和
执政基础、推动青海藏区经济快速健康发展、维护青海藏区大局稳
定与长治久安的基础和关键。当前，在决胜全面建成小康社会的关
键时期，系统分析青海藏区人才队伍现状，全面总结青海藏区人才
队伍建设的主要做法及成效，客观认识青海藏区人才队伍建设面临的问

＊　青海省社会科学院张生寅研究员、靳艳娥助理研究员也参与了该篇目的撰写与调研。

题及困难，深入研究加强青海藏区人才队伍建设的对策措施，对于进一步提升青海藏区人才队伍建设水平、推进青海藏区经济社会发展和长治久安、与全国同步全面建成小康社会具有十分重要的现实意义。

一 青海藏区人才发展取得的成效与存在的问题

（一）人才总量快速增长

青海藏区各州自 2010 年相继制定并实施中长期人才发展规划以来，人才总量持续快速增长。截至 2015 年底青海藏区人才总量为 124701 人，占全省人才总量的 33.35%，略低于青海藏区人口数占全省总人口数（35.92%）的比例。从 2009 年至 2015 年藏区六州人才增量变化情况看，有四个州的人才增量高于全省同期水平，海南州的人才总量增长最快，说明自 2010 年以来藏区人才工作成效明显（见表 1）。

表 1　藏区六州 2015 年底较 2009 年底人才总量增长对比

单位：人，%

地区 ＼ 年份	2009	2015	增长率
海西州	28899	35349	22.32
海南州	18707	28601	52.90
海北州	16385	20315	24.00
黄南州	18600	23084	24.10
玉树州	10113	10441	3.24
果洛州	6738	6911	2.57
全　省	30.99 万人	37.39 万人	20.65

（二）人才结构矛盾十分突出

分析表明，青海藏区人才在区域分布、领域分布、行业分布和部门分布等方面的结构性矛盾十分突出。

1. 玉树、果洛是藏区"短板中的短板"

从人才的区域分布来看，藏区是全省人才发展的短板，而藏区各州当中人才分布的地域差距也十分明显。以各州人口、人才占六州总人口、人才总量的比重为：海西州、黄南州的人才比重分别高于人口比重6.87和6.50个百分点，人才密度在六州中较高；海北州、海南州的人才比重与人口比重基本持平，人才密度在六州中居中；玉树州、果洛州人才比重分别低于人口比重7.63和4.63个百分点，是青海人才发展"短板中的短板"（见图1）。

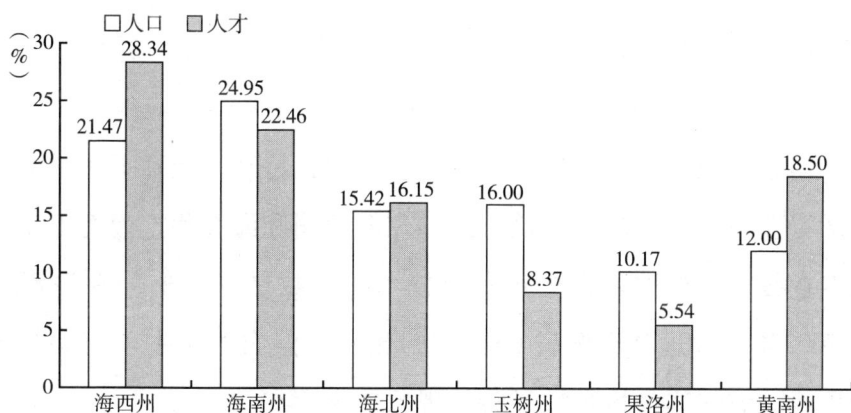

图1　2016年各州人口、人才占藏区总人口、人才总量的比重

2. 领域分布"双高双低"结构特征明显

在青海藏区人才中，藏区党政人才24924人，占藏区人才总量的 19.99%；专业技术人才 41266 人，占 33.09%；企业经营管理人才 2185 人，占 1.75%；农牧区实用人才 24304 人，占 19.48%；社会工作人才 4362 人，占 3.5%；高技能人才 27660 人，占 22.18%。与全省相比，藏区党政人才比全省高出 5.04 个百分点，专业技术人才低 4.72 个百分点，企业经营管理人才低 6.59 个百分点，农牧区实用人才高 3.87 个百分点，形成了党政人才和农牧区实用人才比例"双高"、专业技术人才和企业经营管理人才"双低"的人才结构。"双高"反应了青海藏区社会管理任务重和农牧业比重大的区情特征，而"双低"则对藏区经济社会发展具有不利影响。

3. 教育医疗行业专技人才比例畸重

在藏区，教育卫生是关系民生的基础领域，人才应当优先发展、重点保障；科技、农牧业、水利等 17 个行业，涉及藏区经济可持续发展、生态环境保护、社会治理等各个方面，对藏区落实"四个扎扎实实"重大要求至关重要，其人才队伍也应得到均衡发展。但是在藏区，专业技术人员比较短缺，特别是教育卫生领域之外的专业技术人才严重不足。例如在海南州和海北州，教育卫生领域专业技术人员数量占全州专业技术人员数量的比重分别为 82% 和 76.7%，远远高于全省 66.6% 的比例。但农牧民牛羊有病找不到兽医、农作物种植全凭经验的现象普遍存在。

（三）人才层次亟待提高

与藏区人才结构性矛盾相并行的是人才层次问题，突出表现为受教育程度偏低、专业训练不足和骨干带头人才紧缺。

1. 受教育程度偏低

藏区原有人才大多初始学历不高，加之市场化条件下高端人才引进困难，导致藏区现有人才队伍中受教育程度偏低的情况还较为严重。例如在藏区党政人才中，具有学士及以上学位的比重仅为19.01%；藏区8家县及以上研究与开发机构至今尚无1名取得硕士或以上学位的工作人员。

2. 专业化培训不足

藏区多数专业性较强的岗位在职人才缺乏系统的专业化培训，且现有岗位人才多采取"就地取材""就近取材""临时抓差"的方式满足求知需要，"边干边学""半道出家"型人才较多。甚至一些领域专业人才出现难以为继的断层现象。例如，医疗卫生领域放射影像、麻醉等专业，基础教育领域中音体美等专业，屡屡出现"设备等人""岗位等人"的情况。

3. 骨干带头人才紧缺

藏区骨干带头人才引不进、育不出、留不住的问题十分突出。特别是高海拔、艰苦环境等因素客观上制约专家人才长时间在藏区工作生活，也使藏区好不容易培养出的人才出现"凤凰长成日，便是低（海拔）飞时"的现象，其结果就是藏区骨干领军人才紧缺。在全省2016年支持的"高端创新人才千人计划"领军人才中，藏区仅占12.5%，远远低于藏区人才比重和人口比重。其直接后果就是出现"团队等人"现象。例如，某地环境监测站实验室建设项目，由于缺乏主持实验建设的专业人才，房屋、设备、工作人员晒太阳一年多，最后通过博士服务团成员才得以解决。

二 青海藏区人才队伍建设的成效经验

在藏区，人才总量能逆势而上，取得高于全省整体水平的增长率实属不易，这主要得益于以下方面。

1. 有效把握了人才发展体制机制改革的政策机遇

多年来，国家和省级层面陆续出台支持艰苦地区和基层一线人才的政策。特别是近年来，通过推进人才发展体制机制改革，实施三区人才计划、对口援青计划以及基层人才编制管理、人员招录、职称评定、薪酬待遇等方面的改革，切实让藏区人才感到了重视、受到了激励、得到了实惠，有效提高了藏区人才的获得感，有力促进了藏区人才队伍建设。

2. 积极发挥了对口援青的战略机遇

自 2010 年中央实施对口援青战略以来，青海藏区依托对口援青平台，积极拓展人才智力援青渠道，有效促进了藏区人才队伍建设。7 年来，中央先后选派 552 名干部人才支援藏区，带来了新理念、新思维和新技术，极大地增强了藏区干部人才活力；青海藏区先后选派 462 名党政人才赴支援方挂职锻炼、组织 5.5 万名各类人才和劳动力参加对口支援培训，并积极举办异地高中班从基础开始培养藏区人才，取得了良好效果。

3. 初步构建了广覆盖的人才培养体系

通过持续发展，国家、省和藏区各地等不同层级，以及人才工作部门在藏区逐步建立起了纵横结合的人才培养培训体系，基本覆盖了藏区各类人才，基本解决了人才知识更新不及时的问题，整体推进了各类人才队伍建设。有的地区还主动作为，创新人才培养培训项目，取得了实效。例如，玉树州和果洛州依托杨凌职业技术学院，开设"精准扶贫水利人才订单班"，深度培训基层专业人才。

4. 不断迈出了引进人才智力的新步伐

藏区各地积极依托"万名专家服务基层行动计划""'三区'人才支持计划""青海高端创新人才千人计划""海外赤子来青服务活动""京青专家服务活动"等载体，引进专家智力服务藏区生态畜牧业、生态环境保护、教育医疗等事业发展。部分地区充分发挥资源和产业优势，实现了人才发展的飞跃。例如，海西州积极建设盐湖资源综合利用产业技术创新等 10 个国家级平台和 43 个省级平台，与省内外院校搭建合作联盟，与 179 名专家签订引智协议，促成 6 个院士工作站落地，正在把柴达木盆地打造成为青藏人才高地。

三　青海藏区人才队伍建设的问题原因分析

在看到青海藏区人才队伍建设成效的同时，深入分析可以发现，藏区人才发展问题的实质是人才有效供给严重不足，究其原因，一方面有自然环境的影响、发展水平的制约等客观方面的因素，另一方面则是思想观念、环境氛围、体制机制等方面的主观因素，这也是影响藏区人才发展的更为深层次、更为能动和最有可能突破的因素。

（一）观念上的原因

1. 关于政府和市场作用规律的认识误区

总体而言，青海藏区市场发育不足，市场主体偏弱，市场资源欠缺，市场机制不发达，政府驱动发展、政府分配资源的特点尤为突出。这种区情特点容易造成关于人才发展政府和市场关系的认识误区。要么认为，既然市场在人才资源配置中起决定性的作用，而藏区在人才待遇上还拿不出"真金白银"，那么人才工作只能是"瞎忙乎"；要么认为政府可以"包打天下"，期待上级政府"分配"人才，或者试图"管住"人才流出。事实上，政府发挥"有形的手"的功能，不能"乱弹琴"，需要充分遵循政府和市场关系的基本规律和人才成长的基本规律，发挥"规划之手"、"改革之手"、"激励之手"、"服务之手"和"引导之手"的功能推动藏区人才发展。

2. 关于人才发展规律的认识误区

藏区人才工作中容易静止和孤立地看待人才发展规律，缺乏持续激励人才观念。人有不同的需求层次。不同的人才、人才在不同的发展阶段，追求的需求层次不一样，随着人才层次的提升，人才需求的层次也会提升。不能认为满足人才的物质需求就是一招就灵、一劳永逸。事实上，不断帮助人才在事业上成功是对人才持续的激励，也是自然环境艰苦、经济发展落后的藏区能够激励人才的最大法宝。

（二）环境上的原因

人才要发挥作用和不断成长，必须要有相应的硬件和软件环境。当前藏区人才引不进、长不出、留不住的深层次原因是人才发展环境上的问题。

1. 人才发展硬件不足

"不是凤凰飞不到，更无一树是梧桐"藏区人才发展中容易陷入就人才论人才的怪圈。因此需要有"跳出人才发展人才"的意识和行动，聚焦优势领域、集中有限资源，"栽梧待凤"，为人才发挥作用创造良好的硬件条件。这些硬件条件宏观上包括产业基础、资源条件、基础设施、创新平台，微观上包括实验室、设备、经费等工作保障以及住房、交通等生活保障。

2. 人才发展软件欠缺

藏区人才发展的问题不总是硬件条件不足造成的，特别是随着国家、青海省和对口支援对藏区硬件建设的持续加力，藏区人才发展软件方面的深层次原因越来越突出。不少地方以"既要跑得快，又要少吃草，还要任我骑来任我骂"的标准要求本地人才，以"天下熙熙皆为利来，天下攘攘皆为利往"的眼光看待引进人才，缺乏对人才基本的尊重，更缺乏"识才的眼光、用才的胆识、容才的雅量、聚才的良方"，缺乏对人才的"黏性"。

（三）机制上的原因

藏区人才发展上的很多问题有政策层面的原因，但是更为深层次的是机制方面的原因。

1. 工作体制不健全

一方面，人才工作在藏区还没有成为硬指标，"一把手抓第一资源"的激励机制没有完全建立。少数地区负责同志缺乏"功不在我"的担当精神，人才工作还处在"说起来重要，做起来忘掉"的状态。另一方面，藏区人才工作力量薄弱，基层人才工作机构不落实、编制不到位，人才工作者身兼数职，队伍不稳定，专业训练不足。

2.主体作用发挥不充分

首先是政府转变职能、简政放权不到位，对用人主体管得过多、管得过死的情况还很突出，用人主体被"捆住手脚"，发挥作用的空间不够。其次是有些用人主体由于藏区艰苦的自然环境和落后的经济基础，工作中出现畏难情绪，缺乏发挥作用的信念。再者用人主体在人才发展工作上缺思路、缺门路，"心有余而力不足"，缺乏发挥作用的能力。

四　进一步破解藏区人才发展问题的对策

（一）持续推进思想观念转变

第一，狠抓藏区思想认识解放，以推进人才发展体制机制改革为主线，加强国家及省级重大人才政策在藏区的宣传普及，让基层政府、用人主体和各类人才充分了解各项创新政策，切实改变以往不合时宜的观念和做法。

第二，狠抓藏区人才政策理论学习，围绕学习贯彻《习近平关于人才工作论述摘编》，将人才发展新思想、新理论的学习纳入领导班子中心组学习、干部教育培训内容，使各级领导干部真正从思想上重视人才、工作上支持人才、感情上贴近人才。

第三，狠抓藏区思维理念拓展，突出人才价值支撑取向，引导政府部门充分尊重人才发展规律和市场经济规律，克服"官本位"倾向，以开放的心态和灵活的办法，吸引、留住和用好各方面人才，让全社会创新"细胞"活跃起来，加快构筑藏区人才工作发展的强大动能。

（二）进一步优化人才发展环境

第一，继续加大对引进人才在子女入学、住房补助、医疗保障等方面的保障力度。

第二，借鉴推广海北州组织高层次人才赴外地休假疗养、海西州为具有高级职称的专业技术人才免费体检的方式，形成关心、支持、尊重、爱护人才的社会环境。

第三，树立涉及人才事项特事特办的理念，继续完善各州关于人才重大事项上的"一事一议"制度，在高层次人才比较集中的单位建立联系服务站，按照"简便、快速、高效"的原则，"一站式"为高层次人才和各类优秀人才提供关系对接、项目对接、难题处理等方面的服务。

（三）健全完善人才工作体制机制

第一，适当调整编制，充实人才工作专职人员队伍。

第二，继续完善人才选拔任用机制，依据市场规则，打破身份限制，形成面向区域内外、体制内外开放的人才选拔任用机制。

第三，进一步创新人才评价机制，加快职称制度改革，破除非公有制企业专业技术人才职称评定的障碍。

第四，积极推动省属高校探索形成以藏区实际需求为导向的高校专业结构调整和以创业就业为导向的人才培养类型结构调整机制。

第五，整合相关单位职能，明确责任分工，建立健全专门的人才服务管理机制。

第六，建立人才定期统计制度和专项调查制度，健全统一的、多层次的、分类型的人才资源数据库，完善人才统计指标体系，实现信息联网共享。

（四）充分依托对口援青平台优势

第一，在继续稳定目前党政人才及教育、医疗、农牧业生产等方面的专业技术人才选派规模的基础上，将藏区紧缺的企业管理、社会工作、现代农牧业、金融信息、电子商务、旅游、文化等方面人才纳入援助计划。

第二，改进援青人才选派方式，采取持续、动态的模式进行选派，减轻支援方在派出骨干人才时承担的压力。

第三，借鉴海北经验，将援青专业技术人才纳入各州"柔性引才库"，经常联系沟通，鼓励引导他们为藏区经济社会发展提供智力支持。

（五）灵活精准柔性引进人才

第一，坚持"不求所有、但求所用，不求所在、但求所为"的原则，通过项目合作、联合攻关的方式，采取引进聘请客座教授、开展专题讲学等形式，加大柔性引才力度，努力使外部的人才智力"为我所用"。

第二，建立健全人才智力柔性引进机制，鼓励各类人才通过咨询讲学、技术合作、科研活动等形式来藏区创新创业，鼓励用人单位通过岗位聘用、项目聘用等方式灵活引进优秀人才和智力。

第三，积极与省内外培训机构建立人才引进长期合作关系，采取远程咨询、智库合作、短期服务等形式，引进不同行业、领域的高端人才。

第四，加强现代网络建设，运用信息化手段，在工业、科技、教育、卫生等行业建构全方位、立体化柔性引才引智模式。

（六）切实培养好本土人才

第一，进一步落实和完善艰苦边远地区津贴、乡镇岗位工作补助、高海拔折算工龄补贴，健全艰苦边远地区津贴动态调整机制，因地制宜提高补贴标准。

第二，进一步放宽藏区专业技术人才职称评审条件，探索建立"定向评价、定向使用"的专业技术职称制度，优化事业单位专业技术人才中、高级岗位结构。

第三，加强对本土人才的培训奖励力度，在培训计划、培训内容的制定上更加符合藏区实际需求，在受训人员的选择上向边远地区倾斜，争取将编外的人才纳入培训计划。在国家级和省部级人才表彰中，适当提高藏区一线人才比例。

第四，在公务员及事业单位考聘中，在同等条件下，向本籍人员倾斜，加大本土人才队伍建设力度。

B.13
青海省生态文明人才队伍建设研究

毛江晖*

摘　要：　本研究以青海省生态文明人才队伍建设为研究对象，从人才总量、结构、专业等角度，分析了人才队伍的发展现状，以青海建设国家生态文明先行区这一新形势、新要求出发，厘清了人才队伍建设中存在的问题，并从优化结构、加强培养，创新机制，强化保障等方面提出了对策建议。

关键词：　青海省　生态文明　人才队伍建设

青海省的绝大多数辖区属于国家重点生态功能区，是中国生态系统的重要屏障，其独特的生态安全地位决定了青海在保护环境和建设生态文明中的重大责任。从系统因子相关性分析，影响青海生态文明建设的首要因子是人才资源。

多年来，青海坚持不懈地加强生态文明人才队伍建设，但与新形势、新任务、新要求相比，人才队伍还远不能满足发展的需要。

---

* 毛江晖，青海省社会科学院，生态环境研究所所长、副研究员，研究方向：生态环境学、生态文化。

要全面把握现状，客观分析存在的问题，切实提出对策建议，对于全面提升青海生态文明建设质量具有深远影响。

一 青海省生态文明人才队伍发展现状

自实施"生态立省"战略以来，全省各部门单位按照生态文明建设的要求，逐步配置、充实各领域人才，人才队伍初见雏形。

（一）人才队伍的构成

基于生态文明建设目标，生态文明建设人才是为保护建设美好生态环境，致力于人、自然、经济社会和谐共生、全面发展的各类专业人才。目前，国家、省级层面尚未形成统一的生态文明建设人才标准体系。本文根据《中共青海省委青海省人民政府贯彻落实〈中共中央国务院关于加快推进生态文明建设的意见〉的实施意见》① 和国家发改委等六部委《关于印发青海省生态文明先行示范区建设实施方案的通知》② 精神，并结合青海实际，将生态文明建设人才分为三类：一是生态管理人才，指从事生态管理与监督的公务员、参公单位和派出机构的工作人员（以下简称"管理人才"）；二是生态专业技术人才，指从事生态科研、监测、信息、宣教等专业技术人员（含没有专业技术职称但在专业技术岗位上工作的人员）（以下简称"专技人才"）；三是生态工程技术人才，指从事生

---

① 《青海环境》2015 年 03 期。

② http：//www. sdpc. gov. cn/gzdt/201408/t20140804_ 621195. html

态工程技术设计、施工、咨询服务等生态环保产业的工程技术、技能人才和经营管理人才（以下简称"技术人才"）①，以上三类人才构成生态文明建设人才队伍。

（二）人才队伍现状

1. 总量情况

从总量看，截至 2016 年末，生态文明建设人才总量达 116707 人。其中，管理人才为 2953 人（含生态管理人才 1215 人，生态监督人才 1738 人），专技人才为 31961 人（含科研人才 6137 人，监测人才 2702 人，信息人才 322 人，宣教人才 166 人，其他专业技术人才 22634 人），技术人才为 81793 人（含工程技术人才 7379 人，产业技能人才 55653 人，经营管理人才 18761 人）。

2. 结构情况

从年龄结构看，管理人才中≤40 岁占 18.23%，40～49 岁占 62.96%，≥49 岁占 18.80%；专技人才中≤40 岁占 20.75%，40～49 岁占 35.85%，≥49 岁占 43.40%；技术人才中≤40 岁占 64.38%，40～49 岁占 17.63%，≥49 岁占 17.99%。从文化水平结构看，管理人才中大专占 9.69%，本科占 88.60%，研究生占 1.71%；专技人才中大专占 8.79%，本科占 88.60%，研究生占 2.61%；技术人才中大专占 34.38%，本科占 53.13%，研究生占 12.50%。从职称结构看，专技人才中初级职称占 42.39%，中级

---

① 管理人才、专技人才的统计范围主要集中于环保、林业、农牧、水利、气象、国土、住建和高校科研机构等八个系统内的从事生态环保相关工作的人力资源，工程人才主要依据各部门自身所掌握的数据进行统计分析。

职称占 41.41%，高级职称占 16.20%；技术人才中初级职称占 47.56%，中级职称占 38.69%，高级职称占 13.75%。

3. 专业情况

从专业门类看，管理人才中文科专业占 45.83%，理科专业占 37.50%，工科专业占 16.67%；专技人才中文科专业占 13.51%，理科专业占 82.88%，工科专业占 3.61%；技术人才中文科专业占 1.62%，理科专业占 48.52%，工科专业占 49.86%。从具体专业看，在三类人才中，专业匹配度较高的生态环保、生态工程、环境工程、污染检测、循环经济等专业占 32.86%，其他较低的占 48.54%，不匹配的占 18.60%。

二 青海省生态文明人才队伍发展中存在的问题

近年来，尽管青海省秉持生态保护优先理念，大力发展生态文明建设队伍，但依然存在一些亟待解决的问题。

（一）人才总量小，无法满足生态文明建设需求

一是尽管人才队伍总量已达 116707 人，但均低于全国平均水平和西部平均水平，分别相当于全国的 84.17%、西部的 92.35%，与青海在全国生态大局中的地位和承担的工作任务相比，总量明显不足。二是从青海生态文明建设的实际出发，需要大量的生态环保监测人才和工程技术人才，但二者总量仅相当于全国平均水平的 75.65% 和 68.16%，无法满足实际需要。三是青海急需的草原生

态建设与保护、垃圾处理与资源化、核与辐射安全监管以及环境经济综合分析等人才数量少之又少，供需差距较大。

（二）人才分布和结构不尽合理，基层部门人才明显偏少

一是三类人才多分布在省市州层面，人才数量占比高达78.36%，而身处生态环境建设与保护一线的区县只占到21.64%。二是监督执法人才、生态环境监测人才多分布于行政事业单位，区县一级明显不足。生态环保工程技术人才多集中于"事转企"部门，而大量的生态环保企业中，这类人才处于奇缺状态。三是在各种主客观因素的共同作用下，三类人才的学历结构偏低，硕士及硕士以上研究生比例仅为3.75%，高级职称和执业资质占比也不到30%。四是由于受到全省环保系统"垂管"改革和区县"异质兼职"困局的影响，导致区县专业人才明显偏少。

（三）基层人才专业素质普遍较低，从业资质合格率不高

一是从基层（六州及其区县市）单位的涉及生态环境保护岗位的专业匹配度看，完全匹配的仅占8.9%，不完全匹配的占68.49%，完全不匹配的占22.61%。二是从基层单位人才的学历层次看，在专业技术人才和工程技术人才中，本科学历以下的仍然占到24.61%，高级职称或高级职业资格者的占比不到25%。三是基层单位人才队伍的继续教育与省级单位相比，明显迟滞，继续教育率只有41.67%，且知识更新速度较慢。四是从对执业资质要求较高的工程技术人才队伍看，环保工程师、公用设备工程师、注册环评师的比例仅为14.59%，制约了生态环保工程建设。

（四）缺乏完整机制，人才管理体制机制不完善

一是在人才发展规划和重大工程中，全省还没有针对生态文明建设人才队伍的资金投入机制，用于人才队伍基础能力建设的经费开支还未列入各级财政预算。二是在培养、引进和使用人才的制度安排中，还没有建立非学历职称唯一导向的各类型层次人才评价体系。三是在人才分配激励过程中，还没有建立鼓励人才创新创业、突破编制框架的分配机制。

三　加强青海省生态文明人才队伍建设的对策建议

为有效提高生态文明建设质量，青海省仍需要不断优化调整人才队伍结构，加强人才开发培养，实施人才体制机制创新，提升人才发展的基础保障能力。

（一）调整优化管理人才结构，合理配置监督人才

生态管理人才方面，一是要摒弃简单的编制管理手段，以人力资源数理统计预测模型为工具，根据不同实际，在不突破总编制的前提下，动态性地确定省市州三级人员数量并适时调整。二是加强省级组织人事部门的精细设计，确保生态文明建设领域"三支一扶"、选调生、轮岗挂职、社会招考和政策性安置等五条渠道畅通无阻。三是有关部门通力合作，将那些具有专业视野、较强协调能力，熟悉生态修复、环境治理、绿色生产的人员纳入编外临聘

计划。

生态监督人才方面，一是根据青海省各市州县经济总量、任务量大小、辖区面积和人口数量等，按照监察执法标准规范，科学合理地确定各级、各类生态环境监察执法人才队伍数量，优化人才队伍结构。二是坚持持证上岗制度。进一步加强生态监督岗位培训工作，提高培训质量，规范和提高各级生态监督人员的执业上岗资格。三是积极探索省属企业环境监督员制度，在县级以上重点控制的污染源企业、排放有毒有害物质的企业和部分重污染行业中设立企业环境监督员，实行资质管理，完善监察体系。

（二）着力完善人才培养体系，造就高素质专业技术人才

1. 科研人才

一是积极参与国家部委关于生态环境科研"四一人才工程"等项目，结合青海省生态环保领域特点和需求，培养造就一批本土中青年技术、管理专家。依托生态文明八大部门的高层次人才计划，通过国内培养与省际交流合作等方式，造就高层次创新型科研团队。二是加强三江源生态保护与建设等重点领域的战略性、前瞻性研究，鼓励青年学科带头人、科技骨干参与和承担国家级、省级重点科研项目，重点开展青海生态文明建设方面的创新研究。三是适应生态环保部门"垂管"改革和宏观决策的需要，积极培养、引进既熟悉生态保护和环境工程技术知识，又熟悉绿色发展"路线图"的复合型人才，努力提高他们参与决策的水平。四是建立全省生态环境保护科研院所的合作大平台，产学研相结合，依托国家、省级环境保护重点实验室、环境工程技术中心，结合重点科研

项目、重大课题，有计划、有目的地对环境科研人才进行培养。

2.监测人才

一是根据青海省各主体功能区生态环境复杂程度、任务量大小、国土面积和人口数量等，按照生态监测站标准，优化配置生态监测技术人才。二是统筹规划并形成持续的监测人员轮训制度，大力实施青藏高原生态监测人才工程，加快培养造就一批覆盖省市州各监测领域、监测系统的技术骨干。三是建立生态监测人员资格认定及持证上岗制度，完善生态环境监测人才评价体系，促进生态环境监测人才队伍建设的制度化和科学化。

3.信息与宣教人才队伍建设

筹建青海省生态环境信息中心，加快生态环保数字化建设进程，通过强化政府管理信息化建设工作带动生态环境信息管理人才的培养。按照市场化原则，加强生态环境宣教资源的优化配置，依托三江源国家公园、省级绿色学校绿色社区和省属高校的教育资源，增加宣教人才培养基地，积极阐释宣传青海的绿色发展理念，强化环境"育人"功能。

（三）强化"多元"联合，提升产业与工程技术人才职业能力

环保产业经营管理和技能人才方面，一是以做大做强青海环保产业、提高环保企业经营管理水平和市场竞争力为核心，制定实施"青海省环保企业经营管理人才培养计划"，依托省内外环保企业、高等院校和培训机构，加强人才的知识更新力度。二是制定实施"青海省环保产业高技能人才振兴计划"，完善以企业为主体、职业院校为基础、学校教育与企业培养紧密联系、政府推动和社会支

持相互结合的环保产业高技能人才培养培训体系，推进高技能人才培养。

工程技术人才队伍方面，一是针对三江源二期、祁连山、青海湖流域工程的共性与关键技术，加强相关学科硕士、博士等高级专门人才的培养。以青海省重点生态环保工程技术中心为依托，加快工程技术创新团队建设。实施高层次人才引进计划，积极吸引国内生态环保工程技术领域的知名设计专家。二是加快实施注册环保工程师、注册公用设备工程师等专业的注册、执业管理，建立注册执业人员继续教育制度。加快培养既熟悉生态环境工程技术知识，又掌握环境法规、标准和技术规范，能承担省内生态环境工程设计和建设任务的环保工程技术人才。三是积极鼓励和引导省内外知名龙头骨干企业创建国家级和省级生态环境工程技术中心，鼓励以企业、科研机构、高校等单位建设国家及省级生态环境工程技术中心，推广企业工作站建设模式，加快技术成果转化，逐步建立完整的生态环境工程技术创新体系。

（四）创新人才引进、培训、激励和流动机制，为生态文明人才队伍建设提供有力保障

1. 创新人才引进机制

一是通过支持省内科研单位与国家高水平研究机构、院校之间开展生态环保合作，通过实施三江源生态修复、绿色青海发展项目，发现、培养、交流一批高水平复合型的"本土"高端人才。二是按照青海省生态文明先行示范区重点工程目录的要求，鼓励以技术转让、技术入股、聘用兼职、考察讲学、担任顾问等多种途径

"柔性"引进国内高层次人才来青工作。

2. 创新培训机制

一是以八大部门为主线，把各类培训与普通高等教育、职业教育、成人教育等多种形式结合起来，鼓励和支持省属有关部门人员通过多渠道、多形式参加培训学习，建立和完善终身学习制度。二是健全青海省高校、科研机构生态环保学科体系，推广现代培训理论和培训方法，建立专技人员更新教育与人才培养、选拔、使用和专业职称评聘相结合的制度。

3. 创新分配激励机制

一是逐步建立重公平、重实绩、重贡献、向优秀人才、关键岗位和农牧区基层人才倾斜的分配激励机制，提高生态文明建设人才的三江源区补贴和艰苦岗位津贴，探索高层次人才、高技能人才年薪制、协议工资制和项目工资制等多种分配形式。二是建立服务、兼职、轮岗人员"差异化"体检、疗养、退养制度，改善青南地区、环湖地区从事生态屏障保护与建设人员的安全保障条件。

4. 创新流动配置机制

一是充分发挥省市州人才市场、社会中介机构在生态文明人才资源配置和开发方面的积极作用，积极开展针对生态文明建设人才测评、择业指导、职业生涯设计等工作。二是以省内差异性政策安排，引导各类创新型生态文明建设人才向重点专业、技术领域以及重点项目集聚。

（五）加大资金投入，强化基础建设

建立青海省生态文明建设人才发展专项资金，用于培养和引进高层次专业技术人才、急需紧缺专业人才和奖励有突出贡献的优秀人才。将生态文明建设人才的培训和基础能力建设经费列入省市州财政预算，予以重点保证，并逐年提高。在重大建设和科研项目经费中要安排一定比例的资金用于人才开发和高层次人才的培养。积极拓宽生态文明建设人才投入渠道，加强运行管理，形成专项资金的使用、监管、评估、纠偏机制。

制定青海省生态文明建设人才资源统计指标体系，强化生态文明建设人才专项年度调查制度和统计分析制度。建设青海省生态文明建设人才信息港，不定期发布供需、认证、福利及其他信息。建立青海省优化开发、重点开发、限制开发和禁止开发区域不同层级的生态文明建设人才资源数据库，重点是涉及青海省重点生态工程的紧缺专业技术人才库。加强生态文明建设人才队伍现状调查和需求预测，评估生态文明建设人才发展对经济社会可持续发展及生态环保的贡献，研究生态文明建设人才管理体制机制创新等带有全局性、战略性的重大问题，力争推出一批具有创新价值和操作性的研究成果。建立生态文明建设人才发展规划实施评价机制，分阶段、分步骤对规划实施绩效进行跟踪、评价、反馈，并根据评价情况进行优化调整。

参考文献

洛阳市人民政府：《洛阳市生态环境保护人才队伍发展规划》，豆丁网，2010 年 12 月。

环保部：《生态环境保护人才发展中长期规划（2010～2020）》，环保部网站，2011 年 5 月。

李自成：《推进新形势下环保人才队伍建设》，《中国环保网》2013 年第 7 期。

林麟：《福建省环境保护系统人才队伍建设研究》，福建农林大学硕士毕业论文，2014。

余雅洁：《重庆市生态功区发展战略的人才支撑体系研究》，重庆市委党校，2015。

附　录

Appendix

B.14
青海省深化人才发展体制机制
改革的实施意见

（青发〔2016〕20号）

为深入实施人才强省战略，充分发挥人才在科技创新、产业发展、企业管理等方面的引领作用，最大限度激发人才创新创造活力，为建设和谐美丽青海提供坚实的人才支撑和智力保障，根据中央《关于深化人才发展体制机制改革的意见》，结合青海实际，提出如下实施意见。

一　总体要求和基本原则

（一）总体要求

全面贯彻落实中央关于深化人才发展体制机制改革的重大战略部署，深入贯彻习近平总书记系列重要讲话精神，牢固树立创新、协调、绿色、开放、共享发展理念，紧扣"131"总体要求，遵循社会主义市场经济规律和人才成长规律，聚焦人才管理、培养引进、评价激励等重点环节，破除束缚人才发展的思想观念和体制机制障碍，构建科学规范、开放包容、运行高效的人才发展治理体系，形成适应青海省情具有区域竞争力的人才制度特色，把青海打造成西部地区具有影响力的人才集聚地。

（二）基本原则

深化人才发展体制机制改革，要在坚持党管人才、服务发展大局、突出市场导向、体现分类施策和扩大人才开放原则的基础上，注重融合发展，围绕经济社会发展需求，聚焦国家和青海省重大发展战略，把人才资源开发摆在更加突出的位置统筹规划，促进人才发展与经济社会发展需求相适应、相协调、相融合。注重引育用并举，把促进人才全面发展、充分发挥人才潜能作为人才体制机制改革的根本任务，完善更加开放、更加灵活的人才培养、吸引和使用机制，深度培养本地人才，精准引进急需紧缺人才，不拘一格用好人才，使人才创新活力竞相迸发。注重机制创新，坚持问题导向，以人才政策突破和体制机制创新为重点,聚焦关键环节,创新更具竞争力的人才集聚使用激励制度,使人才管理体制更加科学高效,人才发展机制更加完善。

二 加快建立人才与"三区"建设
战略融合发展机制

(三)加强人才与经济社会融合发展顶层设计

将人才发展列为经济社会发展综合评价指标,综合运用区域、产业政策和财政、税收杠杆,加大人才资源开发力度。坚持人才发展与实施重大战略同步谋划、同步推进,形成人才引领发展、发展集聚人才的良性循环机制。围绕"131"总体要求,制定完善生态文明先行区、循环经济发展先行区和民族团结进步先进区建设以及创新驱动发展战略、融入"一带一路"建设、"中国制造2025"青海行动、供给侧结构性改革、三江源国家公园体制试点等人才支持措施。

(四)构建重点产业领域创新人才优先发展机制

依托"高端创新人才千人计划",重点在高原特色现代生态农牧业,盐湖化工、有色冶金、能源化工等优势传统产业,新能源制造、新材料、电子信息、生物医药、高端装备制造等战略性新兴产业,节能环保、信息技术应用等工业新业态,旅游、文化、金融、物流等现代服务产业,加大人才培养和引进力度,到2020年,汇

聚 1000 名左右科技创新、产业发展、企业管理方面的拔尖领军
人才。

三　构建更加系统完善的人才培养支持机制

（五）推动人才教育培养模式创新

完善高端创新人才和产业技能人才"二元支撑"的人才培养
体系。探索形成以社会需求为导向的高校学科专业结构调整机制
和以创业就业为导向的人才培养类型结构调整机制，建立学科专
业预警、调整和退出制度。深化高校教育教学改革，完善创新创
业教育机制，创新应用型和技术技能型人才培养模式。着力构建
现代职业教育体系，支持企业与高校建立协同育人新机制，联合
培养人才。

（六）改进创新型科技人才培养支持方式

研究制定《青海省重大科技专项管理办法》《青海省重点研发
与转化计划管理办法》等规章制度，完善"项目＋人才＋平台"
协同支持模式。充分发挥基础研究的先导引领作用，建立对盐湖化
学、新材料科学、分子生物学、高原医学、新能源科学等重点领域
基础研究人才的长期稳定支持机制。围绕盐湖资源综合利用、光伏
光热发电和储能技术、高档数控机床与智能制造、精准农业、智慧
畜牧业、中藏药、特色生物资源深度开发、工业节能减排、矿产资
源开发生态修复等方面关键技术，加大对创新型科技人才培养支持

力度。采取项目攻关、国际合作、访学研修、学习深造、实践锻炼等形式，建立完善本地人才逐级培养、梯次使用的机制。

（七）优化企业家成长环境

修订《青海省国有企业领导人员管理办法（试行）》，推动省属出资企业建立健全法人治理结构和董事会选聘经理层成员试点工作，合理提高省属出资企业经营管理人才市场化选聘比例，选取1至2户省属出资企业开展职业经理人职位公开选聘。探索实施外部董事制度。依法保护企业家的创新收益和财产权，完善省属出资企业经营管理人才薪酬分类管理制度和中长期激励措施，健全与选任方式相匹配、与企业性质相适应的薪酬分配办法。实施企业家培训工程，提高企业家队伍整体素质和创新创业能力。建立容错机制，为企业人才"敢干事、能干事、干成事"解除后顾之忧。

（八）加快高技能人才培养

倡导工匠精神，建设高技能人才培训基地、技能大师工作室、劳模创新工作室，大规模培养技师、高级技师等高技能人才。构建工学结合、产教融合、协同育人机制，推动校企共建人才培育平台。积极推进学历证书和职业资格证书"双证书"制度，鼓励职业院校加强与职业技能鉴定机构、行业企业的合作。研究制定高技能人才激励办法，探索建立企业首席技师制度，开展现代学徒制试点。

（九）大力培养青年优秀人才和基层一线人才

把青年人才的培养作为长期发展战略，为青年人才创造脱颖而出、施展才华的有效平台。完善自然科学基金管理办法，将人才培养列为科技计划项目的考核指标，加大优秀青年创新人才支持力度。组织实施联合研发专项，以学术合作交流带动青年科研人员成长。完善青海省博士后管理政策，鼓励符合条件的高校、科研院所、企业积极申报博士后科研流动站和工作站。全面实施新型职业农牧民教育工程，构建"三位一体、三类协同、三级贯通"的新型职业农牧民教育体系。探索建立社会工作人才培养支持机制。加大藏区人才、乡土人才等培养支持力度。

四　完善更加开放灵活的引才引智机制

（十）实施更加开放的人才引进政策

探索建立事业单位特设岗位管理制度，引进杰出、领军人才和急需紧缺人才不受编制总量和结构比例限制。提高引进高端创新人才一次性特殊支持标准，所缴纳的个人所得税地方留成部分按100%予以补贴。引进高端创新人才在青服务期间，享受"保健医生"或就医"绿色通道"健康服务，本人及子女户籍迁入青海省的，其子女当年可在青海省参加高考。鼓励市州和重点用人单位建立人才公寓。落实引进高端创新人才薪酬、落户、社会保障、配偶安置、创新创业支持、奖励激励、政治待遇等方面的配套政策。

（十一）创新更加灵活精准的柔性引才模式

坚持以用为本原则，不求所有、但求所用，不求所在、但求所得，充分发挥用人主体自主权，通过挂职兼职、阶段性聘任、"候鸟式"专家服务、项目招标、联合攻关、设立"人才飞地"等多种模式柔性引进高端急需紧缺人才。完善更加精准的引进人才遴选机制，结合青海实际探索建立"不看时间看业绩"的柔性引进人才考核管理和评价激励办法。

（十二）推动形成更加完善的智力援青机制

建立对口援青工作和引才引智工作统筹衔接机制。依托中央部委、中央企业、支援省市等对口支援单位的人才优势，完善形成定位高端、支持精准、稳定持续的智力援青机制。扩大规模、优化结构，进一步提升"博士服务团"在青海省科技创新、产业发展和企业管理等重点领域的智力支持作用。巩固清华大学对口支援青海大学工作机制，深化中国人民大学、天津大学对口支援青海民族大学和兰州大学、陕西师范大学对口支援青海师范大学工作机制。进一步发挥"海外赤子为国服务活动""京青专家服务团""科技列车青海行"等活动的桥梁作用，促进各地区、各部门和重点用人主体加强与高端创新人才密集地区和机构对接，构建全球化的青海人才智力资源网络。

五 构建符合青海省情的创新创业激励机制

（十三）完善人才创新创业载体链条

强化企业创新主体地位，激发大学和科研院所创新活力，积极发展"民办官助"的新型研发机构,构建专业化的技术转移服务平台,创建形式多样的新型众创空间,构建全链条的人才创新创业生态体系,促进形成人才、技术、资本等要素融合机制。探索建立灵活的岗位和薪酬管理办法,引导人才在企业、大学、科研院所、技术转移机构和众创空间等载体之间跨平台协作、兼职和流动,实现创新创业人才资源的优化配置。

(十四)构建人才创新创业收益保障机制

完善科技计划项目和资金管理办法,将科研项目直接经费中多数科目预算调整权限及项目结余资金使用权限下放到项目承担单位,赋予人才更大的经费管理支配权,推行有利于人才创新的经费审计方式。研究制定《青海省促进科技成果转化条例》,加快下放省内财政资金支持形成的科技成果使用、处置和收益权。提高科研人员成果转化收益分享比例,用于奖励科研负责人、骨干技术人员等重要贡献人员和团队的收益比例不低于70%。探索创新人才股权期权等激励措施,让创新人才得到合理回报。对符合条件的企事业单位担任领导职务的科技人才,探索开展现金奖励与股权激励试点。创新创业业绩突出个人或团队的薪酬或奖励不纳入事业单位绩效工资总量或国有企业单位工资总额。探索实行哲学社会科学研究成果后期资助和事后奖励制度,加大项目资助力度和成果奖励力度。

(十五)强化人才创新创业知识产权保护机制

修订《青海省专利促进与保护条例》,完善知识产权保护制度。建设知识产权人才库。对创新人才申请专利、实施成果转化给予资金和项目支持。建立支持创新创业的知识产权争议解决机制，开展快速知识产权维权援助服务。将恶意知识产权侵权行为纳入企业和个人信用记录。发挥司法保护的主导作用，完善知识产权司法保护和行政执法联动机制。

（十六）构建人才创新创业金融支持机制

鼓励各类金融机构创新知识产权投融资模式，为人才创新创业提供知识产权融资担保、质押贷款、保险等金融服务，提升知识产权质押融资贷款在小微型企业贷款中的比重，探索投贷联动、投保联动、投债联动等模式。支持符合条件的创新创业企业利用增信集合债、小额股权众筹等工具进行直接融资。

六　完善人才评价和流动机制

（十七）创新人才评价机制

创新完善以岗位职责要求为基础，重品德、重能力、重业绩的人才评价导向，克服唯学历、唯职称、唯论文等倾向。完善"个人自主申报、社会统一评价、单位择优聘任"的职称评价机制。减少人才评价的前置性条件，不将论文作为评价应用型人才的限制性条件，不将学历、职称作为评价创业型、实用型人才的限制性条件，不将外语、计算机等作为评价基层一线人才的限制性条件。发挥政府、市场、专业组织、用人单位多元评价主体作用，加快建立科学化、社会化、市场化的人才评价制度。基础研究人才以同行评价为主，应用研究和技术开发人才突出市场评价，哲学社会科学人才强调社会评价。进一步健全完善人才评价监督机制，加强评审专家库建设，建立评价责任和信誉制度，增强人才评价公信力。

（十八）改革和完善职称管理制度

分类推进职称制度改革，对高校、科研院所下放高教系列、科研系列副高级、正高级职称评审权。探索在中等职业学校教师等系列设置正高级职称。完善符合中小学教师、全科医生职业特点的职称制度。调整提高专业技术人员密集单位的岗位设置结构比例控制目标。建立事业单位岗位动态管理和竞聘上岗制度。对专业技术人员在外省（直辖市、自治区）、中央单位、部队取得的专业技术资格、技术等级、职业资格予以认可。健全职称评审体系，提高履行岗位职责的实践能力、工作业绩等权重。畅通非公有制经济组织人才参加职称评审的渠道，探索设立特殊人才职称直聘通道。深化准入类职业资格清理整顿工作，落实国家放宽基层急需紧缺人才职业资格准入的规定。

（十九）探索建立高端创新人才横向流动机制

加快人事档案管理服务信息化建设，完善社会保险关系转移接续办法，为人才跨地区、跨行业、跨体制流动提供便利条件。打通党政机关、企事业单位、社会各方面人才职业流动渠道，探索高端创新人才跨体制流动机制。积极推进公务员分类改革，探索建立聘任制公务员制度，完善公务员考录政策，进一步畅通国有企事业单位优秀人才进入公务员队伍的渠道，探索建立非公有制经济组织和社会组织优秀人才进入公务员队伍的途径。全面实行事业单位人员公开招聘制度，简化聘用程序，畅通国有企业、非公有制经济组织和社会组织优秀人才进入事业单位渠道。鼓励省属出资企业吸纳非公有制经济组织和社会组织优秀人才。鼓励公务员向事业单位和企业流动，研究制定高校和科研院所科研人员离岗创业的管理办法。注重流动人选思想品德、职业素养、从业经验和专业技能等方面的综合考察。

（二十）建立人才向青南地区和基层一线流动的导向机制

完善人才基层锻炼、服务、兼职、轮岗等制度，提高项目资金向基层一线倾斜力度和基层人才保障激励力度，建立人才向艰苦边远地区和基层一线流动的导向机制，使他们在政治上受重视、社会上受尊重、经济上得实惠。保证各类人才到艰苦边远地区和基层一线单位服务期间原单位岗位、职级、工资福利保留不变，补发地区工资差额。落实和完善艰苦边远地区津贴、乡镇岗位工作补助、高海拔折算工龄补贴制度，健全艰苦边远地区津贴动态调整机制，提高补贴标准。研究制定基层专业技术人员职称评审优惠政策，探索建立"定向评价、定向使用"的基层专业技术职称制度，优化基层事业单位专业技术中、高级岗位结构比例。在国家级和省部级人才表彰和优秀人才选拔工作中，适当提高艰苦边远地区和基层一线人才比例。依托专家服务基地，建立专家服务基层长效机制。

七 构建科学高效的人才管理体制

（二十一）转变政府人才管理职能

纠正人才管理中存在的行政化、"官本位"倾向，防止简单套用党政领导干部管理办法管理科研教学机构学术领导人员和专业人才。推动人才管理部门简政放权，消除对用人主体的过度干预，建立政府人才管理服务权力和责任清单，明确政府职能部门人才管理的职责、权限以及办事规范和流程，自觉接受社会监督。清理和规范人才招聘、评价、流动等环节的行政审批和收费事项。清理和完善现有人才管理法律法规和政策性文件，逐步健全青海省人才法规和制度体系。

（二十二）落实用人主体自主权

充分尊重、保障和发挥国有企业、高校、科研院所等企事业单位和社会组织在人才培养、引进、使用、评价和激励等方面的自主权。健全事业单位法人治理结构，在高校、公立医院等领域结合政府职能转变和建立权力清单、责任清单制度，实行人才综合管理部门和主管职能部门联合放权、充分放权。创新事业单位编制管理方式，对符合条件的公益二类事业单位逐步实行备案制管理，探索不以增加编制、更多以政府购买服务方式支持事业发展。全面实行事业单位公开招聘制度、人员招聘方案核准备案制度和人员流动分级管理制度。探索对不同类型事业单位实行不同的绩效工资管理办法。探索建立县（区）所属事业单位高级专业技术岗位在本辖区内统筹设置、统筹使用的动态管理机制。

（二十三）培育市场化、社会化的人才管理服务体系

构建统一、开放的人才市场体系，消除影响平等竞争的制度性障碍。推动人才公共服务机构改革，促进"人才金港"等新型人才服务载体发展，构建基于云计算和大数据技术的人才信息系统，形成线上线下相融合的人才服务体系。完善人才市场诚信体系，健全惩戒机制。完善培育和扶持政策，鼓励各类专业社会组织和人才中介服务机构健康发展，形成承接政府转移职能的长效机制。探索与高端创新人才猎头等专业化服务机构开展引才合作和实施重大引才活动服务外包。

（二十四）开辟人才管理改革试验区

鼓励支持各地区各部门因地制宜，开展差别化改革探索。在青海大学建立人才特区，结合深化综合改革提升综合实力开展人才管理改革试验，探索实施更具竞争力的高端创新人才培育、引进、使用和激励政策。依托青海国家级高新技术产业开发区建立创新创业人才发展试验区，结合实施创新驱动发展战略，先行先试开展创新创业人才集聚、支持、激励和服务体制机制改革探索。

八 完善党管人才工作运行保障机制

（二十五）健全完善党管人才工作格局

全面贯彻党管人才原则，发挥党委（党组）总揽全局、协调

各方的领导核心作用，加强党对人才工作统一领导，着力解决人才工作和人才队伍建设中全局性、关键性问题，推进全省人才工作创新发展。建立完善"党委统一领导，组织部门牵头抓总，有关部门各司其职、密切配合，社会力量广泛参与"的人才工作格局。进一步明确各市州人才工作领导小组和办公室职责任务和工作规则，健全领导机构，配齐配强工作力量。将行业或领域人才队伍建设列入部门"三定"规定，明确相关机构履行人才工作职责。加强人才工作队伍能力建设。

（二十六）完善人才多元投入机制

建立政府对人才开发优先投入机制、先导投入机制，不断优化财政支出结构，规范人才工程项目财政性支出，保障人才工作的投入强度。健全政府、社会、用人单位多元化投入和省州县多级投入机制。鼓励市州设立人才开发基金。鼓励企业建立并完善人才投入机制。引导金融机构加大对人才创新创业信贷支持。鼓励创新创业企业直接融资，加大创业公司上市培育力度。落实国家支持人才发展相关税收政策。

（二十七）坚持以青海精神团结教育引领人才

建设原子城高层次人才国情教育基地等平台，加强各类人才的国情、省情教育，注重以青海精神团结教育引领各类人才，不断增强凝聚力和向心力。完善党委联系专家制度，健全党政领导干部直接联系人才机制。提高人才服务水平，开展高层次人才休假疗养、走访慰问、座谈交流等活动，增强对人才的情感吸纳。健全专家决策咨询制度，搭建专家建言献策平台。坚持物质奖励与精神激励相结合，加强对优秀人才和工作典型的宣传，营造尊重人才、见贤思齐的社会环境。

（二十八）建立目标责任制和容错免责机制

认真执行《青海省人才工作目标责任制考核办法》，科学分解考核目标，量化和细化考核指标，加大人才工作考核力度，将人才发展与改革作为领导班子评优、干部评价的重要依据。探索建立人才发展体制机制改革容错免责机制，营造支持改革、鼓励创新、宽容失败的良好氛围。

B.15
青海省"高端创新人才干人计划"实施细则

(青组字〔2016〕181 号)

为贯彻落实《中共青海省委办公厅、青海省人民政府办公厅关于印发〈青海省"高端创新人才干人计划"实施方案〉的通知》（青办字〔2016〕32 号），现就组织实施青海省"高端创新人才干人计划"（以下简称"青海千人计划"），制定如下细则。

第一章 申报条件

第一条 引进人才申报条件。

（一）基本条件

1. 遵纪守法，无违法记录；

2. 具有良好的职业道德、强烈的事业心和责任感，愿意投身青海经济社会发展建设事业；

3. 一般应取得博士学位，或具有高级专业技术职称；

4. 直接引进的应与用人单位签订 3 年以上工作合同或意向性工作协议；柔性引进的应与用人单位签订 3 年以上服务协议，且每年在青工作时间累计不少于 3 个月或完成相当的工作任务；

5. 领军人才年龄一般不超过 55 周岁，拔尖人才一般不超过 40 周岁，身体健康；

6. 一年内引进的省（国）外人才。

（二）具体条件

1. 引进杰出人才应符合下列条件之一：

（1）拥有重大创新成果，具有重要影响力，能够引领理论创新、技术进步或产业发展；

（2）掌握关键领域核心技术，且具备成果转化能力，来青创办或领办企业，实施科技成果产业化，能够引领重点领域产业发展；

（3）具有在国内外知名企业、高校、科研院所、金融机构、医疗机构和高端智库担任高级专业技术领导职务的职业经历和突出的工作业绩；

（4）能够在青海省科技创新、产业发展、企业管理等领域发挥显著引领作用的其他高端创新人才。

下列对象，可优先入选：

（1）中国科学院院士、中国工程院院士；

（2）国家自然科学奖、国家技术发明奖、国家科技进步奖主要获奖人；

（3）国家"千人计划"人选，"万人计划"第一、二层次人选，"百千万人才工程"国家级人选，教育部"长江学者奖励计划"特聘教授，国家级教学名师，国家杰出青年科学基金获得者，全国杰出专业技术人才，国家有突出贡献的中青年专家，国家级教学成果奖一等奖主要获奖人；

（4）国家级重点学科、重点实验室、工程技术（研究）中心、国家重大科研项目、国家重点工程建设项目以及国外重要研究机构的首席科学家或主要学术负责人；

（5）上市公司创始人，世界500强、中国500强企业高管或项目管理、资本运作、市场营销等方面的专门人才。

2. 引进领军人才应符合下列条件之一：

（1）在本行业前沿领域拥有业内认可的重要创新成果，符合青海省经济社会发展需要；

（2）拥有重要技术成果，来青创办或领办科技型企业，实施科技成果转化，能够带动相关领域产业发展；

（3）具有在国内外知名企业、高校、科研院所、金融机构、医疗机构和高端智库担任中层技术领导职务的职业经历和突出的工作业绩；

（4）能够在青海省科技创新、产业发展、企业管理等领域发挥重要带动作用的其他高端创新人才。

下列对象，可优先入选：

（1）省部级科学技术进步奖、哲学社会科学优秀成果一等奖主要获奖者；

（2）享受国务院特殊津贴专家，国家"万人计划"第三层次人选，国家优秀青年科学基金获得者，科技部"创新人才推进计划"入选者，教育部"新世纪优秀人才支持计划"入选者，全国文化名家暨"四个一批"人才，中科院"百人计划"入选者，国家卫计委有突出贡献的中青年专家，中华技能大奖等国家级荣誉称号和奖励获得者；

（3）国家级重点学科、重点实验室、工程技术（研究）中心、国家重大科研项目、国家重点工程建设项目、全国理论工作重点平台、重点智库以及国外重要研究机构的重要学术负责人；

（4）规模以上工业企业创始人、重要高管或项目管理、资本运作、市场营销等方面的专门人才。

3. 引进拔尖人才应符合下列条件之一：

（1）与同龄人相比，具有优秀的创新能力和创新成果，符合青海省经济社会发展需要；

（2）来青开展自主创业，项目具有良好发展前景，能够促进相关领域产业发展；

（3）在国内外知名企业、高校、科研院所、金融机构、医疗机构和高端智库担任技术领导职务的专家、学者和长期从事教学、科研、管理工作的优秀拔尖人才；

（4）专业为青海省急需紧缺的国内外高校优秀博士毕业生，以及青海省博士后科研工作站、流动站在站优秀博士后研究人员，经认定可破格入选；

（5）青海省经济社会发展重点领域急需紧缺的其他各类优秀拔尖人才。

省部级优秀专家和优秀专业技术人才可以优先入选。

4. 引进创新创业团队。应具有重要的创新成果、成功的创业经历或突出的企业管理业绩，能够在青海省科技创新、产业发展、企业经营管理等领域发挥明显推动作用。团队核心成员一般不少于3人，且至少有1名成员达到"青海千人计划"领军人才层次，或者团队整体具备下列条件之一：

（1）获得省部级以上科研奖励；

（2）上市公司或者规模以上工业企业创始团队或高管团队；

（3）在青海省重点产业领域拥有重大科技成果转化项目的创业团队；

（4）青海省经济社会发展重点领域急需紧缺的其他各类创新创业团队。

第二条 培养人才申报条件。

（一）基本条件

1. 拥护党的路线方针政策，遵纪守法；

2. 具有良好的职业道德、强烈的事业心和责任感，能扎根青海干事奉献；

3. 在本领域取得显著的工作业绩，得到同行认可；

4. 一般应取得硕士研究生及以上学历，或者具有高级专业技术职称；

5. 领军人才培养人选年龄一般不超过 55 周岁，拔尖人才培养人选一般不超过 45 周岁，身体健康；

6. 在青工作时间一年以上且人事关系在青海。

（二）具体条件

1. 杰出人才培养人选应符合下列条件之一：

（1）具备突出的创新成果，是青海省相关学科领域的带头人，经过支持能够在全国产生重要影响力；

（2）具备突出的创业或企业管理业绩，是青海省相关产业领域的带头人，经过支持能够对本行业发展发挥更大引领作用；

（3）经过支持，能够在青海省科技创新、产业发展、企业管理等领域发挥引领作用的其他高端创新人才。

下列对象，经申请可优先入选：

（1）国家"万人计划"人选，教育部"长江学者奖励计划"、科技部"创新人才推进计划"、全国文化名家暨"四个一批"人才、中科院"百人计划"等重大人才工程入选者，国家级教学名师，国家杰出青年科学基金获得者，全国杰出专业技术人才，国家有突出贡献的中青年专家等；

（2）国家自然科学奖、国家技术发明奖、国家科学技术进步奖，哲学社会科学优秀成果一等奖等重大奖励项目主要获奖者；

（3）国家科技重大专项、国家重点研发计划主要负责人和国家自然科学基金重大项目第一负责人。

2. 领军人才培养人选应符合下列条件之一：

（1）具备优秀的创新成果，是青海省相关学科领域的中坚力量，在省内具有一定的影响力，经过支持能够成长为青海省相关学科领域的带头人；

（2）具备优秀的创业或企业管理业绩，是青海省相关产业领域的中坚力量，经过支持能够对本行业发展发挥带动作用；

（3）经过支持，能够在青海省科技创新、产业发展、企业管理等领域发挥带动作用的其他高端创新人才。

下列对象，经申请可优先入选：

（1）国家和省级重点实验室、工程实验室、工程技术（研究）中心、企业技术中心学术技术带头人；

（2）省部级科技进步二等奖以上奖励项目的主要获奖者；

（3）省部级以上重大科研任务或重大工程项目主要负责人。

3. 拔尖人才培养人选应符合下列条件之一:

(1) 创新能力和创新成果在青海省同龄人中处于领先位置,经过支持能够在本领域发挥骨干支撑作用的优秀青年人才;

(2) 青海省重点企事业单位、社会组织经营管理骨干,经过支持能够在本领域发挥骨干支撑作用的优秀青年人才;

(3) 在青开展自主创业,项目具有良好发展前景,能够促进相关领域产业发展;

(4) 经过支持,能够在青海省科技创新、产业发展、企业管理等领域发挥骨干支撑作用的其他高端创新人才。

4. 创新创业培养团队应具备下列条件:

(1) 申报主体为省级以上重点学科、重点实验室或研究中心,各类企事业单位具有竞争优势的技术中心、研发中心、科研工作站,省级科技孵化器或省级各类人才创业园,博士后工作站(流动站)等创新创业载体;

(2) 具有良好的创新创业或经营管理基础和业绩,经过支持能够在青海省科技创新、产业发展、企业管理等领域发挥明显推动作用;

(3) 团队核心成员一般不少于 3 人,至少有 1 名成员达到"青海千人计划"领军人才培养人选层次;

(4) 获得省部级以上创新成果奖励,或者正在承担不少于 1 项省部级以上重点科研课题、经济社会发展规划重点项目或重要创业项目。

第三条 藏区人才、基层一线人才、乡土人才、少数民族人才、女性人才申报"青海千人计划"拔尖人才培养人选的,可以根据地区(单位)实际需求适当放宽条件。

第二章　申报认定程序与要求

第四条　培养、引进人才（团队）的评审认定工作每年组织两次，由省人才办牵头，省人力资源社会保障厅具体承办。

第五条　培养、引进人才（团队）的推荐申报程序如下。

（一）发布需求。各用人单位申报下一年度高端人才需求计划，报省人力资源社会保障厅汇总初审，经省人才办核定后，由省人力资源社会保障厅公开发布《青海省高端创新人才需求目录》。

（二）确定对象。用人单位根据实际需求，确定培养、引进人才（团队）对象。

（三）个人申请。拟申报培养、引进人才（团队）填写申报书及相关材料并向用人单位提交。

（四）单位推荐。用人单位按照"青海千人计划"培养、引进人才（团队）条件确定推荐人选（团队）并向省直主管部门、市州委组织部统一报送本单位推荐人选（团队）申报材料。

（五）部门初审。省直主管部门、市州委组织部负责对申报材料进行初审。其中，省委宣传部负责审核省直宣传文化单位和各类智库的申报材料；省科技厅负责审核省属科研院所的申报材料；省教育厅负责审核省属高校的申报材料；省经济和信息化委（省国资委）负责审核省管企业的申报材料；省卫生计生委负责审核省级卫生计生单位的申报材料；各工业园区、示范园、科技园负责审核园区入驻企业的申报材料；市州委组织部负责审核当地企事业单位的申报材料。初审合格的，由省直主管部门、市州委组织部向省人力资源社会保障厅提交推荐人选（团队）申报书、附件等材料。

第六条 培养、引进人才（团队）的评审认定程序如下。

（一）材料复审。省人力资源社会保障厅对申报人（团队）的申报材料进行分类整理，依据人选条件进行复审。复审后提交"青海千人计划"评审委员会（以下简称"评委会"）。

（二）专家评审。省人力资源社会保障厅负责组建评委会，组织召开评审会，对申报人选（团队）的创新创业或企业管理能力、实绩和贡献等进行综合评价。

（三）社会公示。对通过评委会评审的人选（团队），由省人才办、省人力资源社会保障厅向社会公示。对有异议的，由省人才办、省人力资源社会保障厅进行调查处理。

（四）人选确定。评审结果经公示无异议的，由省人才办报省人才工作领导小组审批。

第七条 用人单位在申报培养人才项目时，要制定高端人才（团队）培养计划书，明确培养方式、目标等内容；申报引进人才项目时，要和引进人才（团队）签订工作合同或意向性工作协议，明确双方的责任和义务。其中，柔性引进人才服务协议书应明确工作任务、工作方式、考核方式、一次性特殊支持资金建议额度等内容。

第八条 省级以上人才工程引进的省（国）外人才在青工作满五年可申报培养人才。

第三章　支持政策与保障措施

第九条 特殊支持。经省人才工作领导小组审批认定，为

"青海千人计划"培养人选、引进人才（团队）颁发"青海省高端创新人才证书"。对引进的杰出人才、领军人才和拔尖人才，由省级财政分别给予150万元左右、100万元左右和40万元左右的特殊支持。其中，柔性引进的高端创新人才，参照在青工作时间和业绩贡献，享受相应比例的特殊支持。对培养的杰出人才、领军人才和拔尖人才人选，由省级财政分别给予100万元左右、60万元左右和20万元左右的特殊支持。引进的创新创业团队，除核心成员按照入选层次享受相应特殊支持外，省级财政给予20万元的团队建设经费支持。培养的创新创业团队，除核心成员按照对应入选层次享受相应特殊支持外，省级财政给予10万元的团队建设经费支持。

引进人才特殊支持经费主要用于保障生活条件。培养人选特殊支持经费主要用于开展自主选题研究、人才培养、团队建设、学术交流、成果发表、专利申请、成果转化以及生活补贴等方面，其中，生活补贴不超过特殊支持经费的30%。培养、引进创新创业团队建设经费主要用于人才培养、团队建设、学术交流等方面。

第十条 科研资助。培养、引进的杰出人才、领军人才，年龄在55周岁以下且具有副高以上职称的，申报青海省重点领域和产业发展急需关键技术方面的科技重大专项项目，以及重点研发计划项目、基础研究计划项目时优先给予支持。培养、引进的拔尖人才，年龄在40周岁以下且具有博士学位的，按照科技计划指南申报科技项目时优先给予支持。创新创业团队根据《青海省重点实验室管理办法》，具备实验室申报条件，符合省重点产业发展需求和实验室布局条件的，优先列入省重点实验室管理序列，并在使用省大型科学仪器共享服务平台中的科研仪器时，根据管理办法给予补贴。培养、引进的杰出人才、领军人才可直接纳入省自然科学与工程技术学科带头人管理序列,并优先向科技部推荐国家创新创业领军人才。

第十一条 薪酬待遇。用人单位可参照引进人才来青前的收入水平和在青工作绩效情况,经人力资源和社会保障部门、财政部门同意后,协商确定其合理薪酬;也可以课题、项目为核算单位,实行项目工资。对做出突出贡献的引进人才可实施期权、股权等中长期激励方式。

第十二条 落户。落实《关于进一步深化户籍制度改革的实施意见》(青政〔2015〕14号)规定,全面放宽引进人才落户限制,凡依法与用人单位签订劳动合同的引进人才,可在单位集体户或人才交流中心集体户落户;具有合法稳定住所(含租赁)的,允许本人及其共同居住生活的配偶、未婚子女、父母等在当地申请登记常住户口。

第十三条 住房。各市州各用人单位可通过建立人才公寓等途径为引进人才提供100平方米左右的住房,或采取为其租赁同等面积住房等合适方式解决住房问题。直接引进人才愿意在青购买住房的,各市州、省直用人单位给予10万元的一次性购房补助。

第十四条 财政税收。引进培养人才在青取得省级财政的特殊支持所缴纳的个人所得税地方留成部分按100%予以补贴。在青工作期间可享受国家规定的车辆购置税、高新技术企业所得税、增值税、个人所得税等支持人才发展、中小企业发展的税收优惠政策,以及地方税务部门提供的纳税"免取号"、税法咨询辅导等涉税服务。

第十五条 社会保险。引进人才可按规定参加青海省基本养老、基本医疗、失业、工伤、生育保险。

第十六条 医疗服务。各用人单位每年组织培养、引进人才进行一次健康体检。两院院士可享受与副省级干部同等的医疗待遇。为杰出人才配备相对稳定的保健医生，提供疾病诊疗预防等咨询服务。为领军和拔尖人才优先安排体检，并根据人才健康情况提供特需体检和就医绿色通道等便捷服务。

第十七条 配偶就业。对引进人才的配偶一同来青并愿意在青就业的，由用人单位按照相关政策妥善解决其工作；暂时未能就业的，用人单位可参照当地平均工资水平，以适当方式为其发放生活补贴。

第十八条 子女生育。引进人才在青落户的，夫妻双方可向户籍所在地县（市、区）级计生部门申请生育指标。夫妻双方在享受法定产假之外，增加享受30天产假。

第十九条 子女教育。直接引进人才本人及子女户籍迁入青海省的，在青在职期间，其子女（往届高中毕业生除外）当年可在青海省办理学籍登记手续参加高考。由引进人才持引进人才证书、户口簿、子女就读高中学校证明等相关材料，到户口所在地招生办公室办理登记手续，参加高考报名。

第二十条 创办企业。引进、培养人才在青创办企业，可凭有效证件进行注册登记。创办领办高新技术企业的可享受增值税抵扣、就业培训、企业品牌培育、产业对接、工艺技术改造、发展电子商务、设立研发中心等方面的补助资金和扶持政策。

第二十一条 职称评审。引进、培养人才可申报青海省的专业技术职务任职资格,其中具有博士学位但没有高级专业技术资格的,在青工作满1年,经用人单位考核合格,可申报认定副高级专业技术资格;聘任副高级专业技术职务满2年的,经用人单位考核合格,可申报参加正高级专业技术资格评审。培养人才具有博士学位但没有高级专业技术资格的,经用人单位考核合格,可申报认定副高级专业技术资格;聘任副高级专业技术职务满2年的,经用人单位考核合格,可申报参加正高级专业技术资格评审。省人力资源社会保障厅设立"青海千人计划"高级专业技术职务评审委员会,每半年开展一次评审。

第二十二条 金融扶持。引导鼓励金融机构给予高端人才创新创业信贷支持,加大以企业信用为基础的股权质押、知识产权质押等信贷的投放力度,纳入贷款绿色通道,符合条件的给予信贷风险补偿保障。加大科技保险产品创新,实施创业创新小额贷款保证保险。拓宽融资渠道,鼓励相关企业直接融资,提供融资担保服务,加大公司上市培育力度。建立金融顾问制度,选聘金融机构业务骨干担任高层次人才创业项目金融顾问,提供个性化的金融信息咨询服务。

第二十三条 人员编制。引进人才到省内事业单位工作的,用人单位和市州应优先在空编内落实编制,确无空编的,可持省人才工作领导小组颁发的人才证书向省机构编制部门专项申请临时事业编制,实行"专人专编"。占用临时事业编制的引进人才离开现岗位的,由省机构编制部门及时核销临时事业编制。

第二十四条 激励奖励。用人单位和市州按聘期对培养、引进人才发挥作用情况进行考核。考核优秀的,应予以奖励;取得重要创新成果的，用人单位应参照其创造的知识产权价值给予适当奖励；成功实现科技成果转化的，可在该成果实现的税后利润中，提取一定比例作为奖励资金。

第二十五条　知识产权保护。依法保护引进、培养人才的知识产权，鼓励其将取得的成果申请国内外专利，支持通过专利转让、技术入股等形式，加快成果产业化。

第二十六条　交流和深造。用人单位和相关部门优先支持引进培养人才参加国内外学术技术交流活动；支持培养人才出国研修，到国内重点院校、科研院所深造。

第二十七条　政治待遇。对列入"青海千人计划"的优秀引进、培养人才，优先推荐为党代表、人大代表和政协委员人选；具备领导干部相应素质和资格条件的，根据工作需要，推荐符合条件的人才作为领导干部后备人选。

第四章　管理与考核

第二十八条　培养、引进人才（团队）特殊支持经费使用管理。

（一）经费拨付程序。特殊支持经费由省人才办根据当年引进、培养人才（团队）认定情况，按照相关标准和当年实际需求拨付给用人单位，用人单位按照工作开展情况将引进、培养人才（团队）所需经费发放给个人或开展相关工作。

（二）严格预算管理。特殊支持经费要单独核算、专款专用，不得截留挪用。项目在执行过程中因特殊原因确需调整变更的,应按申报程序,报经省人才办、省财政厅研究同意后实施。两年及两年以上的结转结余资金,应按照相关规定一律收回省财政。因故终止的项目资金,用人单位必须对已支付的资金出具经费决算并报省人才办、省财政厅,剩余资金及时缴回省财政厅。

(三)强化绩效考核。建立绩效评价奖惩机制,项目实施结束后,用人单位要组织开展项目绩效评价工作,并将评价结果分别报项目申报部门和省人才办。省人才办和省财政厅根据相关规定对项目实施和资金使用情况定期开展重点再评价,并将评价结果作为以后年度安排项目和资金的重要依据。

第二十九条 对培养、引进人才(团队)实行综合考核,考核工作由用人单位组织实施。省人才办、省人力资源社会保障厅对培养、引进人才(团队)考核工作进行指导和综合管理。

第三十条 培养、引进人才(团队)在培养、服务期限未满而中途调离本省或单方解除聘用合同(服务协议)者,相应减扣特殊支持、科研资助、购房补助等支持。

第三十一条 有下列情形之一者,取消培养、引进人才资格和待遇,并责成用人单位追回已享受的相应支持经费。

(一)学术、业绩上弄虚作假被有关部门查处;

(二)提供虚假材料骗取培养、引进人才资格;

(三)受纪检、监察部门审查并给予严重警告以上处分;

(四)任期内被处以刑事处罚;

(五)因个人原因不能发挥作用以及年度考核不合格;

(六)其他应予以取消培养、引进人才资格的情况。

第五章　附　则

第三十二条　本细则由省人才办负责解释。

第三十三条　本细则自发布之日起施行。

B.16
青海省"中端和初级人才培养计划"实施方案

（青人才字〔2016〕10号）

为深入实施人才强省战略，根据《青海省深化人才发展体制机制改革的实施意见》、《青海省中长期人才发展规划纲要（2010~2020）》和《青海省国民经济和社会发展第十三个五年规划纲要》，制定本方案。

一 总体要求、基本原则和主要目标

（一）总体要求

认真贯彻落实党的十八大和十八届三中、四中、五中、六中全会和省委、省政府关于加强人才队伍建设的部署要求，紧扣青海省经济社会发展需求，依托各类人才培养项目，统筹兼顾，整体推进，重点在科技创新、产业发展、企业管理等领域大力培养开发现有中端和初级人才。坚持培养和使用并举，不断扩大中端和初级人才在社会群体、发展环节、民生领域的数量和覆盖面，努力打造一支数量充足、结构合理、素质优良、梯次递进的中端和初级人才队伍，为推进全省经济社会发展提供持续的人才和智力支撑，助推青海省产业升级和创新发展。

（二）基本原则

1. 坚持党管人才。完善人才培养方式，拓宽人才培养渠道，健全人才培养、使用、激励和保障机制，营造人才干事成长的良好环境和浓厚氛围。

2. 坚持服务中心。以经济社会发展重点领域和急需紧缺专业人才培养为重点，兼顾特殊行业和专业领域骨干人才、创新人才的培养，改善人才队伍结构，带动人才队伍全面发展。

3. 坚持提升能力。把跟踪掌握经济社会发展各领域的新知识、新理论、新技术、新方法作为人才培养的主要内容，着力提升人才的专业素质、技术水平、创新能力。

4. 坚持育用结合。遵循人才成长规律，突出以用为本，正确认识人才培养与人才使用的关系，增强培养工作的科学性、针对性和实效性，做到在培养中使用人才、在使用中培养人才，提高人才对产业发展的匹配度和对社会发展的贡献率。

5. 坚持上下联动。充分发挥政府的引导作用和用人单位的主体作用，坚持多元支撑，构建各种主体多元投入和各级政府多层投入的立体投入机制。

（三）主要目标

紧扣"四个全面"战略布局和青海省"十三五"时期"131"总体要求，大力培养现代生态农牧业，盐湖化工、有色冶金等传统优势产业，新能源、新材料、电子信息、生物医药、高端装备制造等战略性新兴产业，节能环保、信息技术应用等工业新业态，旅游、金融、物流等现代服务产业，以及社会建设、文化建设、生态文明建设等领域的中端骨干人才和初级优秀人才。从 2016 年起，每年培养 2000 名左右中端和初级人才，到 2020 年培养 10000 名左右中端和初级人才，力争在不同行业领域各自形成一支能够掌握、运用关键技术，支撑新兴产业发展和新兴学科建设的中坚骨干人才队伍。

二 培养对象

青海省"中端和初级人才培养计划"的培养对象主要是"十三五"经济社会发展重点领域中端和初级骨干优秀人才、乡土人才、少数民族人才、女性人才以及艰苦地区、基层一线人才。

（一）青海省"中端和初级人才培养计划"中端人才培养对象

2016～2020 年，每年培养 800 名左右中端人才。培养对象应具备较高的专业技术技能、企业管理水平和工作能力，是本地区、行业、单位的骨干，能够在本领域发挥骨干支撑作用。培养对象，应掌握本专业的基本理论和专业知识，熟悉本专业领域国内（外）、省内（外）现状和发展趋势；有较丰富的工作经验，能独立解决工作中关键或中等程度技术和企业管理问题；能够参与省部级重大研究课题，并能够独立承担完成以上项目的子项目、子课题或省部级一般科研课题和项目；能够独立开展技术服务、推广和企业管理工作，同时能够指导带动初级人才开展工作。优先培养"高端创新人才千人计划"团队中符合条件的成员。5年内，争取有30名左右培养对象经过特别支持，达到参评青海省优秀专家、高级专业技术资格水平（技能等级）。

（二）青海省"中端和初级人才培养计划"初级人才培养对象

2016～2020年，每年培养1200名左右初级人才。培养对象应具备较强的学习基础和发展潜力，具备成为本行业领域骨干后备力量的潜力。培养对象应熟悉本专业的基础理论、专业知识、技术规程规范和标准、方法，并能在实际工作中熟练应用；在相关人员指导下，能够解决工作中的一般性技术和管理问题；能够参与本行业本单位课题项目研究，并完成职责范围内的工作任务；能够配合中高级人才开展技术服务、推广、咨询和企业管理工作。优先培养"高端创新人才千人计划"团队中符合条件的成员。5年内，争取有80名左右培养对象经过特别支持，在学术、技术、管理水平上达到参评青海省优秀专业技术人才、中高级专业技术资格水平（技能等级）。

三　培养方式

（一）访学研修

依托国家、省级、行业人才研修项目，有计划、有重点地选送培养对象到省外高校、科研机构、医疗单位从事访学研修。利用国家级、省级公派留学项目，选派一批急需紧缺专业人才以普通访问学者的形式赴国（境）外研修。

（二）项目支持

鼓励用人单位依托博士后科研工作站和流动站、院士专家工作站等创新平台和创新团队，实行"团队＋项目＋人才"的培养模式，支持培养对象参与团队承担的省部级科研项目、重要研究课题。鼓励培养对象申报留学回国人员创业启动支持计划、留学回国人员科技活动择优资助项目，支持培养对象开展科技活动。

（三）定向深造

鼓励各地区、各行业主管部门、用人单位积极与高等院校、科研院所建立人才培养合作关系，结合实际需要将产、学、研有机结合，有目标、有计划选派培养对象攻读定向或意向专业的本科学历、硕士学位、博士学位。

（四）实践锻炼

依托扶贫攻坚、科技型和高新技术企业"两个倍增"工程、科技"小巨人"计划和送科技下乡、送医下乡、送教下乡等活动，组织培养对象参与、参加基层一线科技服务活动，在实践中提升专业能力和综合素质。结合国家对口援青等项目，通过挂职锻炼、联合培养等途径，有计划地选派培养对象到央企、省直企事业单位、对口支援省市企事业单位、科研院所、著名金融机构和基层一线企事业单位等进行锻炼提高。

（五）继续教育

深入实施专业技术人员知识更新工程、"经营管理人才素质提升工程"、"高技能人才培养工程"、"新型职业农牧民培育工程"和"社会工作人才培养工程"，利用现有的国家级、省级继续教育基地平台，人力开展中端人才研修项目和岗位培训项目，通过委托办班、购买服务、校企合作定向培养等方式，有计划地安排培养对象参加继续教育和岗位培训。

（六）合作交流

积极创造条件，依托西部和东北地区高层次人才援助项目、外专引智推广项目、万名专家基层服务活动、海外赤子为国服务行动计划，鼓励和支持培养对象参与国内外、省内外学术技术交流与合作，掌握现代学术动态和最新前沿理论，提高参与本领域国内外、省内外竞争与合作的素质和能力。支持行业主管部门，举办学术会议或论坛，选派培养对象参加国内外学术交流活动。

四　支持方式

中端和初级人才培养人选可分别享受 6000 元、4000 元的培养经费支持，每年由各市州和省级业务主管部门提出经费使用计划，省人才办审定后拨付。中端和初级人才培养对象在同等条件下，优先支持申报科研项目、申请专利和助推科技成果转化；优先推荐申报青海省优秀专家、青海省优秀专业技术人才和评聘高一级专业技术职称（技能等级）；优先支持到高校、科研院所定向专业培训、学业深造、研修访学；优先选派参加各类国内外学术技术交流服务活动或专业技术人员高级研修项目；优先选派到省内外企事业单位、金融机构、高校、科研院所和基层一线挂职锻炼。

五　组织实施

青海省"中端和初级人才培养计划"由各市州和省级行业主管部门负责组织实施，按照本方案确定的名额（见附件），自主决定培养对象，统筹使用培养经费。

六　考核管理

（一）绩效考核

省人才办会同省人社厅对省级业务主管部门和各市州人才培养工作开展绩效考核，主要围绕人才培养资金支出和取得的实际效果等方面展开考核。用人单位重点从培养人才的实际贡献、业绩和能力提升等方面进行综合考核。省级业务主管部门和各市州每年十月底前对全年人才培养工作绩效进行全面评估，并向省人才办和省人社厅提交人才培养绩效评估报告。

（二）考核结果的运用

培养名额根据考核结果进行动态调整。考核结果分优秀、合格、不合格三个等次，根据省级各业务主管部门和各市州提交的人才培养绩效考核报告，结合各类人才培养工作的实际成效，确定考核等次，对获得优秀等次的单位和地区适当核增下一年度培养名额和经费，对被评为不合格等次的单位适当核减下一年度培养名额和经费。

七　工作机制

（一）健全目标责任制

完善目标责任制，将"中端和初级人才培养计划"落实情况和成效作为指标，纳入各级党政领导班子人才工作评价体系，细化考核指标，加大考核力度，将考核结果作为领导班子评优、干部评价的重要参考。

（二）建立考核评价机制

省直各业务主管部门、各市州要加强考核管理、创新人才考核方式，完善考核办法，建立科学、有效的人才考核机制。合理运用考核结果，对工作绩效突出的培养人才予以奖励，充分调动中端和初级人才的工作热情和积极性。

（三）健全多元投入机制

加大财政对人才培养开发的投入力度，健全政府、社会、用人单位、个人多元化投入和省、市（州）、县（区、市）多级投入的人才工作立体投入机制，确保资金投入强度，满足人才培养需求。

附件

青海省"中端和初级人才培养计划"实施单位名额分配表

单位：人

地区或部门	培养总量	年度数量	年度培养中端人才数量	年度培养初级人才数量
西宁市	900	180	80	100
海东市	700	140	60	80
海西州	700	140	60	80
海南州	600	120	50	70
海北州	500	100	40	60
玉树州	300	60	20	40
果洛州	300	60	20	40
黄南州	300	60	20	40
省人社厅	2000	400	140	260
省环保厅	300	60	20	40
省科技厅	200	40	20	20
省教育厅	300	60	20	40
省国资委	400	80	40	40
省民政厅	200	40	20	20
省农牧厅	600	120	40	80
省委宣传部	300	60	20	40
省委统战部（非公委、工商联）	300	60	20	40
省文化新闻出版厅	200	40	20	20
省妇联	200	40	20	20
省总工会	200	40	20	20
省残联	100	20	10	10
团省委	200	40	20	20
三江源国家公园管理局	200	40	20	20
合　计	10000	2000	800	1200

中共青海省委组织部办公室

2016 年 12 月 1 日印发

权威报告·热点资讯·特色资源

皮书数据库
ANNUAL REPORT(YEARBOOK)
DATABASE

当代中国与世界发展高端智库平台

所获荣誉

- 2016年，入选"国家'十三五'电子出版物出版规划骨干工程"
- 2015年，荣获"搜索中国正能量 点赞2015""创新中国科技创新奖"
- 2013年，荣获"中国出版政府奖·网络出版物奖"提名奖
- 连续多年荣获中国数字出版博览会"数字出版·优秀品牌"奖

成为会员

通过网址www.pishu.com.cn或使用手机扫描二维码进入皮书数据库网站，进行手机号码验证或邮箱验证即可成为皮书数据库会员（建议通过手机号码快速验证注册）。

会员福利

- 使用手机号码首次注册会员可直接获得100元体验金，不需充值即可购买和查看数据库内容（仅限使用手机号码快速注册）。
- 已注册用户购书后可免费获赠100元皮书数据库充值卡。刮开充值卡涂层获取充值密码，登录并进入"会员中心"—"在线充值"—"充值卡充值"，充值成功后即可购买和查看数据库内容。

社会科学文献出版社 皮书系列
SOCIAL SCIENCES ACADEMIC PRESS (CHINA)
卡号：618636739797
密码：

数据库服务热线：400-008-6695
数据库服务QQ：2475522410
数据库服务邮箱：database@ssap.cn
图书销售热线：010-59367070/7028
图书服务QQ：1265056568
图书服务邮箱：duzhe@ssap.cn

S 子库介绍
Sub-Database Introduction

中国经济发展数据库

涵盖宏观经济、农业经济、工业经济、产业经济、财政金融、交通旅游、商业贸易、劳动经济、企业经济、房地产经济、城市经济、区域经济等领域，为用户实时了解经济运行态势、把握经济发展规律、洞察经济形势、做出经济决策提供参考和依据。

中国社会发展数据库

全面整合国内外有关中国社会发展的统计数据、深度分析报告、专家解读和热点资讯构建而成的专业学术数据库。涉及宗教、社会、人口、政治、外交、法律、文化、教育、体育、文学艺术、医药卫生、资源环境等多个领域。

中国行业发展数据库

以中国国民经济行业分类为依据，跟踪分析国民经济各行业市场运行状况和政策导向，提供行业发展最前沿的资讯，为用户投资、从业及各种经济决策提供理论基础和实践指导。内容涵盖农业，能源与矿产业，交通运输业，制造业，金融业，房地产业，租赁和商务服务业，科学研究，环境和公共设施管理，居民服务业，教育，卫生和社会保障，文化、体育和娱乐业等100余个行业。

中国区域发展数据库

对特定区域内的经济、社会、文化、法治、资源环境等领域的现状与发展情况进行分析和预测。涵盖中部、西部、东北、西北等地区，长三角、珠三角、黄三角、京津冀、环渤海、合肥经济圈、长株潭城市群、关中—天水经济区、海峡经济区等区域经济体和城市圈，北京、上海、浙江、河南、陕西等34个省份及中国台湾地区。

中国文化传媒数据库

包括文化事业、文化产业、宗教、群众文化、图书馆事业、博物馆事业、档案事业、语言文字、文学、历史地理、新闻传播、广播电视、出版事业、艺术、电影、娱乐等多个子库。

世界经济与国际关系数据库

以皮书系列中涉及世界经济与国际关系的研究成果为基础，全面整合国内外有关世界经济与国际关系的统计数据、深度分析报告、专家解读和热点资讯构建而成的专业学术数据库。包括世界经济、国际政治、世界文化与科技、全球性问题、国际组织与国际法、区域研究等多个子库。

法律声明

2017年正值皮书品牌专业化二十周年之际，世界每天都在发生着让人眼花缭乱的变化，而唯一不变的，是面向未来无数的可能性。作为个体，如何获取专业信息以备不时之需？作为行政主体或企事业主体，如何提高决策的科学性让这个世界变得更好而不是更糟？原创、实证、专业、前沿、及时、持续，这是1997年"皮书系列"品牌创立的初衷。

1997～2017，从最初一个出版社的学术产品名称到媒体和公众使用频率极高的热点词语，从专业术语到大众话语，从官方文件到独特的出版型态，作为重要的智库成果，"皮书"始终致力于成为海量信息时代的信息过滤器，成为经济社会发展的记录仪，成为政策制定、评估、调整的智力源，社会科学研究的资料集成库。"皮书"的概念不断延展，"皮书"的种类更加丰富，"皮书"的功能日渐完善。

1997～2017，皮书及皮书数据库已成为中国新型智库建设不可或缺的抓手与平台，成为政府、企业和各类社会组织决策的利器，成为人文社科研究最基本的资料库，成为世界系统完整及时认知当代中国的窗口和通道！"皮书"所具有的凝聚力正在形成一种无形的力量，吸引着社会各界关注中国的发展，参与中国的发展。

二十年的"皮书"正值青春，愿每一位皮书人付出的年华与智慧不辜负这个时代！

社会科学文献出版社社长
中国社会学会秘书长

2016年11月

社会科学文献出版社简介

社会科学文献出版社成立于1985年，是直属于中国社会科学院的人文社会科学学术出版机构。成立以来，社科文献出版社依托于中国社会科学院和国内外人文社会科学界丰厚的学术出版和专家学者资源，始终坚持"创社科经典，出传世文献"的出版理念、"权威、前沿、原创"的产品定位以及学术成果和智库成果出版的专业化、数字化、国际化、市场化的经营道路。

社科文献出版社是中国新闻出版业转型与文化体制改革的先行者。积极探索文化体制改革的先进方向和现代企业经营决策机制，社科文献出版社先后荣获"全国文化体制改革工作先进单位"、中国出版政府奖·先进出版单位奖，中国社会科学院先进集体、全国科普工作先进集体等荣誉称号。多人次荣获"第十届韬奋出版奖""全国新闻出版行业领军人才""数字出版先进人物""北京市新闻出版广电行业领军人才"等称号。

社科文献出版社是中国人文社会科学学术出版的大社名社，也是以皮书为代表的智库成果出版的专业强社。年出版图书2000余种，其中皮书350余种，出版新书字数5.5亿字，承印与发行中国社科院院属期刊72种，先后创立了皮书系列、列国志、中国史话、社科文献学术译库、社科文献学术文库、甲骨文系列等一大批既有学术影响又有市场价值的品牌，确立了在社会学、近代史、苏东问题研究等专业学科及领域出版的领先地位。图书多次荣获中国出版政府奖、"三个一百"原创图书出版工程、"五个'一'工程奖"、"大众喜爱的50种图书"等奖项，在中央国家机关"强素质·做表率"读书活动中，入选图书品种数位居各大出版社之首。

社科文献出版社是中国学术出版规范与标准的倡议者与制定者，代表全国50多家出版社发起实施学术著作出版规范的倡议，承担学术著作规范国家标准的起草工作，率先编撰完成《皮书手册》对皮书品牌进行规范化管理，并在此基础上推出中国版芝加哥手册——《SSAP学术出版手册》。

社科文献出版社是中国数字出版的引领者，拥有皮书数据库、列国志数据库、"一带一路"数据库、减贫数据库、集刊数据库等4大产品线11个数据库产品，机构用户达1300余家，海外用户百余家，荣获"数字出版转型示范单位""新闻出版标准化先进单位""专业数字内容资源知识服务模式试点企业标准化示范单位"等称号。

社科文献出版社是中国学术出版走出去的践行者。社科文献出版社海外图书出版与学术合作业务遍及全球40余个国家和地区并于2016年成立俄罗斯分社，累计输出图书500余种，涉及近20个语种，累计获得国家社科基金中华学术外译项目资助76种、"丝路书香工程"项目资助60种、中国图书对外推广计划项目资助71种以及经典中国国际出版工程资助28种，被商务部认定为"2015-2016年度国家文化出口重点企业"。

如今，社科文献出版社拥有固定资产3.6亿元，年收入近3亿元，设置了七大出版分社、六大专业部门，成立了皮书研究院和博士后科研工作站，培养了一支近400人的高素质与高效率的编辑、出版、营销和国际推广队伍，为未来成为学术出版的大社、名社、强社，成为文化体制改革与文化企业转型发展的排头兵奠定了坚实的基础。

经 济 类

经济类皮书涵盖宏观经济、城市经济、大区域经济，
提供权威、前沿的分析与预测

经济蓝皮书

2017 年中国经济形势分析与预测

李扬 / 主编　2017 年 1 月出版　定价：89.00 元

◆　本书为总理基金项目，由著名经济学家李扬领衔，联合中
国社会科学院等数十家科研机构、国家部委和高等院校的专家
共同撰写，系统分析了 2016 年的中国经济形势并预测 2017 年
中国经济运行情况。

中国省域竞争力蓝皮书

中国省域经济综合竞争力发展报告（2015 ～ 2016）

李建平　李闽榕　高燕京 / 主编　2017 年 5 月出版　定价：198.00 元

◆　本书融多学科的理论为一体，深入追踪研究了省域经济发
展与中国国家竞争力的内在关系，为提升中国省域经济综合竞
争力提供有价值的决策依据。

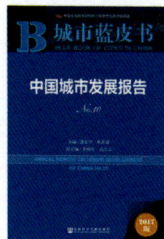

城市蓝皮书

中国城市发展报告 No.10

潘家华　单菁菁 / 主编　2017 年 9 月出版　估价：89.00 元

◆　本书是由中国社会科学院城市发展与环境研究中心编著
的，多角度、全方位地立体展示了中国城市的发展状况，并对
中国城市的未来发展提出了许多建议。该书有强烈的时代感，
对中国城市发展实践有重要的参考价值。

人口与劳动绿皮书

中国人口与劳动问题报告 No.18

蔡昉 张车伟 / 主编　2017 年 10 月出版　估价：89.00 元

◆　本书为中国社会科学院人口与劳动经济研究所主编的年度报告，对当前中国人口与劳动形势做了比较全面和系统的深入讨论，为研究中国人口与劳动问题提供了一个专业性的视角。

世界经济黄皮书

2017 年世界经济形势分析与预测

张宇燕 / 主编　2017 年 1 月出版　定价：89.00 元

◆　本书由中国社会科学院世界经济与政治研究所的研究团队撰写，2016 年世界经济增速进一步放缓，就业增长放慢。世界经济面临许多重大挑战同时，地缘政治风险、难民危机、大国政治周期、恐怖主义等问题也仍然在影响世界经济的稳定与发展。预计 2017 年按 PPP 计算的世界 GDP 增长率约为 3.0%。

国际城市蓝皮书

国际城市发展报告（2017）

屠启宇 / 主编　2017 年 2 月出版　定价：79.00 元

◆　本书作者以上海社会科学院从事国际城市研究的学者团队为核心，汇集同济大学、华东师范大学、复旦大学、上海交通大学、南京大学、浙江大学相关城市研究专业学者。立足动态跟踪介绍国际城市发展时间中，最新出现的重大战略、重大理念、重大项目、重大报告和最佳案例。

金融蓝皮书

中国金融发展报告（2017）

王国刚 / 主编　2017 年 2 月出版　定价：79.00 元

◆　本书由中国社会科学院金融研究所组织编写，概括和分析了 2016 年中国金融发展和运行中的各方面情况，研讨和评论了 2016 年发生的主要金融事件，有利于读者了解掌握 2016 年中国的金融状况，把握 2017 年中国金融的走势。

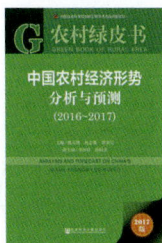

农村绿皮书

中国农村经济形势分析与预测（2016～2017）

魏后凯　杜志雄　黄秉信/主编　2017年4月出版　估价：89.00元

◆　本书描述了2016年中国农业农村经济发展的一些主要指标和变化，并对2017年中国农业农村经济形势的一些展望和预测，提出相应的政策建议。

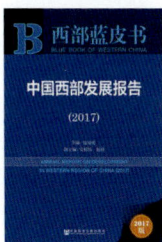

西部蓝皮书

中国西部发展报告（2017）

徐璋勇/主编　2017年7月出版　估价：89.00元

◆　本书由西北大学中国西部经济发展研究中心主编，汇集了源自西部本土以及国内研究西部问题的权威专家的第一手资料，对国家实施西部大开发战略进行年度动态跟踪，并对2017年西部经济、社会发展态势进行预测和展望。

经济蓝皮书·夏季号

中国经济增长报告（2016～2017）

李扬/主编　2017年9月出版　估价：98.00元

◆　中国经济增长报告主要探讨2016~2017年中国经济增长问题，以专业视角解读中国经济增长，力求将其打造成一个研究中国经济增长、服务宏微观各级决策的周期性、权威性读物。

就业蓝皮书

2017年中国本科生就业报告

麦可思研究院/编著　2017年6月出版　估价：98.00元

◆　本书基于大量的数据和调研，内容翔实，调查独到，分析到位，用数据说话，对中国大学生就业及学校专业设置起到了很好的建言献策作用。

社 会 政 法 类

社会政法类皮书聚焦社会发展领域的热点、难点问题，
提供权威、原创的资讯与视点

社会蓝皮书

2017 年中国社会形势分析与预测

李培林　陈光金　张翼 / 主编　2016 年 12 月出版　定价：89.00 元

◆　本书由中国社会科学院社会学研究所组织研究机构专家、高校学者和政府研究人员撰写，聚焦当下社会热点，对 2016 年中国社会发展的各个方面内容进行了权威解读，同时对 2017 年社会形势发展趋势进行了预测。

法治蓝皮书

中国法治发展报告 No.15（2017）

李林　田禾 / 主编　2017 年 3 月出版　定价：118.00 元

◆　本年度法治蓝皮书回顾总结了 2016 年度中国法治发展取得的成就和存在的不足，对中国政府、司法、检务透明度进行了跟踪调研，并对 2017 年中国法治发展形势进行了预测和展望。

社会体制蓝皮书

中国社会体制改革报告 No.5（2017）

龚维斌 / 主编　2017 年 3 月出版　定价：89.00 元

◆　本书由国家行政学院社会治理研究中心和北京师范大学中国社会管理研究院共同组织编写，主要对 2016 年社会体制改革情况进行回顾和总结，对 2017 年的改革走向进行分析，提出相关政策建议。

社会心态蓝皮书
中国社会心态研究报告（2017）

王俊秀　杨宜音/主编　2017年12月出版　估价：89.00元

◆　本书是中国社会科学院社会学研究所社会心理研究中心"社会心态蓝皮书课题组"的年度研究成果，运用社会心理学、社会学、经济学、传播学等多种学科的方法进行了调查和研究，对于目前中国社会心态状况有较广泛和深入的揭示。

生态城市绿皮书
中国生态城市建设发展报告（2017）

刘举科　孙伟平　胡文臻/主编　2017年7月出版　估价：118.00元

◆　报告以绿色发展、循环经济、低碳生活、民生宜居为理念，以更新民众观念、提供决策咨询、指导工程实践、引领绿色发展为宗旨，试图探索一条具有中国特色的城市生态文明建设新路。

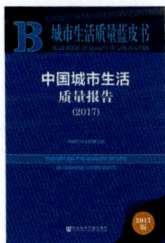

城市生活质量蓝皮书
中国城市生活质量报告（2017）

中国经济实验研究院/主编　2017年7月出版　估价：89.00元

◆　本书对全国35个城市居民的生活质量主观满意度进行了电话调查，同时对35个城市居民的客观生活质量指数进行了计算，为中国城市居民生活质量的提升，提出了针对性的政策建议。

公共服务蓝皮书
中国城市基本公共服务力评价（2017）

钟君　刘志昌　吴正杲/主编　2017年12月出版　估价：89.00元

◆　中国社会科学院经济与社会建设研究室与华图政信调查组成联合课题组，从2010年开始对基本公共服务力进行研究，研创了基本公共服务力评价指标体系，为政府考核公共服务与社会管理工作提供了理论工具。

行业报告类

行业报告类皮书立足重点行业、新兴行业领域，
提供及时、前瞻的数据与信息

企业社会责任蓝皮书

中国企业社会责任研究报告（2017）

黄群慧　钟宏武　张蒽　翟利峰／著　2017 年 10 月出版　估价：89.00 元

◆　本书剖析了中国企业社会责任在 2016～2017 年度的最新发展特征，详细解读了省域国有企业在社会责任方面的阶段性特征，生动呈现了国内外优秀企业的社会责任实践。对了解中国企业社会责任履行现状、未来发展，以及推动社会责任建设有重要的参考价值。

新能源汽车蓝皮书

中国新能源汽车产业发展报告（2017）

中国汽车技术研究中心　日产（中国）投资有限公司

东风汽车有限公司／编著　　2017 年 7 月出版　　估价：98.00 元

◆　本书对中国 2016 年新能源汽车产业发展进行了全面系统的分析，并介绍了国外的发展经验。有助于相关机构、行业和社会公众等了解中国新能源汽车产业发展的最新动态，为政府部门出台新能源汽车产业相关政策法规、企业制定相关战略规划，提供必要的借鉴和参考。

杜仲产业绿皮书

中国杜仲橡胶资源与产业发展报告（2016～2017）

杜红岩　胡文臻　俞锐／主编　　2017 年 4 月出版　　估价：85.00 元

◆　本书对 2016 年杜仲产业的发展情况、研究团队在杜仲研究方面取得的重要成果、部分地区杜仲产业发展的具体情况、杜仲新标准的制定情况等进行了较为详细的分析与介绍，使广大关心杜仲产业发展的读者能够及时跟踪产业最新进展。

企业蓝皮书

中国企业绿色发展报告 No.2（2017）

李红玉　朱光辉 / 主编　　2017 年 8 月出版　　估价：89.00 元

◆　本书深入分析中国企业能源消费、资源利用、绿色金融、绿色产品、绿色管理、信息化、绿色发展政策及绿色文化方面的现状，并对目前存在的问题进行研究，剖析因果，谋划对策，为企业绿色发展提供借鉴，为中国生态文明建设提供支撑。

中国上市公司蓝皮书

中国上市公司发展报告（2017）

张平　王宏淼 / 主编　　2017 年 10 月出版　　估价：98.00 元

◆　本书由中国社会科学院上市公司研究中心组织编写的，着力于全面、真实、客观反映当前中国上市公司财务状况和价值评估的综合性年度报告。本书详尽分析了 2016 年中国上市公司情况，特别是现实中暴露出的制度性、基础性问题，并对资本市场改革进行了探讨。

资产管理蓝皮书

中国资产管理行业发展报告（2017）

智信资产管理研究院 / 编著　　2017 年 6 月出版　　估价：89.00 元

◆　中国资产管理行业刚刚兴起，未来将成为中国金融市场最有看点的行业。本书主要分析了 2016 年度资产管理行业的发展情况，同时对资产管理行业的未来发展做出科学的预测。

体育蓝皮书

中国体育产业发展报告（2017）

阮伟　钟秉枢 / 主编　　2017 年 12 月出版　　估价：89.00 元

◆　本书运用多种研究方法，在体育竞赛业、体育用品业、体育场馆业、体育传媒业等传统产业研究的基础上，并对 2016 年体育领域内的各种热点事件进行研究和梳理，进一步拓宽了研究的广度、提升了研究的高度、挖掘了研究的深度。

国际问题类

国际问题类皮书关注全球重点国家与地区，
提供全面、独特的解读与研究

美国蓝皮书

美国研究报告（2017）

郑秉文　黄平 / 主编　2017 年 6 月出版　估价：89.00 元

◆　本书是由中国社会科学院美国研究所主持完成的研究成
果，它回顾了美国 2016 年的经济、政治形势与外交战略，对
2017 年以来美国内政外交发生的重大事件及重要政策进行了较
为全面的回顾和梳理。

日本蓝皮书

日本研究报告（2017）

杨伯江 / 主编　2017 年 5 月出版　估价：89.00 元

◆　本书对 2016 年日本的政治、经济、社会、外交等方面的
发展情况做了系统介绍，对日本的热点及焦点问题进行了总结
和分析，并在此基础上对该国 2017 年的发展前景做出预测。

亚太蓝皮书

亚太地区发展报告（2017）

李向阳 / 主编　2017 年 4 月出版　估价：89.00 元

◆　本书是中国社会科学院亚太与全球战略研究院的集体研究
成果。2017 年的"亚太蓝皮书"继续关注中国周边环境的变化。
该书盘点了 2016 年亚太地区的焦点和热点问题，为深入了解
2016 年及未来中国与周边环境的复杂形势提供了重要参考。

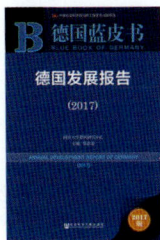

德国蓝皮书

德国发展报告（2017）

郑春荣／主编　2017 年 6 月出版　估价：89.00 元

◆　本报告由同济大学德国研究所组织编撰，由该领域的专家学者对德国的政治、经济、社会文化、外交等方面的形势发展情况，进行全面的阐述与分析。

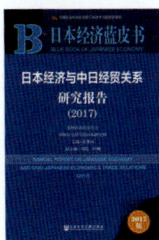

日本经济蓝皮书

日本经济与中日经贸关系研究报告（2017）

张季风／编著　2017 年 5 月出版　估价：89.00 元

◆　本书系统、详细地介绍了 2016 年日本经济以及中日经贸关系发展情况，在进行了大量数据分析的基础上，对 2017 年日本经济以及中日经贸关系的大致发展趋势进行了分析与预测。

俄罗斯黄皮书

俄罗斯发展报告（2017）

李永全／编著　2017 年 7 月出版　估价：89.00 元

◆　本书系统介绍了 2016 年俄罗斯经济政治情况，并对 2016 年该地区发生的焦点、热点问题进行了分析与回顾；在此基础上，对该地区 2017 年的发展前景进行了预测。

非洲黄皮书

非洲发展报告 No.19（2016 ～ 2017）

张宏明／主编　2017 年 8 月出版　估价：89.00 元

◆　本书是由中国社会科学院西亚非洲研究所组织编撰的非洲形势年度报告，比较全面、系统地分析了 2016 年非洲政治形势和热点问题，探讨了非洲经济形势和市场走向，剖析了大国对非洲关系的新动向；此外，还介绍了国内非洲研究的新成果。

地方发展类

地方发展类皮书关注中国各省份、经济区域，
提供科学、多元的预判与资政信息

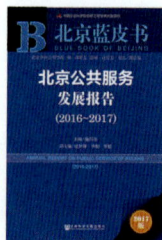

北京蓝皮书

北京公共服务发展报告（2016~2017）

施昌奎/主编　2017年3月出版　定价：79.00元

◆　本书是由北京市政府职能部门的领导、首都著名高校的教授、知名研究机构的专家共同完成的关于北京市公共服务发展与创新的研究成果。

河南蓝皮书

河南经济发展报告（2017）

张占仓　完世伟/主编　2017年4月出版　估价：89.00元

◆　本书以国内外经济发展环境和走向为背景，主要分析当前河南经济形势，预测未来发展趋势，全面反映河南经济发展的最新动态、热点和问题，为地方经济发展和领导决策提供参考。

广州蓝皮书

2017年中国广州经济形势分析与预测

庾建设　陈浩钿　谢博能/主编　2017年7月出版　估价：85.00元

◆　本书由广州大学与广州市委政策研究室、广州市统计局联合主编，汇集了广州科研团体、高等院校和政府部门诸多经济问题研究专家、学者和实际部门工作者的最新研究成果，是关于广州经济运行情况和相关专题分析、预测的重要参考资料。

文化传媒类

文化传媒类皮书透视文化领域、文化产业，
探索文化大繁荣、大发展的路径

新媒体蓝皮书

中国新媒体发展报告 No.8（2017）

唐绪军 / 主编　2017 年 6 月出版　估价：89.00 元

◆　本书是由中国社会科学院新闻与传播研究所组织编写的关于新媒体发展的最新年度报告，旨在全面分析中国新媒体的发展现状，解读新媒体的发展趋势，探析新媒体的深刻影响。

移动互联网蓝皮书

中国移动互联网发展报告（2017）

官建文 / 主编　2017 年 6 月出版　估价：89.00 元

◆　本书着眼于对 2016 年度中国移动互联网的发展情况做深入解析，对未来发展趋势进行预测，力求从不同视角、不同层面全面剖析中国移动互联网发展的现状、年度突破及热点趋势等。

传媒蓝皮书

中国传媒产业发展报告（2017）

崔保国 / 主编　2017 年 5 月出版　估价：98.00 元

◆　"传媒蓝皮书"连续十多年跟踪观察和系统研究中国传媒产业发展。本报告在对传媒产业总体以及各细分行业发展状况与趋势进行深入分析基础上，对年度发展热点进行跟踪，剖析新技术引领下的商业模式，对传媒各领域发展趋势、内体经营、传媒投资进行解析，为中国传媒产业正在发生的变革提供前瞻行参考。

经济类

"三农"互联网金融蓝皮书
中国"三农"互联网金融发展报告（2017）
著（编）者：李勇坚 王弢　2017年8月出版 / 估价：98.00元
PSN B-2016-561-1/1

G20国家创新竞争力黄皮书
二十国集团（G20）国家创新竞争力发展报告（2016~2017）
著（编）者：李建平 李闽榕 赵新力　周天勇
2017年8月出版 / 估价：158.00元
PSN Y-2011-229-1/1

产业蓝皮书
中国产业竞争力报告（2017）No.7
著（编）者：张其仔　2017年12月出版 / 估价：98.00元
PSN B-2010-175-1/1

城市创新蓝皮书
中国城市创新报告（2017）
著（编）者：周天勇 旷建伟　2017年11月出版 / 估价：89.00元
PSN B-2013-340-1/1

城市蓝皮书
中国城市发展报告 No.10
著（编）者：潘家华 单菁菁　2017年9月出版 / 估价：89.00元
PSN B-2007-091-1/1

城乡一体化蓝皮书
中国城乡一体化发展报告（2016～2017）
著（编）者：汝信 付崇兰　2017年7月出版 / 估价：85.00元
PSN B-2011-226-1/2

城镇化蓝皮书
中国新型城镇化健康发展报告（2017）
著（编）者：张占斌　2017年8月出版 / 估价：89.00元
PSN B-2014-396-1/1

创新蓝皮书
创新型国家建设报告（2016～2017）
著（编）者：詹正茂　2017年12月出版 / 估价：89.00元
PSN B-2009-140-1/1

创业蓝皮书
中国创业发展报告（2016～2017）
著（编）者：黄群慧 赵卫星 钟宏武等
2017年11月出版 / 估价：89.00元
PSN B-2016-578-1/1

低碳发展蓝皮书
中国低碳发展报告（2016~2017）
著（编）者：齐晔 张希良　2017年3月出版 / 估价：98.00元
PSN B-2011-223-1/1

低碳经济蓝皮书
中国低碳经济发展报告（2017）
著（编）者：薛进军 赵忠秀　2017年6月出版 / 估价：85.00元
PSN B-2011-194-1/1

东北蓝皮书
中国东北地区发展报告（2017）
著（编）者：姜晓秋　2017年2月出版 / 定价：79.00元
PSN B-2006-067-1/1

发展与改革蓝皮书
中国经济发展和体制改革报告No.8
著（编）者：邹东涛 王再文　2017年4月出版 / 估价：98.00元
PSN B-2008-122-1/1

工业化蓝皮书
中国工业化进程报告（2017）
著（编）者：黄群慧　2017年12月出版 / 估价：158.00元
PSN B-2007-095-1/1

管理蓝皮书
中国管理发展报告（2017）
著（编）者：张晓东　2017年10月出版 / 估价：98.00元
PSN B-2014-416-1/1

国际城市蓝皮书
国际城市发展报告（2017）
著（编）者：屠启宇　2017年2月出版 / 定价：79.00元
PSN B-2012-260-1/1

国家创新蓝皮书
中国创新发展报告（2017）
著（编）者：陈劲　2017年12月出版 / 估价：89.00元
PSN B-2014-370-1/1

金融蓝皮书
中国金融发展报告（2017）
著（编）者：李扬 王国刚　2017年2月出版 / 定价：79.00元
PSN B-2004-031-1/6

京津冀金融蓝皮书
京津冀金融发展报告（2017）
著（编）者：王爱俭 李向前
2017年4月出版 / 估价：89.00元
PSN B-2016-528-1/1

京津冀蓝皮书
京津冀发展报告（2017）
著（编）者：文魁 祝尔娟　2017年4月出版 / 估价：89.00元
PSN B-2012-262-1/1

经济蓝皮书
2017年中国经济形势分析与预测
著（编）者：李扬　2017年1月出版 / 定价：89.00元
PSN B-1996-001-1/1

经济蓝皮书·春季号
2017年中国经济前景分析
著（编）者：李扬　2017年6月出版 / 估价：89.00元
PSN B-1999-008-1/1

经济蓝皮书·夏季号
中国经济增长报告（2016～2017）
著（编）者：李扬　2017年9月出版 / 估价：98.00元
PSN B-2010-176-1/1

经济信息绿皮书
中国与世界经济发展报告（2017）
著（编）者：杜平　2017年12月出版 / 定价：89.00元
PSN G-2003-023-1/1

就业蓝皮书
2017年中国本科生就业报告
著（编）者：麦可思研究院　2017年6月出版 / 估价：98.00元
PSN B-2009-146-1/2

就业蓝皮书
2017年中国高职高专生就业报告
著(编)者：麦可思研究院　2017年6月出版 / 估价：98.00元
PSN B-2015-472-2/2

科普能力蓝皮书
中国科普能力评价报告（2017）
著(编)者：李富 强李群　2017年8月出版 / 估价：89.00元
PSN B-2016-556-1/1

临空经济蓝皮书
中国临空经济发展报告（2017）
著(编)者：连玉明　2017年9月出版 / 估价：89.00元
PSN B-2014-421-1/1

农村绿皮书
中国农村经济形势分析与预测（2016～2017）
著(编)者：魏后凯 杜志雄 黄秉信
2017年4月出版 / 估价：89.00元
PSN G-1998-003-1/1

农业应对气候变化蓝皮书
气候变化对中国农业影响评估报告 No.3
著(编)者：矫梅燕　2017年8月出版 / 估价：98.00元
PSN B-2014-413-1/1

气候变化绿皮书
应对气候变化报告（2017）
著(编)者：王伟光 郑国光　2017年6月出版 / 估价：89.00元
PSN G-2009-144-1/1

区域蓝皮书
中国区域经济发展报告（2016～2017）
著(编)者：赵弘　2017年6月出版 / 估价：89.00元
PSN B-2004-034-1/1

全球环境竞争力绿皮书
全球环境竞争力报告（2017）
著(编)者：李建平 李闽榕 王金南
2017年12月出版 / 估价：198.00元
PSN G-2013-363-1/1

人口与劳动绿皮书
中国人口与劳动问题报告 No.18
著(编)者：蔡昉 张车伟　2017年11月出版 / 估价：89.00元
PSN G-2000-012-1/1

商务中心区蓝皮书
中国商务中心区发展报告 No.3（2016）
著(编)者：李国红 单菁菁　2017年4月出版 / 估价：89.00元
PSN B-2015-444-1/1

世界经济黄皮书
2017年世界经济形势分析与预测
著(编)者：张宇燕　2017年1月出版 / 定价：89.00元
PSN Y-1999-006-1/1

世界旅游城市绿皮书
世界旅游城市发展报告（2017）
著(编)者：宋宇　2017年4月出版 / 估价：128.00元
PSN G-2014-400-1/1

土地市场蓝皮书
中国农村土地市场发展报告（2016～2017）
著(编)者：李光荣　2017年4月出版 / 估价：89.00元
PSN B-2016-527-1/1

西北蓝皮书
中国西北发展报告（2017）
著(编)者：高建龙　2017年4月出版 / 估价：89.00元
PSN B-2012-261-1/1

西部蓝皮书
中国西部发展报告（2017）
著(编)者：徐璋勇　2017年7月出版 / 估价：89.00元
PSN B-2005-039-1/1

新型城镇化蓝皮书
新型城镇化发展报告（2017）
著(编)者：李伟 宋敏 沈体雁　2017年4月出版 / 估价：98.00元
PSN B-2014-431-1/1

新兴经济体蓝皮书
金砖国家发展报告（2017）
著(编)者：林跃勤 周文　2017年12月出版 / 估价：89.00元
PSN B-2011-195-1/1

长三角蓝皮书
2017年新常态下深化一体化的长三角
著(编)者：王庆五　2017年12月出版 / 估价：88.00元
PSN B-2005-038-1/1

中部竞争力蓝皮书
中国中部经济社会竞争力报告（2017）
著(编)者：教育部人文社会科学重点研究基地
　　　　　南昌大学中国中部经济社会发展研究中心
2017年12月出版 / 估价：89.00元
PSN B-2012-276-1/1

中部蓝皮书
中国中部地区发展报告（2017）
著(编)者：宋亚平　2017年12月出版 / 估价：88.00元
PSN B-2007-089-1/1

中国省域竞争力蓝皮书
中国省域经济综合竞争力发展报告（2017）
著(编)者：李建平 李闽榕 高燕京
2017年2月出版 / 定价：198.00元
PSN B-2007-088-1/1

中三角蓝皮书
长江中游城市群发展报告（2017）
著(编)者：秦尊文　2017年9月出版 / 估价：89.00元
PSN B-2014-417-1/1

中小城市绿皮书
中国中小城市发展报告（2017）
著(编)者：中国城市经济学会中小城市经济发展委员会
　　　　　中国城镇化促进会中小城市发展委员会
　　　　　《中国中小城市发展报告》编纂委员会
　　　　　中小城市发展战略研究院
2017年11月出版 / 估价：128.00元
PSN G-2010-161-1/1

中原蓝皮书
中原经济区发展报告（2017）
著(编)者：李英杰　2017年6月出版 / 估价：88.00元
PSN B-2011-192-1/1

自贸区蓝皮书
中国自贸区发展报告（2017）
著(编)者：王力　2017年7月出版 / 估价：89.00元
PSN B-2016-559-1/1

社会政法类

北京蓝皮书
中国社区发展报告（2017）
著(编)者：于燕燕　2017年4月出版 / 估价：89.00元
PSN B-2007-083-5/8

殡葬绿皮书
中国殡葬事业发展报告（2017）
著(编)者：李伯森　2017年4月出版 / 估价：158.00元
PSN G-2010-180-1/1

城市管理蓝皮书
中国城市管理报告（2016~2017）
著(编)者：刘林　刘承水　2017年5月出版 / 估价：158.00元
PSN B-2013-336-1/1

城市生活质量蓝皮书
中国城市生活质量报告（2017）
著(编)者：中国经济实验研究院
2018年7月出版 / 估价：89.00元
PSN B-2013-326-1/1

城市政府能力蓝皮书
中国城市政府公共服务能力评估报告（2017）
著(编)者：何艳玲　2017年4月出版 / 估价：89.00元
PSN B-2013-338-1/1

慈善蓝皮书
中国慈善发展报告（2017）
著(编)者：杨团　2017年6月出版 / 估价：89.00元
PSN B-2009-142-1/1

党建蓝皮书
党的建设研究报告 No.2（2017）
著(编)者：崔建民　陈东平　2017年4月出版 / 估价：89.00元
PSN B-2016-524-1/1

地方法治蓝皮书
中国地方法治发展报告 No.3（2017）
著(编)者：李林　田禾　2017年4出版 / 估价：108.00元
PSN B-2015-442-1/1

法治蓝皮书
中国法治发展报告 No.15（2017）
著(编)者：李林　田禾　2017年3月出版 / 定价：118.00元
PSN B-2004-027-1/1

法治政府蓝皮书
中国法治政府发展报告（2017）
著(编)者：中国政法大学法治政府研究院
2017年4月出版 / 估价：98.00元
PSN B-2015-502-1/2

法治政府蓝皮书
中国法治政府评估报告（2017）
著(编)者：中国政法大学法治政府研究院
2017年11月出版 / 估价：98.00元
PSN B-2016-577-2/2

法治蓝皮书
中国法院信息化发展报告 No.1（2017）
著(编)者：李林　田禾　2017年2月出版 / 定价：108.00元
PSN B-2017-604-3/3

反腐倡廉蓝皮书
中国反腐倡廉建设报告 No.7
著(编)者：张英伟　2017年12月出版 / 估价：89.00元
PSN B-2012-259-1/1

非传统安全蓝皮书
中国非传统安全研究报告（2016~2017）
著(编)者：余潇枫　魏志江　2017年6月出版 / 估价：89.00元
PSN B-2012-273-1/1

妇女发展蓝皮书
中国妇女发展报告 No.7
著(编)者：王金玲　2017年9月出版 / 估价：148.00元
PSN B-2006-069-1/1

妇女教育蓝皮书
中国妇女教育发展报告 No.4
著(编)者：张李玺　2017年10月出版 / 估价：78.00元
PSN B-2008-121-1/1

妇女绿皮书
中国性别平等与妇女发展报告（2017）
著(编)者：谭琳　2017年12月出版 / 估价：99.00元
PSN G-2006-073-1/1

公共服务蓝皮书
中国城市基本公共服务力评价（2017）
著(编)者：钟君　刘志昌　吴正杲　2017年12月出版 / 估价：89.00元
PSN B-2011-214-1/1

公民科学素质蓝皮书
中国公民科学素质报告（2016~2017）
著(编)者：李群　陈雄　马宗文
2017年4月出版 / 估价：89.00元
PSN B-2014-379-1/1

公共关系蓝皮书
中国公共关系发展报告（2017）
著(编)者：柳斌杰　2017年11月出版 / 估价：89.00元
PSN B-2016-580-1/1

公益蓝皮书
中国公益慈善发展报告（2017）
著(编)者：朱健刚　2018年4月出版 / 估价：118.00元
PSN B-2012-283-1/1

国际人才蓝皮书
中国国际移民报告（2017）
著(编)者：王辉耀　2017年4月出版 / 估价：89.00元
PSN B-2012-304-3/4

国际人才蓝皮书
中国留学发展报告（2017）No.5
著(编)者：王辉耀　苗绿　2017年10月出版 / 估价：89.00元
PSN B-2012-244-2/4

海洋社会蓝皮书
中国海洋社会发展报告（2017）
著(编)者：崔凤　宋宁而　2017年7月出版 / 估价：89.00元
PSN B-2015-478-1/1

行政改革蓝皮书
中国行政体制改革报告（2017）No.6
著(编)者：魏礼群　2017年5月出版 / 估价：98.00元
PSN B-2011-231-1/1

华侨华人蓝皮书
华侨华人研究报告（2017）
著(编)者：贾益民　2017年12月出版 / 估价：128.00元
PSN B-2011-204-1/1

环境竞争力绿皮书
中国省域环境竞争力发展报告（2017）
著(编)者：李建平 李闽榕 王金南
2017年11月出版 / 估价：198.00元
PSN G-2010-165-1/1

环境绿皮书
中国环境发展报告（2017）
著(编)者：刘鉴强　2017年4月出版 / 估价：89.00元
PSN G-2006-048-1/1

基金会蓝皮书
中国基金会发展报告（2016~2017）
著(编)者：中国基金会发展报告课题组
2017年4月出版 / 估价：85.00元
PSN B-2013-368-1/1

基金会绿皮书
中国基金会发展独立研究报告（2017）
著(编)者：基金会中心网 中央民族大学基金会研究中心
2017年6月出版 / 估价：88.00元
PSN B-2011-213-1/1

基金会透明度蓝皮书
中国基金会透明度发展研究报告（2017）
著(编)者：基金会中心网 清华大学廉政与治理研究中心
2017年12月出版 / 估价：89.00元
PSN B-2015-509-1/1

家庭蓝皮书
中国"创建幸福家庭活动"评估报告（2017）
国务院发展研究中心"创建幸福家庭活动评估"课题组著
2017年8月出版 / 估价：89.00元
PSN B-2015-508-1/1

健康城市蓝皮书
中国健康城市建设研究报告（2017）
著(编)者：王鸿春 解树江 盛继洪
2017年9月出版 / 估价：89.00元
PSN B-2016-565-2/2

教师蓝皮书
中国中小学教师发展报告（2017）
著(编)者：曾晓东 鱼霞　2017年6月出版 / 估价：89.00元
PSN B-2012-289-1/1

教育蓝皮书
中国教育发展报告（2017）
著(编)者：杨东平　2017年4月出版 / 估价：89.00元
PSN B-2006-047-1/1

科普蓝皮书
中国基层科普发展报告（2016~2017）
著(编)者：赵立 新陈玲　2017年9月出版 / 估价：89.00元
PSN B-2016-569-3/3

科普蓝皮书
中国科普基础设施发展报告（2017）
著(编)者：任福君　2017年6月出版 / 估价：89.00元
PSN B-2010-174-1/3

科普蓝皮书
中国科普人才发展报告（2017）
著(编)者：郑念 任嵘嵘　2017年4月出版 / 估价：98.00元
PSN B-2015-512-2/3

科学教育蓝皮书
中国科学教育发展报告（2017）
著(编)者：罗晖 王康友　2017年10月出版 / 估价：89.00元
PSN B-2015-487-1/1

劳动保障蓝皮书
中国劳动保障发展报告（2017）
著(编)者：刘燕斌　2017年9月出版 / 估价：188.00元
PSN B-2014-415-1/1

老龄蓝皮书
中国老年宜居环境发展报告（2017）
著(编)者：党俊武 周燕珉　2017年4月出版 / 估价：89.00元
PSN B-2013-320-1/1

连片特困区蓝皮书
中国连片特困区发展报告（2017）
著(编)者：游俊 冷志明 丁建军
2017年4月出版 / 估价：98.00元
PSN B-2013-321-1/1

流动儿童蓝皮书
中国流动儿童教育发展报告（2016）
著(编)者：杨东平　2017年1月出版 / 定价：79.00元
PSN B-2017-600-1/1

民调蓝皮书
中国民生调查报告（2017）
著(编)者：谢耘耕　2017年12月出版 / 估价：98.00元
PSN B-2014-398-1/1

民族发展蓝皮书
中国民族发展报告（2017）
著(编)者：郝时远 王延中 王希恩
2017年4月出版 / 估价：98.00元
PSN B-2006-070-1/1

女性生活蓝皮书
中国女性生活状况报告 No.11（2017）
著(编)者：韩湘景　2017年10月出版 / 估价：98.00元
PSN B-2006-071-1/1

汽车社会蓝皮书
中国汽车社会发展报告（2017）
著(编)者：王俊秀　2017年12月出版 / 估价：89.00元
PSN B-2011-224-1/1

青年蓝皮书
中国青年发展报告（2017）No.3
著(编)者：廉思 等　2017年4月出版 / 估价：89.00元
PSN B-2013-333-1/1

青少年蓝皮书
中国未成年人互联网运用报告（2017）
著(编)者：李文革 沈洁 李为民
2017年11月出版 / 估价：89.00元
PSN B-2010-165-1/1

青少年体育蓝皮书
中国青少年体育发展报告（2017）
著(编)者：郭建军 杨桦　2017年9月出版 / 估价：89.00元
PSN B-2015-482-1/1

群众体育蓝皮书
中国群众体育发展报告（2017）
著(编)者：刘国永 杨桦　2017年12月出版 / 估价：89.00元
PSN B-2016-519-2/3

人权蓝皮书
中国人权事业发展报告 No.7（2017）
著(编)者：李君如　2017年9月出版 / 估价：98.00元
PSN B-2011-215-1/1

社会保障绿皮书
中国社会保障发展报告（2017）No.8
著(编)者：王延中　2017年1月出版 / 估价：98.00元
PSN G-2001-014-1/1

社会风险评估蓝皮书
风险评估与危机预警评估报告（2017）
著(编)者：唐钧　2017年8月出版 / 估价：85.00元
PSN B-2016-521-1/1

社会管理蓝皮书
中国社会管理创新报告 No.5
著(编)者：连玉明　2017年11月出版 / 估价：89.00元
PSN B-2012-300-1/1

社会蓝皮书
2017年中国社会形势分析与预测
著(编)者：李培林 陈光金 张翼
2016年12月出版 / 定价：89.00元
PSN B-1998-002-1/1

社会体制蓝皮书
中国社会体制改革报告 No.5（2017）
著(编)者：龚维斌　2017年3月出版 / 定价：89.00元
PSN B-2013-330-1/1

社会心态蓝皮书
中国社会心态研究报告（2017）
著(编)者：王俊秀 杨宜音　2017年12月出版 / 估价：89.00元
PSN B-2011-199-1/1

社会组织蓝皮书
中国社会组织发展报告（2016~2017）
著(编)者：黄晓勇　2017年1月出版 / 定价：89.00元
PSN B-2008-118-1/2

社会组织蓝皮书
中国社会组织评估发展报告（2017）
著(编)者：徐家良 廖鸿　2017年12月出版 / 估价：89.00元
PSN B-2013-366-1/1

生态城市绿皮书
中国生态城市建设发展报告（2017）
著(编)者：刘举科 孙伟平 胡文臻
2017年9月出版 / 估价：118.00元
PSN G-2012-269-1/1

生态文明绿皮书
中国省域生态文明建设评价报告（ECI 2017）
著(编)者：严耕　2017年12月出版 / 估价：98.00元
PSN G-2010-170-1/1

土地整治蓝皮书
中国土地整治发展研究报告 No.4
著(编)者：国土资源部土地整治中心
2017年7月出版 / 估价：89.00元
PSN B-2014-401-1/1

土地政策蓝皮书
中国土地政策研究报告（2017）
著(编)者：高延利 李宪文
2017年12月出版 / 定价：89.00元
PSN B-2015-506-1/1

医改蓝皮书
中国医药卫生体制改革报告（2017）
著(编)者：文学国 房志武　2017年11月出版 / 估价：98.00元
PSN B-2014-432-1/1

医疗卫生绿皮书
中国医疗卫生发展报告 No.7（2017）
著(编)者：申宝忠 韩玉珍　2017年4月出版 / 估价：85.00元
PSN G-2004-033-1/1

应急管理蓝皮书
中国应急管理报告（2017）
著(编)者：宋英华　2017年9月出版 / 估价：98.00元
PSN B-2016-563-1/1

政治参与蓝皮书
中国政治参与报告（2017）
著(编)者：房宁　2017年9月出版 / 估价：118.00元
PSN B-2011-200-1/1

宗教蓝皮书
中国宗教报告（2016）
著(编)者：邱永辉　2017年4月出版 / 估价：89.00元
PSN B-2008-117-1/1

行业报告类

SUV蓝皮书
中国SUV市场发展报告（2016~2017）
著(编)者：靳军　2017年9月出版 / 估价：89.00元
PSN B-2016-572-1/1

保健蓝皮书
中国保健服务产业发展报告 No.2
著(编)者：中国保健协会 中共中央党校
2017年7月出版 / 估价：198.00元
PSN B-2012-272-3/3

保健蓝皮书
中国保健食品产业发展报告 No.2
著(编)者：中国保健协会
　　　　中国社会科学院食品药品产业发展与监管研究中心
2017年7月出版 / 估价：198.00元
PSN B-2012-271-2/3

保健蓝皮书
中国保健用品产业发展报告 No.2
著(编)者：中国保健协会
　　　　国务院国有资产监督管理委员会研究中心
2017年4月出版 / 估价：198.00元
PSN B-2012-270-1/3

保险蓝皮书
中国保险业竞争力报告（2017）
著(编)者：项俊波　2017年12月出版 / 估价：99.00元
PSN B-2013-311-1/1

冰雪蓝皮书
中国滑雪产业发展报告（2017）
著(编)者：孙承华 伍斌 魏庆华 张鸿俊
　2017年8月出版 / 估价：89.00元
PSN B-2016-560-1/1

彩票蓝皮书
中国彩票发展报告（2017）
著(编)者：益彩基金　2017年4月出版 / 估价：98.00元
PSN B-2015-462-1/1

餐饮产业蓝皮书
中国餐饮产业发展报告（2017）
著(编)者：邢颖　2017年6月出版 / 估价：98.00元
PSN B-2009-151-1/1

测绘地理信息蓝皮书
新常态下的测绘地理信息研究报告（2017）
著(编)者：库热西·买合苏提
2017年12月出版 / 估价：118.00元
PSN B-2009-145-1/1

茶业蓝皮书
中国茶产业发展报告（2017）
著(编)者：杨江帆 李闽榕　2017年10月出版 / 估价：88.00元
PSN B-2010-164-1/1

产权市场蓝皮书
中国产权市场发展报告（2016~2017）
著(编)者：曹和平　2017年5月出版 / 估价：89.00元
PSN B-2009-147-1/1

产业安全蓝皮书
中国出版传媒产业安全报告（2016~2017）
著(编)者：北京印刷学院文化产业安全研究院
2017年4月出版 / 估价：89.00元
PSN B-2014-384-13/14

产业安全蓝皮书
中国文化产业安全报告（2017）
著(编)者：北京印刷学院文化产业安全研究院
2017年12月出版 / 估价：89.00元
PSN B-2014-378-12/14

产业安全蓝皮书
中国新媒体产业安全报告（2017）
著(编)者：北京印刷学院文化产业安全研究院
2017年12月出版 / 估价：89.00元
PSN B-2015-500-14/14

城投蓝皮书
中国城投行业发展报告（2017）
著(编)者：王晨艳 丁伯康　2017年11月出版 / 估价：300.00元
PSN B-2016-514-1/1

电子政务蓝皮书
中国电子政务发展报告（2016~2017）
著(编)者：李季 杜平　2017年7月出版 / 估价：89.00元
PSN B-2003-022-1/1

杜仲产业绿皮书
中国杜仲橡胶资源与产业发展报告（2016~2017）
著(编)者：杜红岩 胡文臻 俞锐
2017年4月出版 / 估价：85.00元
PSN G-2013-350-1/1

房地产蓝皮书
中国房地产发展报告 No.14（2017）
著(编)者：李春华 王业强　2017年5月出版 / 估价：89.00元
PSN B-2004-028-1/1

服务外包蓝皮书
中国服务外包产业发展报告（2017）
著(编)者：王晓红 刘德军
2017年6月出版 / 估价：89.00元
PSN B-2013-331-2/2

服务外包蓝皮书
中国服务外包竞争力报告（2017）
著(编)者：王力 刘春生 黄育华
2017年11月出版 / 估价：85.00元
PSN B-2011-216-1/2

工业和信息化蓝皮书
世界网络安全发展报告（2016~2017）
著(编)者：洪京一　2017年4月出版 / 估价：89.00元
PSN B-2015-452-5/5

工业和信息化蓝皮书
世界信息化发展报告（2016~2017）
著(编)者：洪京一　2017年4月出版 / 估价：89.00元
PSN B-2015-451-4/5

工业和信息化蓝皮书
世界信息技术产业发展报告（2016~2017）
著（编）者：洪京一　2017年4月出版 / 估价：89.00元
PSN B-2015-449-2/5

工业和信息化蓝皮书
移动互联网产业发展报告（2016~2017）
著（编）者：洪京一　2017年4月出版 / 估价：89.00元
PSN B-2015-448-1/5

工业和信息化蓝皮书
战略性新兴产业发展报告（2016~2017）
著（编）者：洪京一　2017年4月出版 / 估价：89.00元
PSN B-2015-450-3/5

工业设计蓝皮书
中国工业设计发展报告（2017）
著（编）者：王晓红 于炜 张立群
2017年9月出版 / 估价：138.00元
PSN B-2014-420-1/1

黄金市场蓝皮书
中国商业银行黄金业务发展报告（2016~2017）
著（编）者：平安银行　2017年4月出版 / 估价：98.00元
PSN B-2016-525-1/1

互联网金融蓝皮书
中国互联网金融发展报告（2017）
著（编）者：李东荣　2017年9月出版 / 估价：128.00元
PSN B-2014-374-1/1

互联网医疗蓝皮书
中国互联网医疗发展报告（2017）
著（编）者：宫晓东　2017年9月出版 / 估价：89.00元
PSN B-2016-568-1/1

会展蓝皮书
中外会展业动态评估年度报告（2017）
著（编）者：张敏　2017年4月出版 / 估价：88.00元
PSN B-2013-327-1/1

金融监管蓝皮书
中国金融监管报告（2017）
著（编）者：胡滨　2017年6月出版 / 估价：89.00元
PSN B-2012-281-1/1

金融蓝皮书
中国金融中心发展报告（2017）
著（编）者：王力 黄育华　2017年11月出版 / 估价：85.00元
PSN B-2011-186-6/6

建筑装饰蓝皮书
中国建筑装饰行业发展报告（2017）
著（编）者：刘晓一 葛道顺　2017年7月出版 / 估价：198.00元
PSN B-2016-554-1/1

客车蓝皮书
中国客车产业发展报告（2016~2017）
著（编）者：姚蔚　2017年10月出版 / 估价：85.00元
PSN B-2013-361-1/1

旅游安全蓝皮书
中国旅游安全报告（2017）
著（编）者：郑向敏 谢朝武　2017年5月出版 / 估价：128.00元
PSN B-2012-280-1/1

旅游绿皮书
2016~2017年中国旅游发展分析与预测
著（编）者：宋瑞　2017年2月出版 / 定价：89.00元
PSN G-2002-018-1/1

煤炭蓝皮书
中国煤炭工业发展报告（2017）
著（编）者：岳福斌　2017年12月出版 / 估价：85.00元
PSN B-2008-123-1/1

民营企业社会责任蓝皮书
中国民营企业社会责任报告（2017）
著（编）者：中华全国工商业联合会
2017年12月出版 / 估价：89.00元
PSN B-2015-510-1/1

民营医院蓝皮书
中国民营医院发展报告（2017）
著（编）者：庄一强　2017年10月出版 / 估价：85.00元
PSN B-2012-299-1/1

闽商蓝皮书
闽商发展报告（2017）
著（编）者：李闽榕 王日根 林琛
2017年12月出版 / 估价：89.00元
PSN B-2012-298-1/1

能源蓝皮书
中国能源发展报告（2017）
著（编）者：崔民选 王军生 陈义和
2017年10月出版 / 估价：98.00元
PSN B-2006-049-1/1

农产品流通蓝皮书
中国农产品流通产业发展报告（2017）
著（编）者：贾敬敦 张东科 张玉玺 张鹏毅 周伟
2017年4月出版 / 估价：89.00元
PSN B-2012-288-1/1

企业公益蓝皮书
中国企业公益研究报告（2017）
著（编）者：钟宏武 汪杰 顾一 黄晓娟 等
2017年12月出版 / 估价：89.00元
PSN B-2015-501-1/1

企业国际化蓝皮书
中国企业国际化报告（2017）
著（编）者：王辉耀　2017年11月出版 / 估价：98.00元
PSN B-2014-427-1/1

企业蓝皮书
中国企业绿色发展报告No.2（2017）
著（编）者：李红玉 朱光辉　2017年8月出版 / 估价：89.00元
PSN B-2015-481-2/2

企业社会责任蓝皮书
中国企业社会责任研究报告（2017）
著（编）者：黄群慧 钟宏武 张蒽 翟利峰
2017年11月出版 / 估价：89.00元
PSN B-2009-149-1/1

企业社会责任蓝皮书
中资企业海外社会责任研究报告（2016~2017）
著（编）者：钟宏武 叶柳红 张蒽
2017年1月出版 / 定价：79.00元
PSN B-2017-603-2/2

汽车安全蓝皮书
中国汽车安全发展报告（2017）
著(编)者：中国汽车技术研究中心
2017年7月出版 / 估价：89.00元
PSN B-2014-385-1/1

汽车电子商务蓝皮书
中国汽车电子商务发展报告（2017）
著(编)者：中华全国工商业联合会汽车经销商商会
　　　　北京易观智库网络科技有限公司
2017年10月出版 / 估价：128.00元
PSN B-2015-485-1/1

汽车工业蓝皮书
中国汽车工业发展年度报告（2017）
著(编)者：中国汽车工业协会 中国汽车技术研究中心
　　　　丰田汽车（中国）投资有限公司
2017年4月出版 / 估价：128.00元
PSN B-2015-463-1/2

汽车工业蓝皮书
中国汽车零部件产业发展报告（2017）
著(编)者：中国汽车工业协会 中国汽车工程研究院
2017年10月出版 / 估价：89.00元
PSN B-2016-515-2/2

汽车蓝皮书
中国汽车产业发展报告（2017）
著(编)者：国务院发展研究中心产业经济研究部
　　　　中国汽车工程学会 大众汽车集团（中国）
2017年8月出版 / 估价：98.00元
PSN B-2008-124-1/1

人力资源蓝皮书
中国人力资源发展报告（2017）
著(编)者：余兴安 2017年11月出版 / 估价：89.00元
PSN B-2012-287-1/1

融资租赁蓝皮书
中国融资租赁业发展报告（2016～2017）
著(编)者：李光荣 王力 2017年8月出版 / 估价：89.00元
PSN B-2015-443-1/1

商会蓝皮书
中国商会发展报告No.5（2017）
著(编)者：王钦敏 2017年7月出版 / 估价：89.00元
PSN B-2008-125-1/1

输血服务蓝皮书
中国输血行业发展报告（2017）
著(编)者：朱永明 耿鸿武 2016年8月出版 / 估价：89.00元
PSN B-2016-583-1/1

社会责任管理蓝皮书
中国上市公司社会责任能力成熟度报告（2017）No.2
著(编)者：肖红军 王晓光 李伟阳
2017年12月出版 / 估价：98.00元
PSN B-2015-507-2/2

社会责任管理蓝皮书
中国企业公众透明度报告(2017)No.3
著(编)者：黄速建 熊梦 王晓光 肖红军
2017年4月出版 / 估价：98.00元
PSN B-2015-440-1/2

食品药品蓝皮书
食品药品安全与监管政策研究报告（2016～2017）
著(编)者：唐民皓 2017年6月出版 / 估价：89.00元
PSN B-2009-129-1/1

世界能源蓝皮书
世界能源发展报告（2017）
著(编)者：黄晓勇 2017年6月出版 / 估价：99.00元
PSN B-2013-349-1/1

水利风景区蓝皮书
中国水利风景区发展报告（2017）
著(编)者：谢婵才 兰思仁 2017年5月出版 / 估价：89.00元
PSN B-2015-480-1/1

碳市场蓝皮书
中国碳市场报告（2017）
著(编)者：定金彪 2017年11月出版 / 估价：89.00元
PSN B-2014-430-1/1

体育蓝皮书
中国体育产业发展报告（2017）
著(编)者：阮伟 钟秉枢 2017年12月出版 / 估价：89.00元
PSN B-2010-179-1/4

网络空间安全蓝皮书
中国网络空间安全发展报告（2017）
著(编)者：惠志斌 唐涛 2017年4月出版 / 估价：89.00元
PSN B-2015-466-1/1

西部金融蓝皮书
中国西部金融发展报告（2017）
著(编)者：李忠民 2017年8月出版 / 估价：85.00元
PSN B-2010-160-1/1

协会商会蓝皮书
中国行业协会商会发展报告（2017）
著(编)者：景朝阳 李勇 2017年4月出版 / 估价：99.00元
PSN B-2015-461-1/1

新能源汽车蓝皮书
中国新能源汽车产业发展报告（2017）
著(编)者：中国汽车技术研究中心
　　　　日产（中国）投资有限公司 东风汽车有限公司
2017年7月出版 / 估价：98.00元
PSN B-2013-347-1/1

新三板蓝皮书
中国新三板市场发展报告（2017）
著(编)者：王力 2017年6月出版 / 估价：89.00元
PSN B-2016-534-1/1

信托市场蓝皮书
中国信托业市场报告（2016～2017）
著(编)者：用益信托研究院
2017年1月出版 / 定价：198.00元
PSN B-2014-371-1/1

信息化蓝皮书
中国信息化形势分析与预测（2016~2017）
著(编)者：周宏仁 2017年8月出版 / 估价：98.00元
PSN B-2010-168-1/1

信用蓝皮书
中国信用发展报告（2017）
著(编)者：章政　田侃　　2017年4月出版 / 估价：99.00元
PSN B-2013-328-1/1

休闲绿皮书
2017年中国休闲发展报告
著(编)者：宋瑞　　2017年10月出版 / 估价：89.00元
PSN G-2010-158-1/1

休闲体育蓝皮书
中国休闲体育发展报告（2016～2017）
著(编)者：李相如　钟炳枢　　2017年10月出版 / 估价：89.00元
PSN G-2016-516-1/1

养老金融蓝皮书
中国养老金融发展报告（2017）
著(编)者：董克用　姚余栋
2017年8月出版 / 估价：89.00元
PSN B-2016-584-1/1

药品流通蓝皮书
中国药品流通行业发展报告（2017）
著(编)者：佘鲁林　温再兴　　2017年8月出版 / 估价：158.00元
PSN B-2014-429-1/1

医院蓝皮书
中国医院竞争力报告（2017）
著(编)者：庄一强　曾益新　　2017年3月出版 / 定价：108.00元
PSN B-2016-529-1/1

邮轮绿皮书
中国邮轮产业发展报告（2017）
著(编)者：汪泓　　2017年10月出版 / 估价：89.00元
PSN G-2014-419-1/1

智能养老蓝皮书
中国智能养老产业发展报告（2017）
著(编)者：朱勇　　2017年10月出版 / 估价：89.00元
PSN B-2015-488-1/1

债券市场蓝皮书
中国债券市场发展报告（2016～2017）
著(编)者：杨农　　2017年10月出版 / 估价：89.00元
PSN B-2016-573-1/1

中国节能汽车蓝皮书
中国节能汽车发展报告（2016~2017）
著(编)者：中国汽车工程研究院股份有限公司
2017年9月出版 / 估价：98.00元
PSN B-2016-566-1/1

中国上市公司蓝皮书
中国上市公司发展报告（2017）
著(编)者：张平　王宏淼
2017年10月出版 / 估价：98.00元
PSN B-2014-414-1/1

中国陶瓷产业蓝皮书
中国陶瓷产业发展报告（2017）
著(编)者：左和平　黄速建　　2017年10月出版 / 估价：98.00元
PSN B-2016-574-1/1

中国总部经济蓝皮书
中国总部经济发展报告（2016～2017）
著(编)者：赵弘　　2017年9月出版 / 估价：89.00元
PSN B-2005-036-1/1

中医文化蓝皮书
中国中医药文化传播发展报告（2017）
著(编)者：毛嘉陵　　2017年7月出版 / 估价：89.00元
PSN B-2015-468-1/1

装备制造业蓝皮书
中国装备制造业发展报告（2017）
著(编)者：徐东华　　2017年12月出版 / 估价：148.00元
PSN B-2015-505-1/1

资本市场蓝皮书
中国场外交易市场发展报告（2016～2017）
著(编)者：高峦　　2017年4月出版 / 估价：89.00元
PSN B-2009-153-1/1

资产管理蓝皮书
中国资产管理行业发展报告（2017）
著(编)者：智信资产管理研究院
2017年6月出版 / 估价：89.00元
PSN B-2014-407-2/2

文化传媒类

传媒竞争力蓝皮书
中国传媒国际竞争力研究报告（2017）
著(编)者：李本乾 刘强
2017年11月出版 / 估价：148.00元
PSN B-2013-356-1/1

传媒蓝皮书
中国传媒产业发展报告（2017）
著(编)者：崔保国　　2017年5月出版 / 估价：98.00元
PSN B-2005-035-1/1

传媒投资蓝皮书
中国传媒投资发展报告（2017）
著(编)者：张向东 谭云明
2017年6月出版 / 估价：128.00元
PSN B-2015-474-1/1

动漫蓝皮书
中国动漫产业发展报告（2017）
著(编)者：卢斌 郑玉明 牛兴侦
2017年9月出版 / 估价：89.00元
PSN B-2011-198-1/1

非物质文化遗产蓝皮书
中国非物质文化遗产发展报告（2017）
著(编)者：陈平　　2017年5月出版 / 估价：98.00元
PSN B-2015-469-1/1

广电蓝皮书
中国广播电影电视发展报告（2017）
著(编)者：国家新闻出版广电总局发展研究中心
2017年7月出版 / 估价：98.00元
PSN B-2006-072-1/1

广告主蓝皮书
中国广告主营销传播趋势报告 No.9
著(编)者：黄升民 杜国清 邵华冬 等
2017年10月出版 / 估价：148.00元
PSN B-2005-041-1/1

国际传播蓝皮书
中国国际传播发展报告（2017）
著(编)者：胡正荣 李继东 姬德强
2017年11月出版 / 估价：89.00元
PSN B-2014-408-1/1

国家形象蓝皮书
中国国家形象传播报告（2016）
著(编)者：张昆　　2017年3月出版 / 定价：98.00元
PSN B-2017-605-1/1

纪录片蓝皮书
中国纪录片发展报告（2017）
著(编)者：何苏六　　2017年9月出版 / 估价：89.00元
PSN B-2011-222-1/1

科学传播蓝皮书
中国科学传播报告（2017）
著(编)者：詹正茂　　2017年7月出版 / 估价：89.00元
PSN B-2008-120-1/1

两岸创意经济蓝皮书
两岸创意经济研究报告（2017）
著(编)者：罗昌智 林咏能
2017年10月出版 / 估价：98.00元
PSN B-2014-437-1/1

媒介与女性蓝皮书
中国媒介与女性发展报告（2016~2017）
著(编)者：刘利群　　2017年9月出版 / 估价：118.00元
PSN B-2013-345-1/1

媒体融合蓝皮书
中国媒体融合发展报告（2017）
著(编)者：梅宁华 宋建武　　2017年7月出版 / 估价：89.00元
PSN B-2015-479-1/1

全球传媒蓝皮书
全球传媒发展报告（2017）
著(编)者：胡正荣 李继东 唐晓芬
2017年11月出版 / 估价：89.00元
PSN B-2012-237-1/1

少数民族非遗蓝皮书
中国少数民族非物质文化遗产发展报告（2017）
著(编)者：肖远平（彝） 柴立（满）
2017年8月出版 / 估价：98.00元
PSN B-2015-467-1/1

视听新媒体蓝皮书
中国视听新媒体发展报告（2017）
著(编)者：国家新闻出版广电总局发展研究中心
2017年7月出版 / 估价：98.00元
PSN B-2011-184-1/1

文化创新蓝皮书
中国文化创新报告（2017）No.7
著(编)者：于平 傅才武　　2017年7月出版 / 估价：98.00元
PSN B-2009-143-1/1

文化建设蓝皮书
中国文化发展报告（2016~2017）
著(编)者：江畅 孙伟平 戴茂堂
2017年6月出版 / 估价：116.00元
PSN B-2014-392-1/1

文化科技蓝皮书
文化科技创新发展报告（2017）
著(编)者：于平 李凤亮　　2017年11月出版 / 估价：89.00元
PSN B-2013-342-1/1

文化蓝皮书
中国公共文化服务发展报告（2017）
著(编)者：刘新成 张永新 张旭
2017年12月出版 / 估价：98.00元
PSN B-2007-093-2/10

文化蓝皮书
中国公共文化投入增长测评报告（2017）
著(编)者：王亚南　　2017年2月出版 / 定价：79.00元
PSN B-2014-435-10/10

文化蓝皮书
中国少数民族文化发展报告（2016~2017）
著(编)者：武翠英 张晓明 任乌晶
2017年9月出版 / 估价：89.00元
PSN B-2013-369-9/10

文化蓝皮书
中国文化产业发展报告（2016~2017）
著(编)者：张晓明 王家新 章建刚
2017年4月出版 / 估价：89.00元
PSN B-2002-019-1/10

文化蓝皮书
中国文化产业供需协调检测报告（2017）
著(编)者：王亚南 2017年2月出版 / 定价：79.00元
PSN B-2013-323-8/10

文化蓝皮书
中国文化消费需求景气评价报告（2017）
著(编)者：王亚南 2017年2月出版 / 定价：79.00元
PSN B-2011-236-4/10

文化品牌蓝皮书
中国文化品牌发展报告（2017）
著(编)者：欧阳友权 2017年5月出版 / 估价：98.00元
PSN B-2012-277-1/1

文化遗产蓝皮书
中国文化遗产事业发展报告（2017）
著(编)者：苏杨 张颖岚 王宇飞
2017年8月出版 / 估价：98.00元
PSN B-2008-119-1/1

文学蓝皮书
中国文情报告（2016~2017）
著(编)者：白烨 2017年5月出版 / 估价：49.00元
PSN B-2011-221-1/1

新媒体蓝皮书
中国新媒体发展报告No.8（2017）
著(编)者：唐绪军 2017年6月出版 / 估价：89.00元
PSN B-2010-169-1/1

新媒体社会责任蓝皮书
中国新媒体社会责任研究报告（2017）
著(编)者：钟瑛 2017年11月出版 / 估价：89.00元
PSN B-2014-423-1/1

移动互联网蓝皮书
中国移动互联网发展报告（2017）
著(编)者：官建文 2017年6月出版 / 估价：89.00元
PSN B-2012-282-1/1

舆情蓝皮书
中国社会舆情与危机管理报告（2017）
著(编)者：谢耘耕 2017年9月出版 / 估价：128.00元
PSN B-2011-235-1/1

影视蓝皮书
中国影视产业发展报告（2017）
著(编)者：司若 2017年4月出版 / 估价：138.00元
PSN B-2016-530-1/1

地方发展类

安徽经济蓝皮书
合芜蚌国家自主创新综合示范区研究报告（2016~2017）
著(编)者：黄家海 王开玉 蔡宪
2017年7月出版 / 估价：89.00元
PSN B-2014-383-1/1

安徽蓝皮书
安徽社会发展报告（2017）
著(编)者：程桦 2017年4月出版 / 估价：89.00元
PSN B-2013-325-1/1

澳门蓝皮书
澳门经济社会发展报告（2016~2017）
著(编)者：吴志良 郝雨凡 2017年6月出版 / 估价：98.00元
PSN B-2009-138-1/1

北京蓝皮书
北京公共服务发展报告（2016~2017）
著(编)者：施昌奎 2017年3月出版 / 定价：79.00元
PSN B-2008-103-7/8

北京蓝皮书
北京经济发展报告（2016~2017）
著(编)者：杨松 2017年6月出版 / 估价：89.00元
PSN B-2006-054-2/8

北京蓝皮书
北京社会发展报告（2016~2017）
著(编)者：李伟东 2017年6月出版 / 估价：89.00元
PSN B-2006-055-3/8

北京蓝皮书
北京社会治理发展报告（2016~2017）
著(编)者：殷星辰 2017年5月出版 / 估价：89.00元
PSN B-2014-391-8/8

北京蓝皮书
北京文化发展报告（2016~2017）
著(编)者：李建盛 2017年4月出版 / 估价：89.00元
PSN B-2007-082-4/8

北京律师绿皮书
北京律师发展报告No.3（2017）
著(编)者：王隽 2017年7月出版 / 估价：88.00元
PSN G-2012-301-1/1

北京旅游蓝皮书
北京旅游发展报告（2017）
著(编)者：北京旅游学会 2017年4月出版 / 估价：88.00元
PSN B-2011-217-1/1

北京人才蓝皮书
北京人才发展报告（2017）
著(编)者：于淼　2017年12月出版 / 估价：128.00元
PSN B-2011-201-1/1

北京社会心态蓝皮书
北京社会心态分析报告（2016～2017）
著(编)者：北京社会心理研究所
2017年8月出版 / 估价：89.00元
PSN B-2014-422-1/1

北京社会组织管理蓝皮书
北京社会组织发展与管理（2016～2017）
著(编)者：黄江松　2017年4月出版 / 估价：88.00元
PSN B-2015-446-1/1

北京体育蓝皮书
北京体育产业发展报告（2016～2017）
著(编)者：钟秉枢 陈杰 杨铁黎
2017年9月出版 / 估价：89.00元
PSN B-2015-475-1/1

北京养老产业蓝皮书
北京养老产业发展报告（2017）
著(编)者：周明明 冯喜良　2017年8月出版 / 估价：89.00元
PSN B-2015-465-1/1

滨海金融蓝皮书
滨海新区金融发展报告（2017）
著(编)者：王爱俭 张锐钢　2017年12月出版 / 估价：89.00元
PSN B-2014-424-1/1

城乡一体化蓝皮书
中国城乡一体化发展报告·北京卷（2016～2017）
著(编)者：张宝秀 黄序　2017年5月出版 / 估价：89.00元
PSN B-2012-258-2/2

创意城市蓝皮书
北京文化创意产业发展报告（2017）
著(编)者：张京成 王国华　2017年10月出版 / 估价：89.00元
PSN B-2012-263-1/7

创意城市蓝皮书
天津文化创意产业发展报告（2016～2017）
著(编)者：谢思全　2017年6月出版 / 估价：89.00元
PSN B-2016-537-7/7

创意城市蓝皮书
武汉文化创意产业发展报告（2017）
著(编)者：黄永林 陈汉桥　2017年9月出版 / 估价：99.00元
PSN B-2013-354-4/7

创意上海蓝皮书
上海文化创意产业发展报告（2016～2017）
著(编)者：王慧敏 王兴全　2017年8月出版 / 估价：89.00元
PSN B-2016-562-1/1

福建妇女发展蓝皮书
福建省妇女发展报告（2017）
著(编)者：刘群英　2017年11月出版 / 估价：88.00元
PSN B-2011-220-1/1

福建自贸区蓝皮书
中国（福建）自由贸易实验区发展报告（2016～2017）
著(编)者：黄茂兴　2017年4月出版 / 估价：108.00元
PSN B-2017-532-1/1

甘肃蓝皮书
甘肃经济发展分析与预测（2017）
著(编)者：安文华 罗哲　2017年1月出版 / 定价：79.00元
PSN B-2013-312-1/6

甘肃蓝皮书
甘肃社会发展分析与预测（2017）
著(编)者：安文华 包晓霞 谢增虎
2017年1月出版 / 定价：79.00元
PSN B-2013-313-2/6

甘肃蓝皮书
甘肃文化发展分析与预测（2017）
著(编)者：王俊莲 周小华　2017年1月出版 / 定价：79.00元
PSN B-2013-314-3/6

甘肃蓝皮书
甘肃县域和农村发展报告（2017）
著(编)者：朱智文 包东红 王建兵
2017年1月出版 / 定价：79.00元
PSN B-2013-316-5/6

甘肃蓝皮书
甘肃舆情分析与预测（2017）
著(编)者：陈双梅 张谦元　2017年1月出版 / 定价：79.00元
PSN B-2013-315-4/6

甘肃蓝皮书
甘肃商贸流通发展报告（2017）
著(编)者：张应华 王福生 王晓芳
2017年1月出版 / 定价：79.00元
PSN B-2016-523-6/6

广东蓝皮书
广东全面深化改革发展报告（2017）
著(编)者：周林生 涂成林　2017年12月出版 / 估价：89.00元
PSN B-2015-504-3/3

广东蓝皮书
广东社会工作发展报告（2017）
著(编)者：罗观翠　2017年6月出版 / 估价：89.00元
PSN B-2014-402-2/3

广东外经贸蓝皮书
广东对外经济贸易发展研究报告（2016~2017）
著(编)者：陈万灵　2017年8月出版 / 估价：98.00元
PSN B-2012-286-1/1

广西北部湾经济区蓝皮书
广西北部湾经济区开放开发报告（2017）
著(编)者：广西北部湾经济区规划建设管理委员会办公室
广西社会科学院广西北部湾发展研究院
2017年4月出版 / 估价：89.00元
PSN B-2010-181-1/1

巩义蓝皮书
巩义经济社会发展报告（2017）
著(编)者：丁同民 朱军　2017年4月出版 / 估价：58.00元
PSN B-2016-533-1/1

广州蓝皮书
2017年中国广州经济形势分析与预测
著(编)者：庾建设 陈浩钿 谢博能
2017年7月出版 / 估价：85.00元
PSN B-2011-185-9/14

广州蓝皮书
2017年中国广州社会形势分析与预测
著(编)者：张强 陈怡霓 杨秦　2017年6月出版 / 估价：85.00元
PSN B-2008-110-5/14

广州蓝皮书
广州城市国际化发展报告（2017）
著(编)者：朱名宏　2017年8月出版 / 估价：79.00元
PSN B-2012-246-11/14

广州蓝皮书
广州创新型城市发展报告（2017）
著(编)者：尹涛　2017年7月出版 / 估价：79.00元
PSN B-2012-247-12/14

广州蓝皮书
广州经济发展报告（2017）
著(编)者：朱名宏　2017年7月出版 / 估价：79.00元
PSN B-2005-040-1/14

广州蓝皮书
广州农村发展报告（2017）
著(编)者：朱名宏　2017年8月出版 / 估价：79.00元
PSN B-2010-167-8/14

广州蓝皮书
广州汽车产业发展报告（2017）
著(编)者：杨再高 冯兴亚　2017年7月出版 / 估价：79.00元
PSN B-2006-066-3/14

广州蓝皮书
广州青年发展报告（2016～2017）
著(编)者：徐柳 张强　2017年9月出版 / 估价：79.00元
PSN B-2013-352-13/14

广州蓝皮书
广州商贸业发展报告（2017）
著(编)者：李江涛 肖振宇 荀振英
2017年7月出版 / 估价：79.00元
PSN B-2012-245-10/14

广州蓝皮书
广州社会保障发展报告（2017）
著(编)者：蔡国萱　2017年8月出版 / 估价：79.00元
PSN B-2014-425-14/14

广州蓝皮书
广州文化创意产业发展报告（2017）
著(编)者：徐咏虹　2017年7月出版 / 估价：79.00元
PSN B-2008-111-6/14

广州蓝皮书
中国广州城市建设与管理发展报告（2017）
著(编)者：董皞 陈小钢 李江涛
2017年7月出版 / 估价：85.00元
PSN B-2007-087-4/14

广州蓝皮书
中国广州科技创新发展报告（2017）
著(编)者：邹采荣 马正勇 陈爽
2017年7月出版 / 估价：79.00元
PSN B-2006-065-2/14

广州蓝皮书
中国广州文化发展报告（2017）
著(编)者：徐俊忠 陆志强 顾涧清
2017年7月出版 / 估价：79.00元
PSN B-2009-134-7/14

贵阳蓝皮书
贵阳城市创新发展报告No.2（白云篇）
著(编)者：连玉明　2017年10月出版 / 估价：89.00元
PSN B-2015-491-3/10

贵阳蓝皮书
贵阳城市创新发展报告No.2（观山湖篇）
著(编)者：连玉明　2017年10月出版 / 估价：89.00元
PSN B-2011-235-1/1

贵阳蓝皮书
贵阳城市创新发展报告No.2（花溪篇）
著(编)者：连玉明　2017年10月出版 / 估价：89.00元
PSN B-2015-490-2/10

贵阳蓝皮书
贵阳城市创新发展报告No.2（开阳篇）
著(编)者：连玉明　2017年10月出版 / 估价：89.00元
PSN B-2015-492-4/10

贵阳蓝皮书
贵阳城市创新发展报告No.2（南明篇）
著(编)者：连玉明　2017年10月出版 / 估价：89.00元
PSN B-2015-496-8/10

贵阳蓝皮书
贵阳城市创新发展报告No.2（清镇篇）
著(编)者：连玉明　2017年10月出版 / 估价：89.00元
PSN B-2015-489-1/10

贵阳蓝皮书
贵阳城市创新发展报告No.2（乌当篇）
著(编)者：连玉明　2017年10月出版 / 估价：89.00元
PSN B-2015-495-7/10

贵阳蓝皮书
贵阳城市创新发展报告No.2（息烽篇）
著(编)者：连玉明　2017年10月出版 / 估价：89.00元
PSN B-2015-493-5/10

贵阳蓝皮书
贵阳城市创新发展报告No.2（修文篇）
著(编)者：连玉明　2017年10月出版 / 估价：89.00元
PSN B-2015-494-6/10

贵阳蓝皮书
贵阳城市创新发展报告No.2（云岩篇）
著(编)者：连玉明　2017年10月出版 / 估价：89.00元
PSN B-2015-498-10/10

贵州房地产蓝皮书
贵州房地产发展报告No.4（2017）
著(编)者：武廷方　2017年7月出版 / 估价：89.00元
PSN B-2014-426-1/1

贵州蓝皮书
贵州册亨经济社会发展报告(2017)
著(编)者：黄德林　2017年3月出版 / 估价：89.00元
PSN B-2016-526-8/9

贵州蓝皮书
贵安新区发展报告（2016~2017）
著(编)者：马长青 吴大华　2017年6月出版 / 估价：89.00元
PSN B-2015-459-4/9

贵州蓝皮书
贵州法治发展报告（2017）
著(编)者：吴大华　2017年5月出版 / 估价：89.00元
PSN B-2012-254-2/9

贵州蓝皮书
贵州国有企业社会责任发展报告（2016~2017）
著(编)者：郭丽 周航 万强
2017年12月出版 / 估价：89.00元
PSN B-2015-511-6/9

贵州蓝皮书
贵州民航业发展报告（2017）
著(编)者：申振东 吴大华　2017年10月出版 / 估价：89.00元
PSN B-2015-471-5/9

贵州蓝皮书
贵州民营经济发展报告（2017）
著(编)者：杨静 吴大华　2017年4月出版 / 估价：89.00元
PSN B-2016-531-9/9

贵州蓝皮书
贵州人才发展报告（2017）
著(编)者：于杰 吴大华　2017年9月出版 / 估价：89.00元
PSN B-2014-382-3/9

贵州蓝皮书
贵州社会发展报告（2017）
著(编)者：王兴骥　2017年6月出版 / 估价：89.00元
PSN B-2010-166-1/9

贵州蓝皮书
贵州国家级开放创新平台发展报告（2017）
著(编)者：申晓庆 吴大华 李泓
2017年6月出版 / 估价：89.00元
PSN B-2016-518-1/9

海淀蓝皮书
海淀区文化和科技融合发展报告（2017）
著(编)者：陈名杰 孟景伟　2017年5月出版 / 估价：85.00元
PSN B-2013-329-1/1

杭州都市圈蓝皮书
杭州都市圈发展报告（2017）
著(编)者：沈翔 戚建国　2017年5月出版 / 估价：128.00元
PSN B-2012-302-1/1

杭州蓝皮书
杭州妇女发展报告（2017）
著(编)者：魏颖　2017年6月出版 / 估价：89.00元
PSN B-2014-403-1/1

河北经济蓝皮书
河北省经济发展报告（2017）
著(编)者：马树强 金浩 张贵
2017年4月出版 / 估价：89.00元
PSN B-2014-380-1/1

河北蓝皮书
河北经济社会发展报告（2017）
著(编)者：郭金平　2017年1月出版 / 定价：79.00元
PSN B-2014-372-1/2

河北蓝皮书
京津冀协同发展报告（2017）
著(编)者：陈路　2017年1月出版 / 定价：79.00元
PSN B-2017-601-2/2

河北食品药品安全蓝皮书
河北食品药品安全研究报告（2017）
著(编)者：丁锦霞　2017年6月出版 / 估价：89.00元
PSN B-2015-473-1/1

河南经济蓝皮书
2017年河南经济形势分析与预测
著(编)者：王世炎　2017年3月出版 / 定价：79.00元
PSN B-2007-086-1/1

河南蓝皮书
2017年河南社会形势分析与预测
著(编)者：刘道兴 牛苏林　2017年4月出版 / 估价89.00元
PSN B-2005-043-1/8

河南蓝皮书
河南城市发展报告（2017）
著(编)者：张占仓 王建国　2017年5月出版 / 估价：89.00元
PSN B-2009-131-3/8

河南蓝皮书
河南法治发展报告（2017）
著(编)者：丁同民 张林海　2017年5月出版 / 估价：89.00元
PSN B-2014-376-6/8

河南蓝皮书
河南工业发展报告（2017）
著(编)者：张占仓 丁同民　2017年5月出版 / 估价：89.00元
PSN B-2013-317-5/8

河南蓝皮书
河南金融发展报告（2017）
著(编)者：河南省社会科学院
2017年6月出版 / 估价：89.00元
PSN B-2014-390-7/8

河南蓝皮书
河南经济发展报告（2017）
著(编)者：张占仓 完世伟　2017年4月出版 / 估价：89.00元
PSN B-2010-157-4/8

河南蓝皮书
河南农业农村发展报告（2017）
著(编)者：吴海峰　2017年4月出版 / 估价：89.00元
PSN B-2015-445-8/8

河南蓝皮书
河南文化发展报告（2017）
著(编)者：卫绍生　2017年4月出版 / 估价：88.00元
PSN B-2008-106-2/8

河南商务蓝皮书
河南商务发展报告（2017）
著(编)者：焦锦淼 穆荣国　2017年6月出版 / 估价：88.00元
PSN B-2014-399-1/1

黑龙江蓝皮书
黑龙江经济发展报告（2017）
著(编)者：朱宇　2017年1月出版 / 定价：79.00元
PSN B-2011-190-2/2

黑龙江蓝皮书
黑龙江社会发展报告（2017）
著(编)者：谢宝禄　2017年1月出版 / 定价：79.00元
PSN B-2011-189-1/2

湖北文化蓝皮书
湖北文化发展报告（2017）
著(编)者：吴成国　2017年10月出版 / 估价：95.00元
PSN B-2016-567-1/1

湖南城市蓝皮书
区域城市群整合
著(编)者：童中贤　韩未名
2017年12月出版 / 估价：89.00元
PSN B-2006-064-1/1

湖南蓝皮书
2017年湖南产业发展报告
著(编)者：梁志峰　2017年5月出版 / 估价：128.00元
PSN B-2011-207-2/8

湖南蓝皮书
2017年湖南电子政务发展报告
著(编)者：梁志峰　2017年5月出版 / 估价：128.00元
PSN B-2014-394-6/8

湖南蓝皮书
2017年湖南经济展望
著(编)者：梁志峰　2017年5月出版 / 估价：128.00元
PSN B-2011-206-1/8

湖南蓝皮书
2017年湖南两型社会与生态文明发展报告
著(编)者：梁志峰　2017年5月出版 / 估价：128.00元
PSN B-2011-208-3/8

湖南蓝皮书
2017年湖南社会发展报告
著(编)者：梁志峰　2017年5月出版 / 估价：128.00元
PSN B-2014-393-5/8

湖南蓝皮书
2017年湖南县域经济社会发展报告
著(编)者：梁志峰　2017年5月出版 / 估价：128.00元
PSN B-2014-395-7/8

湖南蓝皮书
湖南城乡一体化发展报告（2017）
著(编)者：陈文胜　王文强　陆福兴　邝奕轩
2017年6月出版 / 估价：89.00元
PSN B-2015-477-8/8

湖南县域绿皮书
湖南县域发展报告 No.3
著(编)者：袁准　周小毛　黎仁寅
2017年3月出版 / 定价：79.00元
PSN G-2012-274-1/1

沪港蓝皮书
沪港发展报告（2017）
著(编)者：尤安山　2017年9月出版 / 估价：89.00元
PSN B-2013-362-1/1

吉林蓝皮书
2017年吉林经济社会形势分析与预测
著(编)者：邵汉明　2016年12月出版 / 估价：79.00元
PSN B-2013-319-1/1

吉林省城市竞争力蓝皮书
吉林省城市竞争力报告（2016~2017）
著(编)者：崔岳春　张磊　2016年12月出版 / 定价：79.00元
PSN B-2015-513-1/1

济源蓝皮书
济源经济社会发展报告（2017）
著(编)者：喻新安　2017年4月出版 / 估价：89.00元
PSN B-2014-387-1/1

健康城市蓝皮书
北京健康城市建设研究报告（2017）
著(编)者：王鸿春　2017年8月出版 / 估价：89.00元
PSN B-2015-460-1/2

江苏法治蓝皮书
江苏法治发展报告 No.6（2017）
著(编)者：蔡道通　龚廷泰　2017年8月出版 / 估价：98.00元
PSN B-2012-290-1/1

江西蓝皮书
江西经济社会发展报告（2017）
著(编)者：张勇　姜玮　梁勇　2017年10月出版 / 估价：89.00元
PSN B-2015-484-1/2

江西蓝皮书
江西设区市发展报告（2017）
著(编)者：姜玮　梁勇　2017年10月出版 / 估价：79.00元
PSN B-2016-517-2/2

江西文化蓝皮书
江西文化产业发展报告（2017）
著(编)者：张圣才　汪春翔
2017年10月出版 / 估价：128.00元
PSN B-2015-499-1/1

街道蓝皮书
北京街道发展报告No.2（白纸坊篇）
著(编)者：连玉明　2017年8月出版 / 估价：98.00元
PSN B-2016-544-7/15

街道蓝皮书
北京街道发展报告No.2（椿树篇）
著(编)者：连玉明　2017年8月出版 / 估价：98.00元
PSN B-2016-548-11/15

街道蓝皮书
北京街道发展报告No.2（大栅栏篇）
著(编)者：连玉明　2017年8月出版 / 估价：98.00元
PSN B-2016-552-15/15

街道蓝皮书
北京街道发展报告No.2（德胜篇）
著(编)者：连玉明　2017年8月出版 / 估价：98.00元
PSN B-2016-551-14/15

街道蓝皮书
北京街道发展报告No.2（广安门内篇）
著(编)者：连玉明　2017年8月出版 / 估价：98.00元
PSN B-2016-540-3/15

街道蓝皮书
北京街道发展报告No.2（广安门外篇）
著(编)者：连玉明　2017年8月出版 / 估价：98.00元
PSN B-2016-547-10/15

街道蓝皮书
北京街道发展报告No.2（金融街篇）
著(编)者：连玉明　2017年8月出版 / 估价：98.00元
PSN B-2016-538-1/15

街道蓝皮书
北京街道发展报告No.2（牛街篇）
著(编)者：连玉明　2017年8月出版 / 估价：98.00元
PSN B-2016-545-8/15

街道蓝皮书
北京街道发展报告No.2（什刹海篇）
著(编)者：连玉明　2017年8月出版 / 估价：98.00元
PSN B-2016-546-9/15

街道蓝皮书
北京街道发展报告No.2（陶然亭篇）
著(编)者：连玉明　2017年8月出版 / 估价：98.00元
PSN B-2016-542-5/15

街道蓝皮书
北京街道发展报告No.2（天桥篇）
著(编)者：连玉明　2017年8月出版 / 估价：98.00元
PSN B-2016-549-12/15

街道蓝皮书
北京街道发展报告No.2（西长安街篇）
著(编)者：连玉明　2017年8月出版 / 估价：98.00元
PSN B-2016-543-6/15

街道蓝皮书
北京街道发展报告No.2（新街口篇）
著(编)者：连玉明　2017年8月出版 / 估价：98.00元
PSN B-2016-541-4/15

街道蓝皮书
北京街道发展报告No.2（月坛篇）
著(编)者：连玉明　2017年8月出版 / 估价：98.00元
PSN B-2016-539-2/15

街道蓝皮书
北京街道发展报告No.2（展览路篇）
著(编)者：连玉明　2017年8月出版 / 估价：98.00元
PSN B-2016-550-13/15

经济特区蓝皮书
中国经济特区发展报告（2017）
著(编)者：陶一桃　2017年12月出版 / 估价：98.00元
PSN B-2009-139-1/1

辽宁蓝皮书
2017年辽宁经济社会形势分析与预测
著(编)者：曹晓峰　梁启东
2017年4月出版 / 估价：79.00元
PSN B-2006-053-1/1

洛阳蓝皮书
洛阳文化发展报告（2017）
著(编)者：刘福兴　陈启明　2017年7月出版 / 估价：89.00元
PSN B-2015-476-1/1

南京蓝皮书
南京文化发展报告（2017）
著(编)者：徐宁　2017年10月出版 / 估价：89.00元
PSN B-2014-439-1/1

南宁蓝皮书
南宁法治发展报告（2017）
著(编)者：杨维超　2017年12月出版 / 估价：79.00元
PSN B-2015-509-1/3

南宁蓝皮书
南宁经济发展报告（2017）
著(编)者：胡建华　2017年9月出版 / 估价：79.00元
PSN B-2016-570-2/3

南宁蓝皮书
南宁社会发展报告（2017）
著(编)者：胡建华　2017年9月出版 / 估价：79.00元
PSN B-2016-571-3/3

内蒙古蓝皮书
内蒙古反腐倡廉建设报告 No.2
著(编)者：张志华　无极　2017年12月出版 / 估价：79.00元
PSN B-2013-365-1/1

浦东新区蓝皮书
上海浦东经济发展报告（2017）
著(编)者：沈开艳　周奇　2017年2月出版 / 定价：79.00元
PSN B-2011-225-1/1

青海蓝皮书
2017年青海经济社会形势分析与预测
著(编)者：陈玮　2016年12月出版 / 定价：79.00元
PSN B-2012-275-1/1

人口与健康蓝皮书
深圳人口与健康发展报告（2017）
著(编)者：陆杰华　罗乐宣　苏杨
2017年11月出版 / 估价：89.00元
PSN B-2011-228-1/1

山东蓝皮书
山东经济形势分析与预测（2017）
著(编)者：李广杰　2017年7月出版 / 估价：89.00元
PSN B-2014-404-1/4

山东蓝皮书
山东社会形势分析与预测（2017）
著(编)者：张华　唐洲雁　2017年6月出版 / 估价：89.00元
PSN B-2014-405-2/4

山东蓝皮书
山东文化发展报告（2017）
著(编)者：涂可国　2017年11月出版 / 估价：98.00元
PSN B-2014-406-3/4

山西蓝皮书
山西资源型经济转型发展报告（2017）
著(编)者：李志强　2017年7月出版 / 估价：89.00元
PSN B-2011-197-1/1

陕西蓝皮书
陕西经济发展报告（2017）
著(编)者：任宗哲 白宽犁 裴成荣
2017年1月出版 / 定价：69.00元
PSN B-2009-135-1/5

陕西蓝皮书
陕西社会发展报告（2017）
著(编)者：任宗哲 白宽犁 牛昉
2017年1月出版 / 定价：69.00元
PSN B-2009-136-2/5

陕西蓝皮书
陕西文化发展报告（2017）
著(编)者：任宗哲 白宽犁 王长寿
2017年1月出版 / 定价：69.00元
PSN B-2009-137-3/5

上海蓝皮书
上海传媒发展报告（2017）
著(编)者：强荧 焦雨虹 2017年2月出版 / 定价：79.00元
PSN B-2012-295-5/7

上海蓝皮书
上海法治发展报告（2017）
著(编)者：叶青 2017年6月出版 / 估价：89.00元
PSN B-2012-296-6/7

上海蓝皮书
上海经济发展报告（2017）
著(编)者：沈开艳 2017年2月出版 / 定价：79.00元
PSN B-2006-057-1/7

上海蓝皮书
上海社会发展报告（2017）
著(编)者：杨雄 周海旺 2017年2月出版 / 定价：79.00元
PSN B-2006-058-2/7

上海蓝皮书
上海文化发展报告（2017）
著(编)者：荣跃明 2017年2月出版 / 定价：79.00元
PSN B-2006-059-3/7

上海蓝皮书
上海文学发展报告（2017）
著(编)者：陈圣来 2017年6月出版 / 估价：89.00元
PSN B-2012-297-7/7

上海蓝皮书
上海资源环境发展报告（2017）
著(编)者：周冯琦 汤庆合
2017年2月出版 / 定价：79.00元
PSN B-2006-060-4/7

社会建设蓝皮书
2017年北京社会建设分析报告
著(编)者：宋贵伦 冯虹 2017年10月出版 / 估价：89.00元
PSN B-2010-173-1/1

深圳蓝皮书
深圳法治发展报告（2017）
著(编)者：张骁儒 2017年6月出版 / 估价：89.00元
PSN B-2015-470-6/7

深圳蓝皮书
深圳经济发展报告（2017）
著(编)者：张骁儒 2017年7月出版 / 估价：89.00元
PSN B-2008-112-3/7

深圳蓝皮书
深圳劳动关系发展报告（2017）
著(编)者：汤庭芬 2017年6月出版 / 估价：89.00元
PSN B-2007-097-2/7

深圳蓝皮书
深圳社会建设与发展报告（2017）
著(编)者：张骁儒 陈东平 2017年7月出版 / 估价：89.00元
PSN B-2008-113-4/7

深圳蓝皮书
深圳文化发展报告(2017)
著(编)者：张骁儒 2017年7月出版 / 估价：89.00元
PSN B-2016-555-7/7

丝绸之路蓝皮书
丝绸之路经济带发展报告（2017）
著(编)者：任宗哲 白宽犁 谷孟宾
2017年1月出版 / 定价：75.00元
PSN B-2014-410-1/1

法治蓝皮书
四川依法治省年度报告 No.3（2017）
著(编)者：李林 杨天宗 田禾
2017年3月出版 / 估价：118.00元
PSN B-2015-447-1/1

四川蓝皮书
2017年四川经济形势分析与预测
著(编)者：杨钢 2017年1月出版 / 定价：98.00元
PSN B-2007-098-2/7

四川蓝皮书
四川城镇化发展报告（2017）
著(编)者：侯水平 陈炜 2017年4月出版 / 估价：85.00元
PSN B-2015-456-7/7

四川蓝皮书
四川法治发展报告（2017）
著(编)者：郑泰安 2017年4月出版 / 估价：89.00元
PSN B-2015-441-5/7

四川蓝皮书
四川企业社会责任研究报告（2016~2017）
著(编)者：侯水平 盛毅 翟刚
2017年4月出版 / 估价：89.00元
PSN B-2014-386-4/7

四川蓝皮书
四川社会发展报告（2017）
著(编)者：李羚 2017年5月出版 / 估价：89.00元
PSN B-2008-127-3/7

四川蓝皮书
四川生态建设报告（2017）
著(编)者：李晟之 2017年4月出版 / 估价：85.00元
PSN B-2015-455-6/7

四川蓝皮书
四川文化产业发展报告（2017）
著(编)者：向宝云 张立伟
2017年4月出版 / 估价：89.00元
PSN B-2006-074-1/7

体育蓝皮书
上海体育产业发展报告（2016~2017）
著(编)者：张林 黄海燕
2017年10月出版 / 估价：89.00元
PSN B-2015-454-4/4

体育蓝皮书
长三角地区体育产业发展报告（2016~2017）
著(编)者：张林 2017年4月出版 / 估价：89.00元
PSN B-2015-453-3/4

天津金融蓝皮书
天津金融发展报告（2017）
著(编)者：王爱俭 孔德昌
2017年12月出版 / 估价：98.00元
PSN B-2014-418-1/1

图们江区域合作蓝皮书
图们江区域合作发展报告（2017）
著(编)者：李铁 2017年6月出版 / 估价：98.00元
PSN B-2015-464-1/1

温州蓝皮书
2017年温州经济社会形势分析与预测
著(编)者：潘忠强 王春光 金浩
2017年4月出版 / 估价：89.00元
PSN B-2008-105-1/1

西咸新区蓝皮书
西咸新区发展报告（2016~2017）
著(编)者：李扬 王军 2017年6月出版 / 估价：89.00元
PSN B-2016-535-1/1

扬州蓝皮书
扬州经济社会发展报告（2017）
著(编)者：丁纯 2017年12月出版 / 估价：98.00元
PSN B-2011-191-1/1

长株潭城市群蓝皮书
长株潭城市群发展报告（2017）
著(编)者：张萍 2017年12月出版 / 估价：89.00元
PSN B-2008-109-1/1

中医文化蓝皮书
北京中医文化传播发展报告（2017）
著(编)者：毛嘉陵 2017年5月出版 / 估价：79.00元
PSN B-2015-468-1/2

珠三角流通蓝皮书
珠三角商圈发展研究报告（2017）
著(编)者：王先庆 林至颖
2017年7月出版 / 估价：98.00元
PSN B-2012-292-1/1

遵义蓝皮书
遵义发展报告（2017）
著(编)者：曾征 龚永育 雍思强
2017年12月出版 / 估价：89.00元
PSN B-2014-433-1/1

国际问题类

"一带一路"跨境通道蓝皮书
"一带一路"跨境通道建设研究报告（2017）
著(编)者：郭业洲 2017年8月出版 / 估价：89.00元
PSN B-2016-558-1/1

"一带一路"蓝皮书
"一带一路"建设发展报告（2017）
著(编)者：孔丹 李永全 2017年7月出版 / 估价：89.00元
PSN B-2016-553-1/1

阿拉伯黄皮书
阿拉伯发展报告（2016~2017）
著(编)者：罗林 2017年11月出版 / 估价：89.00元
PSN Y-2014-381-1/1

北部湾蓝皮书
泛北部湾合作发展报告（2017）
著(编)者：吕余生 2017年12月出版 / 估价：85.00元
PSN B-2008-114-1/1

大湄公河次区域蓝皮书
大湄公河次区域合作发展报告（2017）
著(编)者：刘稚 2017年8月出版 / 估价：89.00元
PSN B-2011-196-1/1

大洋洲蓝皮书
大洋洲发展报告（2017）
著(编)者：喻常森 2017年10月出版 / 估价：89.00元
PSN B-2013-341-1/1

德国蓝皮书
德国发展报告（2017）
著(编)者：郑春荣　　2017年6月出版 / 估价：89.00元
PSN B-2012-278-1/1

东盟黄皮书
东盟发展报告（2017）
著(编)者：杨晓强 庄国土
2017年4月出版 / 估价：89.00元
PSN Y-2012-303-1/1

东南亚蓝皮书
东南亚地区发展报告（2016~2017）
著(编)者：厦门大学东南亚研究中心　王勤
2017年12月出版 / 估价：89.00元
PSN B-2012-240-1/1

俄罗斯黄皮书
俄罗斯发展报告（2017）
著(编)者：李永全　2017年7月出版 / 估价：89.00元
PSN Y-2006-061-1/1

非洲黄皮书
非洲发展报告 No.19（2016~2017）
著(编)者：张宏明　2017年8月出版 / 估价：89.00元
PSN Y-2012-239-1/1

公共外交蓝皮书
中国公共外交发展报告（2017）
著(编)者：赵启正 雷蔚真
2017年4月出版 / 估价：89.00元
PSN B-2015-457-1/1

国际安全蓝皮书
中国国际安全研究报告(2017)
著(编)者：刘慧　　2017年7月出版 / 估价：98.00元
PSN B-2016-522-1/1

国际形势黄皮书
全球政治与安全报告（2017）
著(编)者：张宇燕
2017年1月出版 / 定价：89.00元
PSN Y-2001-016-1/1

韩国蓝皮书
韩国发展报告（2017）
著(编)者：牛林杰 刘宝全
2017年11月出版 / 估价：89.00元
PSN B-2010-155-1/1

加拿大蓝皮书
加拿大发展报告（2017）
著(编)者：仲伟合　2017年9月出版 / 估价：89.00元
PSN B-2014-389-1/1

拉美黄皮书
拉丁美洲和加勒比发展报告（2016~2017）
著(编)者：吴白乙　2017年6月出版 / 估价：89.00元
PSN Y-1999-007-1/1

美国蓝皮书
美国研究报告（2017）
著(编)者：郑秉文 黄平　2017年6月出版 / 估价：89.00元
PSN B-2011-210-1/1

缅甸蓝皮书
缅甸国情报告（2017）
著(编)者：李晨阳　2017年12月出版 / 估价：86.00元
PSN B-2013-343-1/1

欧洲蓝皮书
欧洲发展报告（2016~2017）
著(编)者：黄平 周弘 江时学
2017年6月出版 / 估价：89.00元
PSN B-1999-009-1/1

葡语国家蓝皮书
葡语国家发展报告（2017）
著(编)者：王成安 张敏　2017年12月出版 / 估价：89.00元
PSN B-2015-503-1/2

葡语国家蓝皮书
中国与葡语国家关系发展报告·巴西（2017）
著(编)者：张曙光　2017年8月出版 / 估价：89.00元
PSN B-2016-564-2/2

日本经济蓝皮书
日本经济与中日经贸关系研究报告（2017）
著(编)者：张季风　2017年5月出版 / 估价：89.00元
PSN B-2008-102-1/1

日本蓝皮书
日本研究报告（2017）
著(编)者：杨伯江　2017年5月出版 / 估价：89.00元
PSN B-2002-020-1/1

上海合作组织黄皮书
上海合作组织发展报告（2017）
著(编)者：李进峰 吴宏伟 李少捷
2017年6月出版 / 估价：89.00元
PSN Y-2009-130-1/1

世界创新竞争力黄皮书
世界创新竞争力发展报告（2017）
著(编)者：李闽榕 李建平 赵新力
2017年4月出版 / 估价：148.00元
PSN Y-2013-318-1/1

泰国蓝皮书
泰国研究报告（2017）
著(编)者：庄国土 张禹东
2017年8月出版 / 估价：118.00元
PSN B-2016-557-1/1

土耳其蓝皮书
土耳其发展报告（2017）
著(编)者：郭长刚 刘义　2017年9月出版 / 估价：89.00元
PSN B-2014-412-1/1

亚太蓝皮书
亚太地区发展报告（2017）
著(编)者：李向阳　2017年4月出版 / 估价：89.00元
PSN B-2001-015-1/1

印度蓝皮书
印度国情报告（2017）
著(编)者：吕昭义　2017年12月出版 / 估价：89.00元
PSN B-2012-241-1/1

印度洋地区蓝皮书
印度洋地区发展报告（2017）
著(编)者：汪戎　　2017年6月出版 / 估价：89.00元
PSN B-2013-334-1/1

英国蓝皮书
英国发展报告（2016～2017）
著(编)者：王展鹏　　2017年11月出版 / 估价：89.00元
PSN B-2015-486-1/1

越南蓝皮书
越南国情报告（2017）
著(编)者：谢林城
2017年12月出版 / 估价：89.00元
PSN B-2006-056-1/1

以色列蓝皮书
以色列发展报告（2017）
著(编)者：张倩红　　2017年8月出版 / 估价：89.00元
PSN B-2015-483-1/1

伊朗蓝皮书
伊朗发展报告（2017）
著(编)者：冀开远　　2017年10月出版 / 估价：89.00元
PSN B-2016-575-1/1

中东黄皮书
中东发展报告 No.19（2016～2017）
著(编)者：杨光　　2017年10月出版 / 估价：89.00元
PSN Y-1998-004-1/1

中亚黄皮书
中亚国家发展报告（2017）
著(编)者：孙力 吴宏伟　　2017年7月出版 / 估价：98.00元
PSN Y-2012-238-1/1

　　皮书序列号是社会科学文献出版社专门为识别皮书、管理皮书而设计的编号。皮书序列号是出版皮书的许可证号，是区别皮书与其他图书的重要标志。

　　它由一个前缀和四部分构成。这四部分之间用连字符"-"连接。前缀和这四部分之间空半个汉字（见示例）。

《国际人才蓝皮书：中国留学发展报告》序列号示例

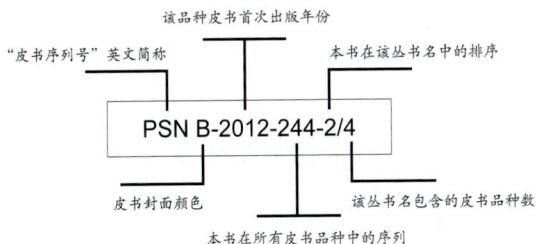

该品种皮书首次出版年份
"皮书序列号"英文简称
本书在该丛书名中的排序
PSN B-2012-244-2/4
皮书封面颜色
该丛书名包含的皮书品种数
本书在所有皮书品种中的序列

　　从示例中可以看出，《国际人才蓝皮书：中国留学发展报告》的首次出版年份是2012年，是社科文献出版社出版的第244个皮书品种，是"国际人才蓝皮书"系列的第2个品种（共4个品种）。

❖ 皮书起源 ❖

"皮书"起源于十七、十八世纪的英国，主要指官方或社会组织正式发表的重要文件或报告，多以"白皮书"命名。在中国，"皮书"这一概念被社会广泛接受，并被成功运作、发展成为一种全新的出版形态，则源于中国社会科学院社会科学文献出版社。

❖ 皮书定义 ❖

皮书是对中国与世界发展状况和热点问题进行年度监测，以专业的角度、专家的视野和实证研究方法，针对某一领域或区域现状与发展态势展开分析和预测，具备原创性、实证性、专业性、连续性、前沿性、时效性等特点的公开出版物，由一系列权威研究报告组成。

❖ 皮书作者 ❖

皮书系列的作者以中国社会科学院、著名高校、地方社会科学院的研究人员为主，多为国内一流研究机构的权威专家学者，他们的看法和观点代表了学界对中国与世界的现实和未来最高水平的解读与分析。

❖ 皮书荣誉 ❖

皮书系列已成为社会科学文献出版社的著名图书品牌和中国社会科学院的知名学术品牌。2016年，皮书系列正式列入"十三五"国家重点出版规划项目；2012~2016年，重点皮书列入中国社会科学院承担的国家哲学社会科学创新工程项目；2017年，55种院外皮书使用"中国社会科学院创新工程学术出版项目"标识。

中国皮书网

www.pishu.cn

发布皮书研创资讯，传播皮书精彩内容
引领皮书出版潮流，打造皮书服务平台

栏目设置

关于皮书：何谓皮书、皮书分类、皮书大事记、皮书荣誉、

　　　　　皮书出版第一人、皮书编辑部

最新资讯：通知公告、新闻动态、媒体聚焦、网站专题、视频直播、下载专区

皮书研创：皮书规范、皮书选题、皮书出版、皮书研究、研创团队

皮书评奖评价：指标体系、皮书评价、皮书评奖

互动专区：皮书说、皮书智库、皮书微博、数据库微博

所获荣誉

2008 年、2011 年，中国皮书网均在全
国新闻出版业网站荣誉评选中获得"最具商
业价值网站"称号；

2012 年，获得"出版业网站百强"称号。

网库合一

2014 年，中国皮书网与皮书数据库端
口合一，实现资源共享。更多详情请登录
www.pishu.cn。

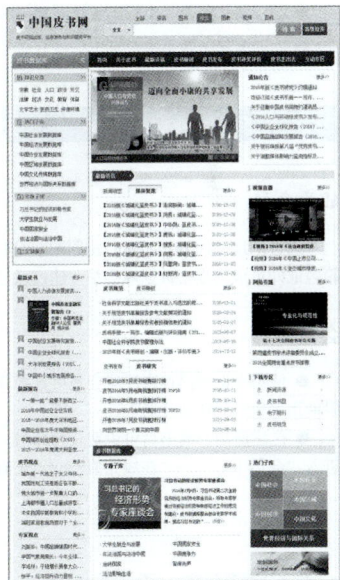